普通高等教育"十二五"规划教材

仓储管理与实务

江少文　编著

中国铁道出版社
CHINA RAILWAY PUBLISHING HOUSE

内容简介

本书依据教育部的编写大纲和要求，侧重实践操作和应用，内容丰富，具有一定理论知识并有较强的实务性，充分体现了内容新颖、重点突出、结构合理、通俗易懂、注重实务操作的特点。

全书共分为十四章，内容包括仓储概论、仓储设施与设备、物品的养护、仓储作业、堆场与分拨中心、仓储管理、特殊仓储管理、运输与配送、装卸搬运、库存控制、仓储经营、仓储事故处理、仓储信息管理、仓储规划与设计。

本书适合作为高等院校教材或参考用书，也适合作为高职高专教材，亦可作为物流从业人员的培训教材和业务手册。

图书在版编目（CIP）数据

仓储管理与实务/江少文编著．—北京：中国铁道出版社，2012.9

普通高等教育“十二五”规划教材

ISBN 978-7-113-14910-9

Ⅰ.①仓… Ⅱ.①江… Ⅲ.①仓库管理－高等学校－教材 Ⅳ.①F253.4

中国版本图书馆 CIP 数据核字（2012）第 192675 号

书　　名：仓储管理与实务
作　　者：江少文　编著

策　　划：李小军　　读者热线：400-668-0820
责任编辑：马洪霞　　特邀编辑：赵　瑗
编辑助理：姚文娟
封面设计：尹金鹏
封面制作：刘　颖
责任印制：李　佳

出版发行：中国铁道出版社（100054，北京市西城区右安门西街 8 号）
网　　址：http://www.51eds.com
印　　刷：三河市华丰印刷厂
版　　次：2012 年 9 月第 1 版　　2012 年 9 月第 1 次印刷
开　　本：787 mm×1 092 mm　1/16　印张：15.5　字数：407 千
印　　数：1～3 000 册
书　　号：ISBN 978-7-113-14910-9
定　　价：32.00 元

前　言

仓储是物流活动的重要环节，它涉及物流管理和技术等的多学科领域，是技术和经济的产物。仓储活动是指通过仓库或堆场对物品进行储存和保管，仓储作业以保管活动为中心，从仓库或堆场接收物品入库开始，直到物品出库为止的全部物流活动过程。

进入21世纪以来，仓储的内涵以及人们对它的认识发生了深刻地变化，传统的仓储概念正面临挑战，许多传统仓储企业正向现代化仓储企业转型。随着高新技术和信息化的发展，现代仓储业的地位越显重要。

依据现代物流的要求，以及从提高仓储质量、减少货差货损角度、满足现代物流发展的需要，本书对仓储管理的理论与实践作了较全面、系统的阐述。

全书共分为十四章，内容包括仓储概论、仓储设施与设备、物品的养护、仓储作业、堆场与分拨中心、仓储管理、特殊仓储管理、运输与配送、装卸搬运、库存控制、仓储经营、仓储事故处理、仓储信息管理、仓储规划与设计。

本书主要由江少文教授编著。第十三章、第十四章由陈小军先生编著，其余章由江少文先生编著。上海海事大学教授江德藩先生担任全书的主审。

本书适合作为高等院校教材或参考用书，也适合作为高职高专教材，亦可作为物流从业人员的培训教材和业务手册。

由于时间仓促和编者学术水平有限，书中疏漏在所难免，敬请学者、专家和广大读者多提宝贵意见，以便再版时修改补充。

编　者

2012年6月于上海

目　录

第一章

仓储概论

学习目标

◎知识目标

了解仓储概念；了解仓储的形态；了解仓储的功能及作用。

◎能力目标

掌握仓储的定义；熟悉仓储的不同形态；熟悉仓储的功能及作用。

第一节　仓储概述

一、仓储的概念

“仓储”是利用仓储设施，例如仓库存放、储存未即时使用的物品、物资等的行为，即在特定的场所储存物品、物资等的行为。当物资、物料、物品等未被即时消耗掉，需要专门的场所存放时，就产生了静态仓储。而将物资、物料、物品存入仓库以及对存放在仓库里的物资、物料、物品进行保管、控制和供货等，便形成了动态仓储。在任何社会形态中，对于不论什么原因形成停滞的物资，也不论是什么种类的物资，在没有进入生产加工、消费、运输等活动之前或在这些活动结束之后，总是要存放起来的。

仓储业是指从事仓储活动经营企业的总称。我国的仓储具有悠久的历史，特别是改革开放以来，仓储业得到了极大的发展，形成了较大的规模和专业化的仓储分工，但仍存在一些诸如布局不太合理、管理水平偏低、功能重复、重复建设严重等不足之处。

二、仓储形态与对象

仓储形态主要涉及库存形态、储备形态、储存形态。库存、储备和储存经常被人们混淆，事实上这三个概念虽有共同之处，但仍有区别，认识其中的区别有助于理解物流中“仓储”的含义和以后将要遇到的零库存概念。

1. 库存

库存是指物资在仓库中暂时处于停滞的状态。库存明确了物资所停滞的位置和物资的停滞状态可能引起的原因。库存所涉及的停滞位置不是在生产线和车间，也不是在仓库以外的任何位置，例如汽车站、火车站等类型的物流结点上，而是在仓库中。物资可能引起的停滞状态原因大体有：

（1）能动的各种形态的储备；

（2）被动的各种形态超储；

（3）完全的积压。

2. 储备

物资储备是一种有目的的物资储存的行动。物资储备的目的是保证社会再生产连续不断地、有效地进行。因此，物资储备是一种主动的储存形式，或者说，是生产领域和流通领域中物资的有目的的暂时停滞，尤其是指在生产与再生产、生产与消费之间的那种暂时停滞。

储备和库存的本质区别在于：

（1）库存明确了停滞的位置，而储备这种停滞所处的地理位置远比库存广泛得多。储备的位置可能在物流中的任何结点上，可能是仓库中的储备，也可能是其他形式的储备。

（2）储备是有目的的、能动的、主动的行动，而库存有可能不是有目的的，有可能是完全盲目的。

3. 储存

储存是包含库存和储备在内的一种综合的仓储现象。在任何社会形态中，不论什么原因形成停滞的物资，也不论是什么种类的物资，在没有进入生产加工、消费、运输等活动之前或在这些活动结束之后，总是要存放起来，这就是储存。一般情况下，储存和储备这两个概念是不作区分的。

仓储的对象主要指物料、物资、物品、半成品、成品、设备、零部件等。

三、仓储的功能与作用

1. 仓储的主要功能

在物流中，运输承担了改变空间的重任，物流的另一个重任，即改变“物”的时间状态是由储存来承担的，所以，在物流系统中，运输和仓储是并列的两大主要功能，被称为物流的两根支柱。

仓储的功能主要包括：保管功能、储存功能、调节功能、流通功能、配送功能、信息服务功能。

2. 仓储的作用

仓储的作用主要体现在以下几个方面：

（1）产生时间效用。仓储能克服生产和消费在时间上的间隔，产生时间效用。为了均衡地消费那些集中生产的物资或为了集中地消费均衡生产的物品物资，调整生产和消费的时间差别，就需要设仓库进行仓储。

时间效用的含义是：同种“物”由于时间状态不同，其使用价值的实现程度可能有所不同，其效益的实现也就会不同，由于改变时间而最大限度发挥使用价值，最大限度地提高了产出投入比就称之为“时间效用”。通过储存，使“物”在效用最高的时间发挥作用，就能充分发挥“物”的潜力，实现时间上的优化配置。从这个意义上讲，也相当于通过储存提高了物的使用价值。

（2）克服供求矛盾。仓储能克服生产旺季与生产淡季和消费之间的供求矛盾，集中生产的产品如即时推向市场销售，必然造成市场短期内的产品供给远远大于需求，造成产品价格大幅降低，甚至因无法消费而被废弃。相反，在非供应季节，市场供应量少而价高，通过将产品仓储，均衡地向市场供给，才能稳定市场，有利于生产的持续进行。

仓储作为社会物质生产的必要条件，具体表现在衔接及调节作用上。

从生产和消费的连续性来看，各种产品都有不同的特点。有的产品生产是均衡进行的，而消费却是不均衡的，例如生活资料中啤酒、清凉饮料就是一年四季连续不间断地生产，而消费的高峰却集中在夏季；生产资料中的某些建筑材料也有类似的特点。又有一些产品生产是不均衡的，而消费却是均衡不断地进行，最典型的产品是粮食。在生产资料中间，木材也有类似的特点。当然，还有不少产品生产和消费都不均衡（如冬贮夏用的冰），也有不少产品生产和消费都是均衡连续的。

现代生产强调生产和消费要均衡协调，以获取较好效果。但是，由于生产的复杂性，决定了在经济领域中不可能全面实现这一目标。

生产和消费在时间上的不均衡、不同步的现象是客观存在的，因此，就需要进行调整，即生产的产品要经过一定时间的储存保管才能和消费相协调。此外，出于备战、备荒的要求，出于合理使用资源，防止产品一时过剩造成浪费的要求，出于延迟一段时间出售产品而获取较优价格的要求，都需要对生产的产品进行一定时间的储存。储存的这个作用称做

"蓄水池"作用和"调节阀"作用。

(3) 提供服务项目。仓储过程中通过进行备货、分拣、再包装等流通加工作业，以及用户进行的库存控制等物流服务业务，为物流管理提供了更多的服务项目。开展物流管理必须重视仓储管理，有效的仓储管理能够实现物流管理的目的。

仓储提供服务项目的优劣可用仓储的绩效指标来衡量。

3. 仓储是"第三利润源泉"的重要源泉之一

"第三利润源泉"中，仓储是其中主要部分之一。仓储作为一种停滞，时时有冲减利润的趋势，在"存"的过程中使用价值降低，各种储存成本支出又必然起到冲减利润作用。

仓储利润的来源主要有：

(1) 有了仓储保证，就可免除加班赶工，省去了增大成本的加班赶工费；

(2) 有了仓储保证，就无需紧急采购，不致加重成本使该赚的少赚；

(3) 有了仓储保证，就能在有利时机进行销售，或在有利时机购进，这当然增加了销售利润，或减少了购入成本；

(4) 仓储是大量占用资金的一个环节，仓库建设、维护保养、进库出库等又要大量耗费人力、物力、财力，储存过程中的各种损失，也是很大的消耗。因而，仓储中节约的潜力也是巨大的，通过仓储的合理化，通过减少储存时间，降低储存投入，加速资金周转，从而降低成本、增加利润。

四、仓储的种类

仓储由于经营主体的不同、仓储物处理方式的不同使得不同的仓储活动具有不同的特性。仓储有以下几种类型：

(一) 按仓储物的处理方式划分

1. 保管式仓储

保管式仓储又称纯仓储，可分为仓储物品独立保管仓储和混藏式仓储。保管式仓储由存货人将特定的物品交由仓储人员进行保管，到期仓储人员将物品交还存货人。保管物品除发生自然损耗外，数量、质量、件数一般不发生变化。

2. 加工式仓储

加工式仓储是指仓储人员在仓储期间根据存货人的要求对保管物品进行一定加工的仓储方式。仓储人员根据委托人的要求对保管物品进行外观、成分构成等方面的加工，使仓储物品达到存货人的要求。

3. 消费式仓储

仓储人员在保管物品的同时接受保管物品的所有权。消费式仓储是指仓储经营者利用仓储物品开展经营的增值活动，适合市场供求价格变化较大的物品的长期存放，是仓储经营重要的发展方向。

(二) 按仓储经营主体划分

1. 企业自营仓储

企业自营仓储包括流通企业自营仓储和生产企业自营仓储。流通企业自营仓储是流通企业通过其所拥有的仓储设施对其经营的物品进行仓储的行为。生产企业自营仓储则是生产企业使用自有的仓储设施对生产使用的原材料、中间产品、最终产品进行仓储的行为。相对而言，企业自营仓储规模较小，数量较多，专用性强，但专业化程度较低。

2. 商业营业仓储

仓储经营人通过其拥有的仓储设施，面向社会提供商业性仓储行为。存货人与仓储经营人订立仓储合同建立仓储关系。商业营业仓储包括提供货物仓储服务和提供仓储场地服务等。

3. 战略储备仓储

战略储备仓储是为了国防安全、社会稳定的需要而实行的战略物资的仓储。战略储备仓储由国家政府进行控制，重视储备物的安全性，仓储时间较长，主要是粮食、油料、有色金属等。

4. 公共仓储

公共仓储是公用事业的配套服务设施为车站、码头提供的仓储配套服务，具有内部服务的性质。对存货人而言，公共仓储也可适用于营业仓储，但不独立订立仓储合同。

五、仓储的任务

仓储的任务是为了满足供应链上下游的需求。这与过去仅仅满足“客户”的需求在深度与广度方面都有重大区别。谁委托、谁提出需求，谁就是客户；客户可能是上游的生产者、可能是下游的零售业者，也可能是企业内部，但仓储不能仅仅满足直接“客户”的需求，也应满足“间接”客户即客户的客户需求；仓储应该融入到供应链上下游之中，根据供应链的整体需求确立仓储的角色定位与服务功能。

仓储的重要任务是保管好准备出库或将要配送的物品，主要包括物资存储、数量质量管理、流通加工、配送等。

1. 物资存储

存储是仓储的基本任务，是指在特定的场所将物品收存并进行妥善保管，确保物品不受损害。物资的存储可以是长期的存储，也可以是短时间的周转存储。

2. 数量质量管理

仓储的数量管理包括两个方面：一是存货人交付保管的仓储物品的数量和提取的仓储物品的数量必须一致；二是保管人可以按照存货人的要求分批收货和分批出货，对仓储物品的数量进行控制。仓储的质量管理是指保管人应采取先进的技术、合理的保管措施保管仓储物品，当仓储物品发生货损、货差时，应采取有效措施，减小损失，并及时通知存货人。

3. 流通加工

流通加工是生产企业将产品的分装、组装等工序留至最接近销售的仓储环节进行的产品加工，目的是满足消费多样化产品生产的需要。

4. 配送

配送是指设置在生产和消费集中地区的从事生产原材料或产成品的仓储，根据生产和销售的需要由仓库将仓储物品配送至目的地的业务。仓储配送业务的发展有利于生产企业减少存货，节约流动资金，保证销售的正常进行。

六、仓储活动

仓储首先是一项物流活动，或者说物流活动是仓储的本质属性。仓储不是生产、不是交易，而是为生产与交易服务的物流活动中的一项。这表明仓储只是物流活动之一，物流还有其他活动，仓储应该融于整个物流系统之中，应该与其他物流活动相联系、相配合。

仓储活动或者说仓储的基本功能包括了物品的进出、库存、分拣、包装、配送及其信息处理等六个方面，其中，物品的出入库与在库管理可以说是仓储的最基本的活动，也是传统仓储的基本功能，只不过管理手段与管理水平得到了提升；物品的分拣与包装，过去也是有的，只不过现在更普遍、更深入、更精细，甚至已经与物品的出入库及在库管理相结合、共同构成现代仓储的基本功能。

在现代仓储活动中，仓储物流将"配送"作为仓储活动、作为仓储的基本功能之一，是因为配送不是一般意义上的运输，而是仓储的自然延伸，是仓库发展为配送中心的内存要求，如果没有配送，仓储也就仍然是孤立的仓库；至于信息处理，已经是现代经济活动的普遍现象，当然也应是仓储活动的内容之一，离开了信息处理，也就不称其为现代仓储了。

七、仓储管理

仓储是物流的主要环节。物流需要经过很多环节，仓储是其中重要的一环。它改变了物品的时间状态。仓储使物品安全放置一段时间，从而实现了物品在供应链中上下环节的衔接，并调节上下环节流量的差异，从而保证了生产与流通的正常，使物流能顺利进行。

仓储从传统的物质存储、流通中心发展成为现代物流的节点，作为物流管理的核心环节，发挥着整体物流协调的作用，并成为产品制造环节的延伸。仓储在整个物流过程中起到了运输整合、分拣组合、增值加工以及存货控制等作用。特别是增值加工和存货控制，是仓储在物流中发挥的重要作用。

由于仓储物品处于停滞状态，因而适合在仓储中进行流通加工，且不影响物品的流通速度，又能实现产品即时满足市场消费变化的需要和不同顾客的需要。通过流通加工服务，可使得生产节奏与消费节奏同步，提高产品的质量，改变功能，从而实现物流管理的时间效用价值，实现仓储的物品整合，开展消费个性化服务。

在现代物流系统中，存货往往意味着由于资金运转停滞而带来的资金成本的增加以及损耗、浪费等风险，所以，存货控制是仓储管理的重要内容之一。存货控制就是对仓储中的物品存量进行控制工作，包括存量控制、补充控制、出货安排等。

仓储管理研究改变"物"的时间状态。物流仓储活动可以通过时间差和场所变动而获得效益，实现仓储合理化。

仓储管理可以提升物资原有使用价值、合理使用物资、降低物流成本、提高物流效益、促进商流。

仓储管理是社会再生产的重要环节，具有生产的必要要素，生产过程的组成部分。

第二节　仓　储　业

仓储业是专为他人储藏、保管货物的物流企业，是现代化大生产和国际、国内商品货物的流转中一个不可或缺的环节。仓储业的作用是输送、保管、配送、理货，并与销售环节有着紧密联系。

一、我国仓储业的现状

1. 在长期的计划经济体制下，仓储业形成了以部门管理为主的管理体制

各部门、地方出于自己的利益与方便，各建属于自己的仓库，形成所谓的“工业仓库”、“农业仓库”、“铁路仓库”、“交通仓库”、“商业仓库”、“物资仓库”、“外贸仓库”、“军工仓库”等，长期形成的这种部门分割、地区分割、自备仓库自己用，相互封闭、重复建设的局面至今尚未完全改变，仓储业社会化程度低。由于这种分散的各自为政的管理体制，造成资金分散，管理落后、设备陈旧，仓库利用率低。据了解全国仓库面积利用率平均不到40%，有的仓库长期闲置，但有的不够用还在继续投资建新库，由于盲目乱建、乱设仓库，使得市场竞争过度，仓储价格无序。一些城市近年来出现大量的农民仓库、部队仓库，不景气的工厂将闲置厂房作为仓库低价出租，吸引客户，使这些城市的仓储价格偏低，背离了价值规律，后果是仓库管理水平低、储存条件差、服务质量低，致使储存物资损坏变质、失窃等，使国家和企业遭受不应有的损失。

2. 现有仓库的功能单一，不适应市场经济发展的要求

现有仓库大都是平房库，其功能就是单纯储存产品，加上现在仓储市场不规范，竞争不平等，绝大多数国有仓库经济效益不好，不少长期亏损，不仅缺乏发展后劲，甚至连生存都成问题。

3. 大部分仓库设备陈旧落后

不少仍处在人工作业为主的原始状态，人抬肩扛，工作效率低。不少仓库处在“货物进不来出不去”，商品在库滞留时间过长，或保管不善而破损、霉变，损失严重，加大了物流成本。随着我国经济的高速发展和流通体制改革的不断深化，以及不断扩大开放和对外贸易的发展，要求物流应有一个高速发展，尤其仓储业更要有一个快速发展，以适应这一新形势的需要。

二、我国仓储发展的方向

充分利用已有的仓储资源的仓储社会化，提高仓储效率和仓储业分工发展的专业化功能，加速满足社会生产发展和促进物流效率提高的仓储标准化，提高仓储自身效率，实现仓储管理的现代化。

1. 仓储业社会化、功能化

我国仓储业目前的效率低、利用率不高、作业条件差、缺乏自身发展能力，在市场经济的环境中，任何社会资源只有在市场中自由交换才能充分体现其价值，也只有在自由交换体制的激励之下，才会更好地发挥其创造性。仓储业需要以“产权明晰、权责明确、整齐分开、管理科学”为原则进行现代化改造，建立科学的企业治理结构，成为自负盈亏、自主经营的市场竞争的主体，才能彻底改变我国仓储业的不良状况，真正成为市场资源，向更加完善的方向发展。

社会分工是生产力发展的结果，又是促进生产力发展的动力。我国仓储业的技术水平和功能重复的现状，只有通过分工和专业化的发展才能得以改变。社会对仓储的需要也同对其他社会资源的需要一样，向着专业化、特殊化、功能化、个性化的方向发展。同时仓储业内部在市场竞争中也只有通过专业化的发展，提高产品个性化的优势。

2. 仓储机械化、自动化

随着生产技术的发展，生产机械化已是现代企业生产的基本要求。机械具有承重能力强、效率高、工作时间久、损害低等多种特点。仓储作业大都负荷中，作业量大，作业环境恶劣，时间紧，存在着众多系统性不安全隐患，因而仓储机械化是仓储业发展的必然。仓储企业应通过机械化实现最低的人力作业，加大企业集成度，减少人身伤害和货物损害，提高作业效率的目标，随着货物运输包装向着大型化、托盘化的发展，仓储也必然要向机械化过渡。

仓储自动化是指由计算机管理控制仓库的仓储。在自动化仓库中货物仓储管理、环境管理、作业控制等仓储工作，通过住处管理、扫描技术、条形码、射频通信、数据处理等技术，指挥仓库堆垛机、传送带、自动导引车、自动分拣等设备自动完成仓储作业；自动控制空调、监控设备、制冷设备进行环境管理；向运输设备下达运输指令安排运输等；并同时完成单证、报表的制作和传递。对于危险品、冷库暖库、粮食等特殊仓储，都有必要采取自动化控制的仓储。

3. 仓储信息化、信息网络化

对于存货品种繁多、存量巨大的物流与配送中心，要提高仓库利用率，保持高效率的存货流转，实施景区的存货控制，没有计算机的信息管理和处理是不可能实现的。仓储信息化管理包括：对账目处理、结算处理，提供实时的查询；进行货位管理、制作各种单证和报告表，进行存粮控制，甚至进行自动控制等。可以说，仓储要实现提高效率、降低损耗，从而降低成本就必须实现信息化。

仓储是物流的节点，是企业存货管理的核心环节。企业生产、经营的决策需要仓储及时地把存货信息反馈给管理部门，在充分掌握物品的存粮、储备、存放地点、消费速度的情况下，才能够进行准确的生产和经营决策。高效的物流管理是建立在对物流进行控制和组织，要想实现高效的物流管理就需要仓库、厂商、物流管理者、物流需求者、运输工具之间建立有效的信息网络，实现仓储信息共享，通过信息网络控制物流，做到仓储信息网络化。

4. 科学管理

仓储管理包括仓储的管理体制、治理结构、管理组织、管理方法和管理目标几个方面。根据不同的管理体制，仓储活动可以分为向社会提供仓储服务的商业仓储和为企业生产、经营服务的的企业自营仓储。无论管理体制如何，仓储管理都需要进行科学化管理。

作为一种经济活动，向社会提供服务的商业仓储也正如其他经济活动主体一样，只有在充分市场化的条件下，才能充分发展其经济价值。也就是说，商业仓储必须发展成为独立的市场经济主体，按照独立市场经济主体的要求进行现代企业制度的改造和开展科学化的现代企业管理，使仓储企业产权独立，给予企业有充分的经营自主权，按照满足社会需要的原则向社会提供服务。企业以追求利润最大化为目标。

为企业生产经营服务的自营仓储，应该在以企业的整体发展为目标的基础上确定仓储的地位，高度重视仓储的作用和强化对仓储的管理，合理地调配企业资源，使企业仓储部门成为企业生产和经营发展的可靠保障。

仓储企业（部门）内部应实施现代企业科学管理，建立高效的组织机构，实行规章化的岗位负责制，建立有利提高生产率的动态和奖励分配制度，实施有效和系统的职工教育培训制度，采取科学化的管理方法，培养积极向上的优秀企业文化。

5. 重视对人才的培训

要重视现代化仓储工作人员的培训工作。实现仓储业现代化的关键在于科学技术，而发展科学技术的关键又在于人，没有知识，没有人才，现代化就是一句空话。要实现仓储人员的知识化、专业化，必须按现代化管理的要求，根据不同类型的仓库和工作岗位制订和实施人才培训计划，加强对仓储人员的培养、教育和提高，尽快培养出一批具有现代科学知识和管理技术、责任心强、素质高的专门从事仓储管理的干部队伍。这是实现我国仓储业乃至物流业的社会化、现代化的重要保证。

三、国外仓储业的发展

伴随着社会分工和专业化生产的出现，大规模的商品生产和大规模的商品交换，使商品的储存规模不断扩大。原先那种附属于某一企业或某一部门的分散储存状况，已不能适应生产进一步发展的需要，于是商品储备又逐渐从附属型发展为一个独立的行业，即仓储业。这种行业专门从事物料的储存保管和中转运输，独立经营这种业务的企业称为仓储企业或储运企业。它们为社会提供储运劳务，对降低生产企业的产品成本、节约流通费用、加强物料周转及促进物料储备的专门化管理等方面都起着积极的作用。

第二次世界大战以后，特别是20世纪60年代以来，由于世界经济的发展、现代科技的突飞猛进，世界经济得到了迅速恢复和发展，货物的物流量越来越大。物流中的矛盾也愈加突出。如何使物流更为畅通，如何使物流过程更为合理，已成为人们关心的问题。为此，国外出现了一些专门研究物流的机构，特别是美国和日本。随着商品经济的发展，商品流通费用在进入消费者手中之前所占总费用的比例呈上升趋势，这就要求通过降低流通费用来提高企业经济效益。西方国家在这方面做了许多努力。

日本作为一个资源缺乏的发达国家，对仓库的建设特别重视，而且现代化程度较高。在日本，除了企业物流外，许多物流中的仓储活动主要是由独立的企业承担，政府对仓储业的管理主要是通过法律进行约束。在仓储经营方面，越来越多的日本仓储企业从事拆、分、拼装商品等多种经营业务，并出现众多的为生产企业和商业连锁店服务的配送中心，由此大大减少了各企业内自备仓库中的货物存储量，从而降低了资金的积压。

最为典型的现代仓储形式是自动化立体仓库。自动化立体仓库在20世纪50年代始于美国，20世纪70年代在日本得到高速发展。目前，欧美国家又在发展大型中转仓库，面积可达上万平方米，单层高度达十多米。使货物流转更加畅通和迅捷。仓库的性质由此也发生了变化，从单纯地进行储存、保管物料的静态状态一跃而进入了多功能的动态储存新领域，成为物料流通的枢纽和服务中心，特别是大型自动化立体仓储的出现，开始采用电子计算机进行自动操作和管理，彻底改变了过去那种传统的手工记账、算账的落后状态。使仓储管理进入了现代化管理的行列，并逐渐向着综合化、系统化、全自动化的方向发展。

四、仓储业发展趋势

随着现代工业生产的发展，柔性制造系统、计算机集成制造系统和工厂自动化对自动化仓储提出更高的要求，搬运仓储技术要具有更可靠、更实时的信息，工厂和仓库中的物流必须伴随着并行的信息流。

射频数据通信、条形码技术、扫描技术和数据采集越来越多地应用于仓库堆垛机、自动导引车和传送带等运输设备上，移动式机器人也作为柔性物流工具在柔性生产中、仓储和产品发送中日益发挥重要作用。实现系统柔性化，采用灵活的传输设备和物流线路是实现物流和仓储自动化的趋势。

人工智能技术的发展必将推动自动化仓库技术向更高阶段即智能自动化方向发展，在智能自动化物流阶段，生产计划作出后，自动生成物料和人力需求，查看存货单和购货单，规划并完成物流。如果物料不够，无法满足生产要求，系统会自动推荐修改计划以便生产出等值产品。这种系统是将人工智能集成到物流系统中。

目前，智能仓储系统的基本原理已经在一些实际的物流系统中逐步得到实现。可以预见，21 世纪智能仓储技术将具有广阔的应用前景。

典型案例

保 税 仓

深圳赛格储运有限公司下属的福保赛格实业有限公司（以下简称：福保赛格）在深圳市福田保税区拥有 28 000 m^2 的保税仓。福田保税区的特点在于有通向中国香港特区落马洲的进出境通道（一号通道）和通向深圳市区的进出关通道（二号通道）。货物进出境只需向海关备案，而进出关则需要报关。客户可以利用保税区境内关外的政策优势，实现整批进境，分批入关的延迟纳税优惠，或反之提前退税的好处。

福保赛格的主要客户包括日本理光国际通运有限公司、华立船务有限公司、伯灵顿国际物流有限公司、华润物流等近百家外资、港资物流企业和分布于珠三角地区的制造企业。福保赛格面向这些企业，提供保税仓的长租和短租服务，并附带从事流通加工等物流增值服务。

福保赛格的在职员工约 40 名。包括 5 名管理人员，10 名左右的叉车工人和搬运工人，另外还有报关员、报检员、客户服务人员、仓库管理员、勤杂人员（含门卫和设备检修人员）等约 20 多人。

福保赛格的盈利模式是以仓库库位出租为核心的物流服务项目的收费。基本收费项目是仓租费。另外还有装车、卸车、并柜/拼箱，对货品进行贴标、缩膜/打板、换包装、简单加工（如分包、重新组合包装、简单装配等），以及代客户进行报关、报检等服务项目的收费。主要支出是人工、水电、仓储物和设备折旧带来的维修维护费用等。

福保赛格的仓库主要是平面仓，有部分库区采用立体货架。以托盘为基本搬运单元，用叉车（以及地牛）进行进出库搬运和库内搬运。一楼是越仓区，有五辆燃气动力的叉车。二楼到十楼为储存区，每层都有一到两台电动叉车（用蓄电池驱动）。有两个大型货运电梯上下。车辆停靠的月台有十多个车位，可以停靠货柜车、箱式车等多种型号的运输车辆。

福保赛格目前仍然是以订单为驱动，以业务为中心进行运作的仓储服务企业。还没有转型到以客户服务为中心。在该公司管理层的推动下，公司上下全体员工已经树立了全面质量管理的理念，并以ISO 9000质量管理体系的要求建立了规范化的质量文档体系。但该公司尚未正式申请或通过ISO 9000质量体系认证。

福保赛格及其母公司赛格储运有限公司在1999年开发过一套基于C/S体系的管理信息系统，后因结算不准确、系统灵活性差、不能适应业务变化等原因放弃使用了。自2002年底到2003年底，赛格储运有限公司与赛邦软件合作开发了一套全新的，基于Web的B/S体系的物流管理系统，覆盖了运输业务、仓储业务、财务结算等各个方面。从而实现了客户网上下单、网上查询订单处理状态、库存状态、账单明细等，可以做到实时结算和预约结算。

福保赛格面临的最大的问题是如何提高资产回报率。保税仓的固定资产超过8 000万，而每年的利润却不到500万。与运输业务相比（货柜车辆的固定资产只有1 000多万，每年贡献的利润却达到2 000万以上），资产回报率太低。提高保税仓库区工作人员士气，努力增强服务意识，注重品质提升；增大物流增值服务的比例，大幅提高仓租费以外的收入来源，争取到更多利润贡献率高的优质客户，淘汰利润率低的C类客户等都是可能的解决途径。

为了使得公司能够上台阶，提高保税仓的资产回报率，并在适当的时候通过ISO 9000的认证。福保赛格希望通过内部实现全面质量管理来持续改进自己的管理流程，并通过信息化的手段来辅助管理的开展。他们所考虑的思路与质量管理学大师戴明所持的观点有很大程度的吻合，首先他们希望建立现代的岗位培训制度，建立严谨的教育及培训计划。然后通过在部门中持续不断地开展培训和流程监控，消除内部部门之间的隔阂，提升所有员工主动为客户服务的意识，并且消除员工对于管理层的恐惧感，敢于提出自己的观点和看法；逐步取消妨碍基层员工的工作畅顺的因素以及量化考核指标；并且通过最高层领导的积极参与，在企业内部形成一种计划、执行、检查、处理（PDCA）的全体员工认同的管理文化。对外开发更多的高端客户，树立以客户为中心的意识（强烈关注客户的满意度），提出“要把服务做在客户没有想到之前”的口号。通过内部的管理流程挖潜和对外客户的优质增值服务来获得新的竞争优势。

实　训

实训目的

通过案例分析，了解和熟悉仓储管理在仓储活动中的作用。

实训内容

案由

连云港外贸冷库于1973年由外经贸部投资兴建，是我国外贸系统的大型冷藏库之一，由12 000 t的低温库（－18 ℃）和5 000 t的保鲜库（0 ℃）组成，配备双回路电源。另有3 000 m^2 的普通仓库、100 多吨运力的冷藏车队、年加工能力为1 500 t的冷冻品加工厂。其经营范围为物资储存，商品储存、加工；食用油及制品、副食品、饲料、建筑材料、金属材料的销售、代购、代销、公路运输服务等。

冷库所处区位优越，在连云港港区内，门前公路东接港口，西接宁连、徐连、汾灌高速公路，距离连云港民航机场只有50 km，库内有铁路专用线与亚欧大陆桥东桥头堡相连，毗邻公路、铁路客运站，交通十分便捷。

设备完善的主库和从日本引进的组装式冷库构成了一流的冷冻冷藏条件，保鲜库为国内外客户储存苹果、蒜头、洋葱等果品、蔬菜类保鲜食品。冷冻品加工厂设备完善，质保体系严格，采用恒温避光作业，拥有蔬菜、水产品两条加工生产线，可常年同时加工鲜、冻农副产品及水产品，其富庶仓库在存放商品方面条件优越。

实训课时

2课时

实训要求

根据案例，分析：

(1) 结合案例谈一下在冷库的选址应注意哪些方面？

(2) 冷库管理在冷冻链管理中的作用是什么？

检查标准

根据案例，检查分析结果的正确性。

自·测·练·习

一、单项选择题

1. 仓储是物资流通中不可缺少的环节，这是因为________。

A. 仓储是物流中的支柱环节

B. 仓储是物资流通必然产生的形式

C. 仓储是解决社会分工中产品的生产与消费之间时间差异的唯一途径

D. 仓储具有蓄水池的功能

2. 货物所有权随货物交付而转移的仓储是________。

A. 保管式仓储　B. 混藏式仓储　C. 消费式仓储　D. 加工式仓储

3. 生产季节性商品的企业，为了协调旺季和淡季需求的不均匀性，通常采用在淡季生产储备一定数量的商品以调节旺季的巨大需求，这种储备克服了________。

A. 所有权间隔　B. 场所间隔　C. 时间间隔　D. 使用权间隔

4. 第三方物流企业的仓储属于________。

A. 自营仓储　B. 营业仓储　C. 公共仓储　D. 战略储备仓储

5. 物流网络中的结点代表的是________。

A. 商品的暂时储存地点　B. 物流系统中的运输工具

C. 商品的运输　D. 商品进行流通加工的地点

二、多项选择题

1. 仓储的特点是________。

   A. 保管对象是种类物　　B. 保管对象是特定物

   C. 原物返还，所有权不转移　　D. 替代物返还，所有权不转移

   E. 保管对象是所有权物

2. 通过仓库可以实现的服务利益体现在组合和________。

   A. 现场储备　B. 配送分类　C. 生产支持　D. 市场形象　E. 物流中心

3. 通过仓储，可以创造商品的________。

   A. 空间价值　B. 时间价值　C. 使用价值　D. 经济价值　E. 场所价值

4. 合理储存的内容有________。

   A. 合理储存网络　B. 合理储存时间　C. 合理储存组织

   D. 合理储存管理　E. 合理储存运作

5. 保管场所垂直方向（高度）上的布置有以下几种形式________。

   A. 物资堆垛　B. 搭建阁楼　C. 利用货架

   D. 采用架上平台　E. 在地坪允许情况下，提高货架的高度

三、是非题（正确的打“√”，错误的打“×”）

1. 仓储是物流系统最主要的核心功能之一。（　）
2. 仓储是商品在使用之前的保管，使商品到达客户之前，供应和消费之间的中间环节。（　）
3. 在仓储环节中，不能进行拼装、柱状、包装、贴标签、销售展示等业务。（　）
4. 仓储业务流程主要由入库、保管、出库3个阶段组成。（　）
5. 仓储连接了生产者与客户，其运作的好坏将直接影响整个物流系统的成本与效率。（　）

四、思考题

1. 什么叫仓储？
2. 仓储有几种形态？
3. 仓储的作用有哪些？
4. 仓储的功能有哪些？
5. 仓储在物流管理中的作用有哪些？

第二章

仓储设施与设备

学习目标

◎知识目标

了解仓库的功能；了解主要的仓储设施及其用途；了解主要的仓储设备及其使用。

◎能力目标

熟悉仓库的功能；熟悉货架系统及其适用性；熟悉并掌握主要仓储设备的使用方法及其用途。

第一节 仓库的概念

一、仓库的概念与功能

1. 仓库的概念

仓库是暂时保管、储存物品的建筑物和场所的总称。一般使用建筑物作为仓库，例如库房、货棚等。也有暂时使用车辆、船舶、集装箱等设备作为仓库。直接利用地面和水面作为保管、储存物品的场所称为堆场。

2. 仓库的功能

仓库在物流系统中作为物流服务的据点，发挥着重要功能。从传统管理的角度看，仓库在物流系统中主要承担保管功能。从现代物流观点看，大型的多功能仓库往往作为分拨中心、仓库、物流中心。随着经济的发展，仓库不仅具有储存、保管功能，而且还具有配送功能、流通加工功能和信息服务功能等。

仓库的功能主要有：

（1）保管和储存功能。保管和储存货物是仓库的基本功能。在货物储存期间，为了避免货物使用价值的丧失，应提供与货物性能特点相适应的储存环境和储存条件。仓库应根据货物本身的特性及其变化规律，配有相应的设施和设备，通过对储存货物进行保管和养护等作业活动以减少货物使用价值的损失。

（2）调节功能。在由供应商、企业和顾客组成的物流供应链中，下一道环节对物资的需求与上一道环节的供应在时间上往往是不同步的，这种需求和供给之间的时间差需要仓库保管来调节，满足生产和生活的需要。

（3）流通和配送功能。随着现代消费者需求的个性化和多样化的发展，产品的生命周期缩短，新产品投放市场的速度加快，企业的生产方式从少品种、大批量向多品种、小批量转化。这种变化要求现代仓库的功能从保管储存型向流通型转变，以适应多品种小批量、多批次小数量的物流方式。仓库不再以储存保管货物为主要目的，而是在流通过程中作为物流服务中心而发挥作用。仓库不仅应具有物品检验、整理、分拣、配货、发送等功能，而且应具有重新包装、定量化小包装、贴价格标签和货物标记、再包装等流通加工功能。

（4）信息服务功能。仓库保管在实施保管功能的同时，还承担对信息管理的功能。现代化的仓库通过计算机系统不仅可以储存所有仓储管理信息，跟踪仓储管理过程，及时处理各类管理信息，并对仓库信息进行处理，还可以与有关部门和其他企业联网，形成计算机管理信息网络，从而为相关部门和客户提供及时而准确的仓库信息服务。

二、仓储设备管理

仓储设备管理是指对设备的选购配置、投入使用、维修保养、改造更新全过程的控制管理。

1. 仓储设备管理的特点

仓储设备管理具有以下特点：

（1）经济性。仓储设备管理是大生产的重要组成部分，也是生产性的仓储设备活动。仓储设备活动和其他物质生产活动一样可以创造商品的价值，从而博取利润。

（2）技术性。仓储设备管理的机械化、信息化已是发展趋势。各种新技术的运用等，这些充分体现了仓储设备管理技术性的特点。

（3）综合性。物流作为跨行业的、跨产业的服务，功能与各行业的运作特点紧密联系在一起。在整个仓储设备管理过程中要综合利用各学科理论进行商品管理、进行库存控制，保证商品的正常生产和降低流通成本。

2. 仓储设备管理的任务

仓储设备管理的任务，就是要保证为仓储业务活动提供最优的技术设备，使商业仓储业务建立在最佳的物质技术基础上，选好、用好、修好各种设备，使设备能保持良好的技术状态，充分发挥设备的效能，保证商业仓储任务的全面完成。

仓储设备管理的任务主要有：

（1）选好设备。就是根据仓储业务的需要，正确地选购配置设备，为仓库提供优良的技术装备。

（2）管好设备。对购入的设备要做好验收、保管、发放工作，建立领用、回收制度。由商品储存任务发生变化等原因造成设备停用时，也要保持设备的完整、齐全，保证设备经常处于最佳的技术状态。

（3）用好和修好设备。掌握设备的技术性能，按操作规程正确使用设备，保证设备正常运转；对重要的机械运输设备，平时要做好使用登记和技术资料的统计工作；按照维修计划安排设备的小修、中修和大修。

（4）做好现有设备的革新和改造工作。我国商业仓储物质技术装备水平较低，设备落后，同时数量又少，大部分商品装卸搬运仍用手工操作，远远满足不了商品流通日益发展的需要。为此，在管好、用好和修好设备的同时，还要大力对现有设备进行革新改造，减轻仓储职工的劳动强度，提高仓储劳动效率，促进商业仓储设备的现代化。

第二节 仓储设施

仓储设施即仓库设施，主要指仓库和堆场。

仓库的类型可以按仓库的所有权、营业性质、保管目的、结构、专业性质、选址以及作业方式等进行分类。

1. 按仓库的所有权分类

按仓库的所有权分类的仓库类型主要有：

（1）自有仓库。它是指各企业拥有并自己使用的仓库。自有仓库主要用于保管企业生产需要的物品，如原料、半成品、成品等。

（2）公共仓库。国家或公共团体为了公共利益而建设的仓库，称公共仓库，即为公共事业配套服务的仓库。

（3）合同仓库。依据合同租赁的自有仓库或公共仓库的仓库。合同仓库的所有权属自有仓库和公共仓库，仓库的使用权属经营者。

2. 按仓库的营业性质分类

按仓库的营业性质分类的仓库类型主要有：

（1）营业仓库。它是指按照仓库业管理条例取得营业许可，以经营为手段，以赢利为目的保管他人物品的仓库。

（2）自用仓库。它是指企业为生产需要而保管物品的仓库。

（3）保税仓库。根据有关法律和进出口贸易的规定取得许可，经海关批准，在海关监管下，专供存放未办理关税手续而入境或过境货物的仓库。

3. 按仓库的保管目的分类

按仓库的保管目的分类的仓库类型主要有：

（1）仓库（流通中心）型仓库。具有发货、配送和流通加工的功能。

（2）存储中心型仓库。以储存为主的仓库。

（3）物流中心型仓库。具有储存、发货、配送、流通加工的功能。

4. 按仓库的结构分类

这类仓库有单层仓库、单跨仓库、双（多）层仓库、双跨（三跨）仓库、地下仓库、筒状仓库、露天堆场、简易仓库、立体高架仓库（见图2-1）等。

5. 按仓库的专业性质分类

按仓库的专业性质分类的仓库类型主要有：

（1）冷藏仓库。有制冷设备，并有良好的保温隔热性能，以保持较低温度的仓库，称冷藏仓库。此类仓库用于保管怕热、需保鲜的物资，如生物制品、食品及医药品等。

（2）冷冻仓库。有制冷设备，并有良好的保温隔热性能，以保持温度在0 ℃以下的仓库，称冷冻仓库。此类仓库主要用于保管动物性食品等。

（3）恒温仓库。即能够调节温度并能保持某一温度的仓库。

（4）特种仓库。特种仓库用以储存具有特殊性能的、要求特殊保管条件的物品，如危险品、石油等。常见的有原油库、成品油库、液化气罐（见图2-2）和危险品仓库等。

图2-1　立体高架仓库

图2-2　罐式仓库

6. 按仓库的选址分类

按仓库的选址分类的仓库类型主要有：

（1）港口仓库。为了保管进出口货物，在海港、空港附近建立的仓库（见图2-3）。

（2）内陆仓库。与港口仓库相对应，在内陆部分地区建造的仓库统称为内陆仓库。

(3) 枢纽站仓库。货物枢纽站是运输的到发据点。为了发展现代化运输，把货运枢纽站和仓库集中在一起，在流通业务集散地建造的仓库称为枢纽仓库。广义的枢纽站仓库包括港口仓库。

7. 按仓库的作业方式分类

按仓库的作业方式分类的仓库类型主要有：

(1) 自动化立体仓库。自动化立体仓库（见图2-4）是指由电子计算机管理和控制的，无须人工搬运工作而实现收发作业的仓库。

图2-3　港口仓库

图2-4　自动化立体仓库

自动化立体仓库主要有以下优点：

① 可以达到拣货自动化，因而可以节省人力，作业安全性高。

② 采用电子计算机管理和控制，不仅可以立即查询库存资料，而且库存资料准确，易于分类管理，盘点容易。

③ 物品出入库时间快速，料架库存随机储存，作业效率高。

④ 密封性能好，可长期保存，减少污损，物品保管质量好。

自动化仓库的种类主要有单元货格式自动化仓库、贯通式自动化仓库、水平循环货架式自动化仓库、垂直循环货架式自动化仓库、拣选货架式自动化仓库等。自动化仓库按建筑形式分主要为整体式仓库。

(2) 智能仓库。智能仓库就是采用固定货架储存货物，其搬运设置自动化装置并由计算机控制出入库作业，使保管与装卸全部实现无人化、自动化操作的一种高效、节约仓库空间的立体型自动化仓库。

智能仓库是一个复杂的综合自动化系统，它使用多层货架，能在巷道内的任何货位储存和取出货物的搬运车以及计算机控制和通信系统。作为一种特定的仓库形式，它可以按不同形式分类。

按仓库建筑形式可分为整体式仓库和分离式仓库。

① 整体式仓库。是指货架除了储存货物以外，还可以作为建筑物的支撑结构，就像是建筑物的一个部分，即库房与货架形成一体化结构。

② 分离式仓库。是指储存货物的货架独立存在，建在建筑物的内部。它可以将现有的建筑物改造为智能仓库，也可以将货架拆除，使建筑物用于其他目的。

按仓库货物存取形式可分为单元货架式仓库、移动货架式仓库和拣选货架式仓库。

① 单元货架式仓库。是一种最常见的结构。货物先放在托盘或集装箱内，再装入单元货架式仓库货架的货格中。

② 移动货架式仓库。是由电动货架组成。货架可以在轨道上行走，由控制装置控制货架的合拢与分离。作业时货架分开，在巷道中可进行作业。不作业时可将货架合拢，只留一条作业巷道，从而节省仓库面积，提高空间的利用率。

③ 拣选货架式仓库。分拣机构是这种仓库的核心组成部分。它又分为在巷道内分拣和巷道外分拣两种方式。两种分拣方式又可分为人工分拣和自动分拣。

按仓库货架构造形式可分为单元货格式仓库、贯通式仓库、水平循环式仓库和垂直循环式仓库。

① 单元货格式仓库。单元货格式仓库是使用最广、适用性较强的一种仓库形式。其特点是货架沿仓库的宽度方向分为若干排，每两排货架为一组，其间有一条巷道供堆垛起重机或其他起重机作业。每排货架沿仓库纵向分为数列，沿垂直方向又分为若干层，从而形成大量货格，用以储存货物。

② 贯通式仓库。在单元货格式仓库中，巷道占去了1/3左右的面积，为了提高仓库面积利用率，在某些情况下可以取消位于各排货架之间的巷道，将货架合并在一起，使同一层、同一列的货物互相贯通，形成能依次存放多货物单元的通道。

根据货物单元在通道内移动方式不同，贯通式仓库又可进一步划分为重力式货架仓库和梭式小车式货架仓库。

③ 水平循环式仓库。这种仓库的货架本身可以在水平面内沿环形路线来回运行。每组货架由数十个独立的货柜组成。用一台链式输送机将这些货柜串联起来。

水平循环式仓库对于水平物品的拣选作业十分合适。这种仓库简便实用，能够充分利用建筑空间，对土建没有特殊要求，在作业频率要求不高的场合里很适用。

④ 垂直循环式仓库。垂直循环式仓库与水平循环式仓库相似。只是把水平面内的环形旋转改为垂直面内的旋转。这种垂直循环式仓库特别适用于存放长的卷状货物，像地毯、地板革、胶片卷、电缆卷等。

按仓库所起的作用可将其分为生产性仓库和流通性仓库。

① 生产性仓库。是指工厂内部为了协调工序和工序、车间和车间、外购件和自制件间物流的不平稳而建立的仓库，它能保证各生产工序间进行有节奏的生产。

② 流通性仓库。是一种服务性仓库，它是企业为调节生产厂和用户间的供需平衡而建立的仓库。这种仓库进出货物比较频繁，吞吐量较大，一般都和销售部有直接联系。

按自动化仓库与生产连接的紧密程度可分独立型仓库、半紧密型仓库和紧密型仓库。

① 独立型仓库。也称“离线”仓库，是指从操作流程及经济性等方面来说都相对独立的自动化仓库。这种仓库一般规模都比较大，存储量较大，仓库系统具有自己的计算机管理、监控、调度和控制系统。又可分为存储型仓库和中转型仓库。

② 半紧密型仓库。是指它的操作流程、仓库的管理、货物的出入和经济利益与其他厂（或部内，或上级单位）有一定关系，而又未与其他生产系统直接相连。

③ 紧密型仓库。也称“在线”仓库，是指那些与工厂内其他部门或生产系统直接相连的自动化仓库，两者间的关系比较紧密。

第三节　仓储设备

一、仓储设备概述

1. 仓储设备的概念

仓储设备是指用于完成货物进库、出库和储存的机械设备。仓储设备的配置是仓储系统规划的重要内容，关系到仓库建设成本和运营费用，更关系到仓库的生产效率和效益。仓储设备是指仓储业务所需的所有技术装置与机具，即仓库进行生产作业或辅助生产作业以及保证仓库及作业安全所必需的各种机械设备的总称。根据设备的主要用途和特征，可以分为货架系统、装卸搬运设备、计量检验设备、分拣设备、养护照明设备、安全设备、其他用品和工具等。

2. 仓储设备的特点

从仓储设备的作业过程看，仓储设备具有起重、装卸、搬运、储存和堆码的功能。虽然仓储涉及从外形到功能差别很大，但由于它们是为在特定的作业环境完成特定的物料搬运作业而设计的，因而具有一些共性：

（1）搬运要求较高，但对速度的考虑较低。由于仓储机械主要作用于货物的移动和起升，因此其作业范围相对较小，对货物的搬运要求高，但对速度上的考虑较低。

（2）运动线路较固定。由于作业场所的限制，且作业场所较固定，因此仓储机械的运动线路也比较固定。

（3）专业化程度高。仓储作业由一系列实现特定功能的作业环节或工序组成，但各工序的功能较单一，而工序间的功能差别一般较大，为提高工作效率，使得仓储机械的专业化程度越来越高。

（4）标准化程度高。一方面，商品流通各环节对商品的外观和包装提出了标准化要求；另一方面，商品包装的标准化也促进了物流设备（包括仓储机械设备）的标准化。

（5）机械化、自动化程度高。随着条码技术、光学字符识别技术、磁编码识别技术、无线电射频识别技术、自动认证技术、自动称重技术和计数技术的广泛应用，现代仓储设备的自动化程度大大提高。

（6）节能性和经济性要求高。仓储过程作为流通领域或企业物流必不可少的环节，为实现商品的价值起到了极其重要的作用，因此为控制仓储成本，在设计和选用仓储机械时，必须考虑其节能性和经济性。

（7）环保性要求。仓储机械由于作业环境的特殊性，必须严格控制其对环境的污染程度。

（8）安全性要求。在仓储作业过程中，要在复杂的环境和有限的空间中保证人员、设备和货物的安全，对仓储机械的安全性要求很高。

3. 仓储设备配置的原则

仓库设备很多，为使其发挥最大作用，必须进行合理的选择和管理使用。此外，还要求仓库设备具有良好的运行稳定性和安全性。

在选择仓储设备时，应对仓储设备的技术经济指标进行综合评价，并遵循以下原则：

(1) 仓储设备的型号应与仓库的作业量、出入库作业频率相适应。仓储设备的型号和数量应与仓库的日吞吐量相对应，仓库的日吞吐量与仓储设备的额定起重量、水平运行速度、起升和下降速度以及设备的数量有关，应根据具体的情况进行选择；同时，仓储设备的型号应与仓库的出入库频率相适应。

对于综合性仓库，其吞吐量不大，但是其收发作业频繁，作业量和作业时间很不均衡。这时，应该考虑选用起重载荷相对较小，工作繁忙程度较高的设备；对于专用性仓库，其吞吐量大，但是其收发作业并不频繁，作业量和作业时间均衡。这时，应该考虑选用起重载荷相对较大，工作繁忙程度较小的设备。

(2) 计量和搬运作业同时完成。有些仓库，需要大量的计量作业，如果搬运作业和计量作业不同时进行，势必要增加装卸搬运的次数，降低了生产效率，所以希望搬运和计量作业同时完成。例如，在皮带输送机上安装计量感应装置，在输送的过程中，同时完成计量工作。

(3) 选用自动化程度高的设备。要提高仓库的作业效率，应从货物和作业机械两方面着手。从货物的角度来考虑，要选择合适的货架和托盘。托盘的运用大大提高了出入库作业的效率，选择合适的货架同样使出入库作业的效率提高；从机械设备的角度来考虑，应提高设备的自动化程度，以提高仓储作业的效率。

(4) 注意仓储设备的经济性。选择仓储设备时，应该根据仓库作业的特点，运用系统的思想，在坚持技术先进、经济合理、操作方便的原则下，企业应根据自身的条件和特点，对设备进行经济性评估，选择合适的机械设备。

二、仓库的主要设备及其作用

各种类别的仓库设备是仓库经营中不可缺少的物质技术基础。随着科学技术的发展，仓库设备也在不断更新和完善。

各种类别的仓库设备是仓库经营中不可缺少的物质技术基础。随着科学技术的发展，仓库设备也在不断更新和完善。

1. 托盘

托盘是一种用于集装、堆放、搬运和运输的成组工具。使用托盘便于用叉车等装卸搬运机械进行装卸搬运作业。

托盘的种类有木托盘、塑料托盘、金属托盘、纸质托盘等。常用的托盘为木托盘（见图2-5）。

图2-5　木托盘

2. 货架及其系统

在仓库设备中，货架是指专门用于存放成件物品的保管设备，在现代物流活动以及仓库活动中，占有非常重要的地位。仓库管理实现现代化，与货架的种类以及功能有直接的关系。对货架主要要求有：可充分利用仓库空间，提高库容利用率，扩大仓库储存能力，保证货物完整，减少货物损失；方便存取货物，便于清点及计量，可实施先进先出等各种库存策略。

货架系统的种类有：托盘货架、后推式货架、重力式货架、流动式托盘货架（见

图2-6)、驶入式货架（见图2-7)、驶出式货架（见图2-8)、流利式货架（见图2-9)、旋转式货架、悬臂式货架、积层式货架、移动式货架、轻型货架、立体式高层货架等。

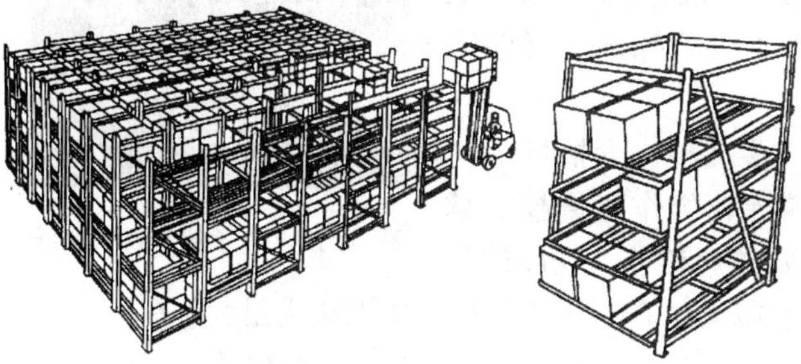

图2-6 流动式托盘货架

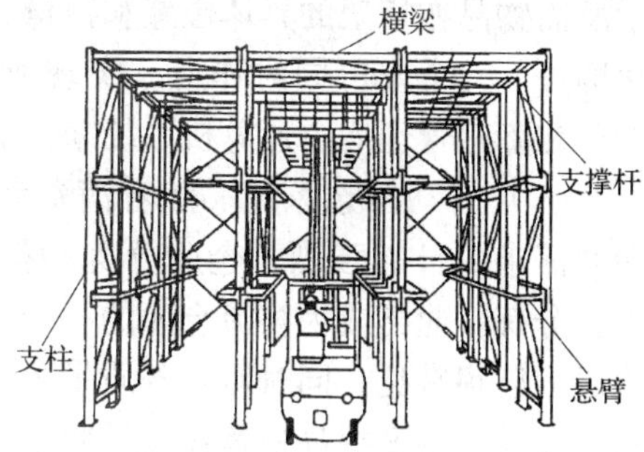

图2-7 驶入式货架

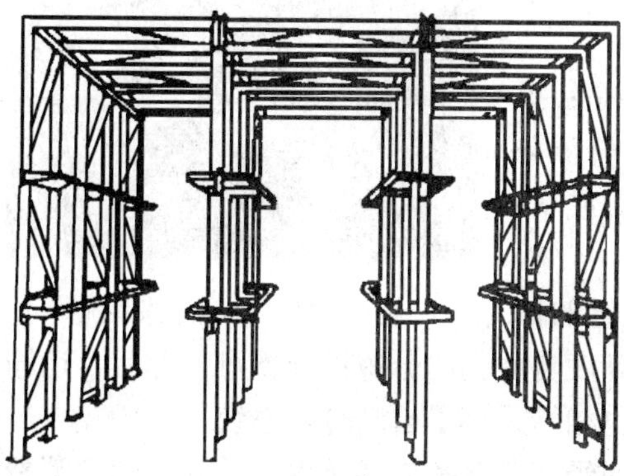

图2-8 驶出式货架

图2-9 流利式货架

3. 分拣设备

在货物的分拣作业过程中，将使用到很多设备，主要设备有储存设备、搬运设备、分类设备和信息处理设备等。这些设备相互紧密配合，共同完成货物的分拣作业。

选用分拣设备时应考虑以下问题：

（1）储存设备的配置。不同的物品特性和包装体积对设备的适应能力不同，因此，在配置设备前，必须先确定物品分拣出货的包装单位，根据分拣出货的包装单位合理地选择相应的储存设备，这有利于提高分拣作业的效率。

（2）搬运输送设备的配置。在仓库常用的搬运设备有人力拣货台车、动力式拣货台车、巷道堆垛重机、叉车、搭乘式存取机、传送带等。搬运设备主要是配合储存设备来配置的。

（3）多品种、少批量配送常见设备的配置。可采用附加显示装置的重力式货架、旋转货架、托盘货架、自动分拣系统等。

拣选系统的类型主要有：

（1）电子标签拣选系统。在电子标签拣选系统布置模式中，拣选货架已与计算机控制系统配套使用，故被称为“拣选指挥系统”的计算机数字显示拣选装置（又称电子标签拣选系统，如图 2－10 所示）。

图 2－10 电子标签拣选系统

在重力货架的每一货格上安装电子数字显示器，客户（即商场）要货单输入计算机后，货位指示灯和数字显示器立即指示所需物品在货架的具体位置和数量，操作人员只要按指令取货即可。几个人可同时作业，实现所谓“无单拣选”。结算、抄单和库存管理均由计算机系统来完成。

（2）自动拣选系统。随着消费者“多品种、少批量”的消费需求的日趋强烈，仓库分拣和拆零拣选的作业量越来越大，分拣作业已成为物流仓库的一个重要作业环节。仓库的分拣量大已很常见；同时对服务质量要求也越来越高。人工分拣根本无法满足大规模配送的要求。如何大幅度提高分拣作业的效率和质量，已成为仓库的一种核心竞争能力。

图 2－11 自动分拣系统

科学技术的进步日新月异，如激光扫描、计算机控制和条形码等高新技术进入物流领域，使自动分拣技术朝高速化、高准确率和低分拣成本方向发展。

采用自动分拣系统（见图 2－11）的优点主要是：提高单位时间内的物品处理量、提高物流服务品质、降低分货的差错率、缩短分拣作业的前置时间、降低物流成本；同时把仓库人员从繁重的分货作业中解放出来。

自动分拣系统首先在邮政部门开设应用，大量的信件和邮包要在极短时间内正确分拣处理，非凭借高度自动化的分拣设施不可。此后，运输企业、仓库、通信出版部门以及各类工业生产企业也相继采用了自动分拣系统。

自动分拣系统之所以能迅速发展，有其特殊的经济背景和外界条件。首先，随着消费水平的提高，物品经济高度发展，物品品类繁多，流通数量庞大，开展门对门小件运输，各类流通中心、仓库和运输集散中心的货物分拣量急剧增加，企业为应付激烈的竞争，提高服务质量，迅速及时地送货上门，在客观上需要高效率的分拣系统。其次，分拣工作要花费大量的劳务费用，为求得更多的经济效益，有必要寻求节省人力的自动化设施。再次，计算机信息系统在物流企业普遍应用，各类装卸、搬运、储存等配套物流设施的齐备，以及作业环境的完善，使自动分拣系统具备正常运行的条件。

自动分拣系统主要组成部分包括：

（1）输入系统。被分拣货物或从外部由汽车运达或从内部储存系统中捡出，分别由传送带输入。根据分拣货物的来源和数量，输入传送带可有多条，经合流输送机进入分拣系统。输入传送带一般采用轨道输送机，具有积放功能，即当前面货物遇阻时，后继货物下面轨道会自动停转，使货物得以在轨道输送机上暂存，解阻后自动继续前进。

进入分拣系统之前，还需经过一段进货输送带，它以光电管控制货物保持一定间距，列队前进，同时在这里输入分拣信息。

（2）分拣信号输入装置。必须将被分拣货物的分拣信息（如配送点、货运目的地等）输入计算机，以控制以后的运作过程。分拣信号输入装置设在进货输送带的两侧。分拣信息输入的方式主要有键盘输入、声音识别输入、激光扫描条码输入三种。目前主要采用激光扫描条码输入（见图 2－12）。分拣过程通过程序控制方式，如 EDI 系统接受客户订货单，自动选拣客户的订货，自动喷印条码，进行分拣后配送等，全部配货过程完全实现无人化操作。

（3）分拣传送装置。分拣传送装置（见图2-13）是分拣系统的主体。它首先将被分拣货物传送到指定的分拣道口位置上，然后把货物“送入”分拣道口。按其分拣传送装置的形式，自动分拣机主要有推出式钢带分拣机、胶带浮出式分拣机、翻盘式分拣机、导向块推出式分拣机等类型。

图2-12　分拣信息的条码输入

图2-13　分拣传送装置

（4）分拣道口。一般采用滑道形式。滑道具有积放待运功能，当滑道满载时，光电装置会发出催运信号，并阻止货物继续进入滑道，以免阻塞。

（5）自动选拣货架系统和设备。常用的自动选拣货架系统和设备有上人选拣叉车或巷道机、选拣流动货架（轻型重力货架，适用于“箱-箱”和“箱-件”。）、计算机辅助选拣系统、回转货架（水平回转货架、多层水平回转货架、垂直回转货架）等。

4. 装卸搬运设备

装卸搬运设备是进行装卸搬运活动的物质技术基础，它的技术水平是装卸搬运作业现代化的重要标志之一，是提高装卸搬运技术水平的重要保证。装卸搬运的运用组织是发挥装卸搬运设备功能的重要条件，也是其经济管理的重要内容。

装卸搬运设备适用于仓库、堆场的作业。仓储作业使用的装卸搬运设备主要有：

（1）起重机。起重机是物料起重机械的统称。按照具有机构多少、动作繁简的程度以及工作性质和用途，可把起重机归纳为三大类：

① 简单起重机械。一般只做升降运动或一个直线方向移动，只需要具备一个运动机构，而且大多数是手动的，如绞车、葫芦等。

② 通用起重机械。除需要一个使物品升降的起升机构外，还要有使物品做水平方向直线运动或旋转运动的机构。该类机械主要用电力驱动，也有用其他动力驱动的。属于这类起重机械的有通用桥式起重机（见图2-14）、门式起重机、固定旋转式起重机和旋转式起重机（如汽车起重机）等。

图2-14　通用桥式起重机

③ 特种起重机械。也是具备两个以上机构的多动作起重机械，专用于某些专业性的工作，构造比较复杂。如冶金专用起重机、建筑专用起

重机和港口专用起重机等。

由于各类型起重机结构特点、起重量、起升高度和速度、工作级别等的不同，适用范围也各异。

在装卸搬运中，配备起重机主要考虑的参数有：起重机的类型、型号选择，所需起重物品的重量、形态、外形尺寸，工作场地的条件（长、宽、高，室内或室外等），工作级别（工作频繁程度、负荷情况）的要求，每小时的生产率要求等。

根据上述要求，首先选择起重机的类型，然后决定用其中的某个型号。

（2）连续输送机。连续输送机（见图2－15）的特点是在工作时连续不断地沿同一方向输送散料或重量不大的单件物品，装卸过程无须停车，因此生产率很高。在流水作业生产线上，连续输送机已成为整个工艺过程中最重要的环节之一。

根据构造的特点，连续输送机主要有：带式输送机、链板输送机、刮板输送机、埋刮板输送机、悬挂输送机、斗式提升机、螺旋输送机、滚子输送机及气力输送机等。在选用连续输送机时，应针对物料的特性选择不同的类型。

（3）叉车。叉车（见图2－16）是一种用途广泛的装卸搬运设备，具有操作灵活、机动性强、转弯半径小、结构紧凑等特点，可用于物料的装卸、堆垛和短距离运输，一般都与托盘配合使用。

图2－15　连续输送机

图2－16　叉车

按用途分，有平衡重式、前移式、插腿式、侧叉式及低起升插腿式五种类型。在选用叉车时，应根据物料的重量、状态、外形尺寸和使用场地的条件进行合理选择，同时应考虑选用适当的托盘配合使用。

除上述三类装卸搬运机械外，还有无人搬运车及工业机器人等先进的搬运机械。

5. 装卸搬运设施

装卸搬运设施主要是指存仓、漏斗、装车隧洞、卸车线桥、高路基、装卸线、站台、码头、前后作业存料场、雨棚，各种机械的走行线和基础，各种渡桥、渡板，调节站台、活动站以及动力、维修、照明和计量检验等辅助设施。

三、计量设备

计量设备是商品进出库的计量、点数，以及在库盘点、检查中经常使用的度量衡设备。在现代仓储企业中，可以利用电子收货系统对到库的计件货物进行计量检验，也可以利用电子秤对计重货物进行计量检验。

1. 电子收货系统

采用仓库电子收货系统时，当货物到达仓库时，管理员持扫描器扫描托盘或包装箱上的条码，系统自动取消接收订单，从而使货物信息进入仓库管理系统，与订单进行电子核对。该系统可以实现货物快速登记，缩短收货时间，同时由于信息无须人工输入，大大提高了效率和准确率。

2. 电子秤

电子秤是一种一般由承重和传力机构、称重传感器、测量显示仪以及电源等组成的现代化衡器，它具有操作简单、称重速度快的特点，可以数字显示并自动记录称重结果。图2－17所示为装有电子秤的手动搬运车。

图2－17　电子秤手动搬运车

典型案例

自动化仓库发展概况及其展望

一、自动化仓库发展概况

第二次世界大战以后，在先进的工业国家，随着电子工业高度自动化及电子计算机的普遍应用，生产得到了很大发展，依靠生产技术的开发来获取利润的速度趋于稳定，前人触及甚少的物流系统开始为人们所注意，物流领域的技术继生产及销售后成为“第三利润”的源泉逐渐得到开发。自动化仓库作为物流系统的重要组成部分而崭露头角。

1950年，美国E. Idupoutde Nemours公司制成手动控制堆垛机，实现了仓库内堆垛作业机械化。1959年，美国国际纸张公司，在阿拉巴马洲仓库中采用了司机操纵巷道式堆垛起重机，使仓库堆垛机械化的效率大大提高。1962年，德国首次将电子计算机技术应用于仓库管理，建成了世界上第一座自动化仓库，把仓库管理水平提高到了一个新的阶段。

20世纪60年代中期，日本经济持续发展，物流量进一步增大，要保证工业生产持续上升和物流畅通，客观上要求扩大仓库、海湾、公路等物流设施的建设。目前，日本已成为拥有自动化仓库数量最多的国家。

20世纪80年代，自动化仓库开始向着合理化、系统化、综合化和社会化方向发展。在国际上，特别是近10年，自动化仓库技术进步非常显著。在生产、流通、交通运输和物流企业都谋求在更广泛的范围内，各方配合、共同协作，以达到整体的物流合理化。比如，实行叉车托盘化，包装标准化、集装箱化和海陆联合直达运输，点到点的配送业务等。由于高度机械化、自动化和高服务标准的物流管理作业，降低了物流成本，增加了企业利润，使得自动化仓库业在日本、美国、德国以外的瑞士、意大利、英国、法国、瑞典、俄罗斯、波兰等国也有长足的发展。

二、自动化仓库的展望

(1) 自动化仓库有很多优点已被世界各国所公认，并且广泛的应用于各种类型的仓库建筑中，这样自动化仓库标准化问题越来越受到重视，要求仓库的各项技术指标国际标准化、规范化，有关自动化仓库的技术用语的统一也已被提到日程。

(2) 自动化仓库造价比较高，可拆卸和移动性差，这样又流行一种简易组成式仓库。这种仓库已形成系列，并有多个品种，它造价较低，可靠性好，维修保养工作既简单又方便。这种仓库在日本自动化仓库中占大多数。

(3) 由于能源的紧张和人工费用的增长，自动化仓库所面临的主要问题是降低生产成本，提高机械化、自动化水平，节约能源，进一步加强为用户服务。

(4) 集装箱化、托盘化，仓库设备装卸、搬运自动化、包装规范化等新技术、新方法、新设备逐步推广。特别是计算机的普遍应用，并逐步向联机处理和网络化方向发展。计算机的软件技术对自动化仓库的控制及管理越来越起决定性作用。

(5) 自动化仓库与整个流通领域是一个整体。这样仓库的建设计划应和经营方针、物资流通一起统盘考虑，力求综合化、现代化。仓库现在被认为是生产过程中的重要调节环节，成为管理流动资金的重要因素。储存本身变成为处理货物动态的功能，而仓库储存过程变成跟其他工艺过程一样，成为需要进行研究和模拟的工程课题。

(6) 自动化仓库协作化进一步发展，几家共同利用仓库设施，共同发货，大大提高储运率，出现了集团化仓库，促进了仓库的联合运输，使车辆利用率增加，并节省了能源。

实 训

案 例 分 析

实训目的

通过案例分析，了解自动化仓库特点。

实训内容

案由

美国通用汽车制造公司实行的是准时库存与生产管理制度（JIT），所以需要快速的卡车运输，并且实施十分严格的按时送货方式。基于很多方面要求的考虑，美国通用汽车制造公司为很好地执行中转功能，建立了一个新型的自动化配件仓库。

美国通用汽车制造公司自动化仓库的基本运作流程是：

(1) 货物入库验收。当运货卡车进入停车场，保卫人员记录下拖车车号；当集装箱从拖车上卸下时，通过扫描，确认是否与供货厂商电传的货物清单相符。

(2) 货物入库处理。随着中央计算机对安装在叉车上的终端传送命令，指示操作人员如何处理卸下的集装箱货物，因为有60%以上的入库集装箱货物在几分钟或几小时内要重新发运，而不是储存起来。在一个3万m^2的仓库，有2/3的空间作为中转储存作业区。那些待发运的货物经扫描后搬运到计算机所指定的储存区。在储存区，另外的叉车操作人员对集装箱再次扫描并从中端获悉存放集装箱的确切位置。一旦集装箱进入“定位”，又再一次扫描，使计算机确认其储存位置，当需用该零部件时，能及时在其储存位置取出。

（3）货物出库操作。在零部件装车发运之后，计算机系统将卡车或火车转运的货物清单通知目的地的公司装配工厂。

美国通用汽车制造公司建造自动化仓库后，取得了极好的效果。自动化仓库的运作提高了零部件从供货厂商到装配工厂的流转速率，减少了多余库存，为公司和它的供货厂商节约了约800万美元。

实训课时

2课时

实训要求

根据案例，分析美国通用汽车制造公司的自动化配件仓库的特点。

检查标准

根据案例，检查分析结果的正确性。

自·测·练·习

一、单项选择题

1. 俗称“货场”的仓库类型是________。

   A. 普通仓库　B. 露天式仓库　C. 半封闭式仓库　D. 封闭式仓库

2. 仓库的专业化程度主要影响因素有________。

   A. 库存货物的种类　B. 仓库规模

   C. 仓库的建筑类型　D. 仓库的功能

3. 仓库的功能有储存和保管、调节供需、配送和流通加工、________功能。

   A. 保值　B. 调节货物运输能力　C. 便于包装作业　D. 增值服务

4. 将自有仓库和公共仓库两方面的优势有机地结合在一起，使得使用的成本低于租赁公共仓库的成本，这种仓库就是________。

   A. 公共仓库　B. 自有仓库　C. 合同仓库　D. 共有仓库

5. 下列关于仓库的描述，错误的有________。

   A. 仓库是保管、储存物品的建筑物和场所的总称。从现代物流系统的角度来看，仓库也是从事包装、分拣、流通加工等物流作业活动的物流节点设施

   B. 一般仓库应有物料储存区、辅助生产区和管理及生活区组成

   C. 仓库不再是只具备仓储的职能，库存的“流速”已成为评价仓库职能的重要指标，仓库是“河流”而不再是“水库”或“蓄水池”

D. 现代物流管理力求与发货同期化，使仓库管理从静态管理转变为动态管理，仓库功能也随之改变

二、多项选择题

1. ________是按仓库所具有的不同保管条件分类。

A. 中转仓库　B. 通用仓库　C. 专用仓库
D. 地面仓库　E. 石油仓库

2. ________是按照仓库建筑物空间位置分类。

A. 半地下仓库　B. 中转仓库　C. 立体自动化仓库
D. 多层式仓库　E. 地面仓库

3. 仓库按使用范围不同分类，可以分为________。

A. 营业仓库　B. 自用仓库　C. 公用仓库
D. 出口监管仓库　E. 保税仓库

4. 按照仓库的保管条件可以将仓库分为________。

A. 普通仓库　B. 保湿仓库　C. 冷藏仓库
D. 恒温仓库　E. 特种仓库

5. 按照建筑结构可以将仓库分为________。

A. 平房仓库　B. 保温仓库　C. 楼房仓库
D. 罐式仓库　E. 简易仓库

三、是非题（正确的打“√”，错误的打“×”）

1. 仓库是保管、储存货物的建筑物和场所的总称。（　）
2. 现代仓库的功能只是防止货物的丢失和货物的损伤。（　）
3. 按照仓库的功能不同，可将仓库分为自用仓库、营业仓库和公共仓库。（　）
4. 按照仓库的结构和构造进行分类，可将其分为多层仓库、立体仓库和散装仓库3种。（　）
5. 由于不同地区的市场条件及其他因素的差异，大多数企业一般结合使用自有仓库与公共仓库。（　）

四、思考题

1. 仓库的概念是什么？
2. 仓库的功能有哪些？
3. 仓库如何分类？
4. 货架系统有哪些类型的货架？
5. 仓库设施和设备有哪些？

第三章

物品的养护

学习目标

◎知识目标

了解物品养护的重要性；了解物品养护的原则；了解物品养护的方法。

◎能力目标

熟悉物品的性质；掌握物品养护的原则；掌握控制物品损耗的方法；掌握物品养护的方法。

第一节　物品养护的原则

一、物品养护概述

1. 物品养护的概念

物品养护是一项综合性工作。在流通过程，需要分别对不同性质和不同储存条件下的物品采取不同的养护措施，以防止其质量劣化。由于构成物品的材料不同，性质各异，受到的各种自然因素影响也不同，物品产生的物理性质、化学性质、生物性质、机械性质等变化也各不相同。因此，仓储工作人员就需要掌握和运用科学理论和先进的养护技术从事物品的养护工作。

2. 物品养护的基本原则

物品养护的基本原则主要有：

(1) 质量第一原则。物品养护的根本目的是要保持物品原有的使用价值。因此，必须把保证库存物品数量正确、质量完好放在首位，一切手段与方法、措施都要以这一根本目的为前提。

(2) 科学合理原则。养护工作绝不仅仅是“收收发发，爬上爬下”的工作。对物品储存要进行合理的规划，对物品养护要采取先进的技术与养护方法，还要做到因库制宜、因物而异，以达到科学合理。

(3) 效率原则。要求在保证库存物品的使用价值不变的前提下，有效利用现有仓储设施，提高仓库利用率和设备利用率，减少养护费用，降低供应成本。

(4) 预防为主原则。为了避免或减少物品在养护中质量下降和数量损耗，应积极采取预防措施，按制度办事，按标准办事，不留隐患，防止质量事故的发生。

根据物品养护活动的要求，这些原则的具体化措施主要有：

(1) 先进先出原则。在仓库养护中，先进先出是一项非常重要的原则，尤其是有时间性的产品，如果不以先进先出的原则处理，可能会造成过期或者是变质，以至于影响整个仓库的养护效益。

(2) 零数先出原则。在仓库中，时常会有拆箱零星出货的情形发生。因此，在出货时，必须对零数或者已经拆箱的产品优先考虑出货。

(3) 重下轻上原则。在储存规划时，如果是多层楼房，应该考虑较重的产品存放在楼下，而较轻的产品存放在楼上。如果是使用料架堆叠或者是直接平放地面时，则应该考虑较重的产品存放在下层容易进出的地方，而较轻的产品则应该存放在上层的位置。如此规划布置，才能避免较轻的产品被较重的产品压坏，同时也可以提高仓库作业的效率。

(4) ABC 分类规划布置原则。在布置货区上，可按物品的畅销排行、重要性、作业要求等不同情况进行合理布置，以便提高仓库或堆场的作业效率，提高物品储存的质量。

(5) 特性相同的产品存放在一起原则。在物品养护中，往往会有许多种类的物品存放在一起，但是每一种物品的特性大都不一样，有时存放在一起会产生变质的情形。例如，有些物品会散发气味（香皂、香水等），有些物品则会吸收气味（茶叶等产品），甚至有些物品散发、吸收气味都有（香烟等产品）。若是把会散发气味与会吸收气味的物品存放在一起，则会使物品的质量发生变化，甚至造成退货的情形。因此，在物品养护中，一定要特别注意此项原则。

二、库存物品的性质

1. 库存物品性质变化的类型

库存物品性质变化的形式主要有物理变化、化学变化和生物变化。

常见的物品养护过程中发生的性质变化形式有：

（1）挥发。挥发是指液态物质在空气中汽化而变成气体散发到空气中的现象。各种液体挥发的难易程度有很大差别，主要取决于液体分子之间吸引力的大小，具体表现为液体的密度、黏度、沸点等的不同。此外，蒸发热较小而蒸气压力较大的液体容易挥发成气体。易于挥发的液体大都是易燃液体，挥发速度最快的是乙醚，其次是丙酮、苯、汽油、乙醇、丁醇等。同一种液体的挥发速度主要与温度的高低、液面面积的大小、液面上压的大小、液体或空气流动的快慢等有关。温度越高、液面面积越大、液面的压力越小、液体或空气流动的速度越快，液体挥发的速度也就越快；反之，挥发的速度就越慢。

（2）溶化。溶化是指某些固体物质吸收空气中的水分达到一定程度时，溶化成液体的现象。固体物质的溶化是由于其本身具有吸湿性和水溶性。固体的吸湿性，是指吸着水分的性质；固体的水溶性，是指固体吸收水分后，逐渐溶解在所吸收的水分中而成为液体的性能。吸湿性与水溶性是固体物质溶化的充要条件。只有吸湿性而无水溶性的固体物质不会溶化。例如，火碱（氢氧化钠）具有很强的吸湿性，同时也具有很强的水溶性，所以当火碱（固体）吸收水分后，会逐渐溶解在所吸收的水分中成为液体。水泥、电石（碳化钙）、硅胶等也都有较强的吸湿性，但它们不具有水溶性，所以它们虽然也吸收水分，但是并不会溶化。固体溶化后，随着水分的蒸发，会逐渐失去水分，最后仍还原为固体物质，其性质不变。固体溶化的速度主要与空气的湿度、温度、固体的表面积等有关。湿度越大、温度越高、固体的表面积越大，固体溶化的速度就越快；反之，溶化的速度就慢。

（3）熔化。熔化是指某些固体物质受热变软以致变成液体的现象。固体的熔化主要受到温度的影响。固体物质从周围空气中吸收并积蓄热量，达到一定程度时，即当达到固体的熔点温度时，就开始熔化、变软或成为液体。固体熔化的速度主要是与周围空气的温度和本身的熔点有关。气温越高，固体的熔点越低，越容易熔化。库存物品中，容易熔化的固体物质主要有各种润滑脂、石蜡、沥青及沥青制品等。在高温下，这些固体就会熔化或软化，造成流失，不仅严重影响其数量与质量，而且还会浸入包装，沾污其他物品。

（4）干燥。干燥指由于周围空气温、湿度的变化，使固体物质中的水分散失，含水量减少，本身质量减轻的现象。具有吸湿性而无水溶性的某些物质（如木材、竹材、皮革、纤维材料等），当本身比较干燥，而周围环境的湿度比较大时，就吸收空气中的水分，使本身的含水量增加；当物体本身含水量较高，而周围环境湿度较小时，就向空气中散发水分，使本身达到干燥；当物体中所含水分与空气湿度达到平衡时，物体中的水分就不再散失。物体干燥的速度和程度主要取决于物体本身的含水量和空气湿度。物体本身含水量越高、周围空气湿度越小，干燥的速度就越快，干燥的程度就越高；反之，干燥的速度就慢，干燥的程度就越差。在一般情况下，物体干燥对保管是有利的，但对某些物资来说，过分干燥也有不利的影响。

（5）变形。某些固体材料受外力的作用或本身产生的内应力，会使其形状发生变化，降低其使用价值，例如木材、竹材及其制品。由于各个部位或表里干燥的不均匀性，会产生内应力，导致木材的弯曲、翘曲、开裂等。金属材料及其制品，当受到外力的作用时，会改变原来的形状，发生弯曲、翘曲、扭转等。

（6）氧化。某些物质与空气中的氧接触，所发生的与氧结合的化学变化，叫做氧化。

（7）老化。所谓物品老化，是指高分子材料在加工、储藏和使用的过程中，由于内外因素的综合影响而失去原有的优良性能，以致最后丧失使用价值的变化过程。例如，农用塑料薄膜变色、强度下降甚至脆化等。

（8）风化。风化是指含有结晶水的化合物在一定条件下失去结晶水而改变原来的形状。

2. 影响库存物品发生性质变化的因素

在仓库储存期间，物品表面上处于静止状态，但物品内部却在不断发生类似于以上叙述的变化，而这些变化一般都会影响物品质量。物品发生变化，是多种因素综合作用的结果。物品本身的特性，主要是理化特性，是物品变化的内因，从仓储角度来讲这是无法改变的；而这个内因只有在具备一定外因的条件下才起作用。了解和掌握库存物品发生变化的因素，才能针对各类物品的特性，进行科学的保管，以达到防止、延缓或减少库存物品变化，减少或避免物品损失和损耗。仓库物资的维护保养工作就是从外界因素的影响出发，在掌握物品质量变化的客观规律的基础上，通过改变或控制外界环境达到目的。

影响库存物品发生性质变化的主要因素有：

（1）影响物品性质变化的内在因素。物品自身的特性是物品发生变化的内因，主要包括物品的化学成分、物理形态、理化性质、力学性质及工艺性质等。

① 不同物品具有不同的化学成分，不同的化学成分及其不同的含量，既能够影响物品的基本性质，又能够影响物品抵抗外界侵蚀的能力。例如，普通碳素钢在潮湿的环境中容易生锈，高分子材料容易发霉等。

② 物品的物理形态分为固态、液态、气态。不同的形态具有不同的特性，要求相应的保管条件。物品的三种状态在一定的条件下可以相互转化，对于库存物品来说，这是应当避免的。

③ 物品的理化性质是指使其发生变化的最主要的内在因素。物理性质主要是指物品的吸湿性、挥发性、水溶性、导热性、耐热性等；化学性质主要是指物品的化学稳定性、燃烧性、爆炸性、腐蚀性、毒害性等。理化性质是由物品的化学成分和组织结构决定的。不同的物品具有不同的理化性质，必须根据物品的不同理化性质采取相应的保管措施和技术。

④ 物品的力学性质是指物品的弹性、可塑性、韧性、脆性、强度、硬度等。

⑤ 物品的工艺性质是指物品的加工程度（如毛坯、半毛坯、成品等）和加工精度（表面粗糙度、垂直度、水平度等）。一般来说，强度高、韧性好、加工精密的产品不易发生变化；反之，则较容易发生变化。

（2）影响物品性质变化的自然因素。各种自然因素是影响物品性质变化的外因，包括温度、湿度、大气、日光、生物和微生物等。

① 温度即大气的冷热程度。一定的温度是物品发生物理变化、化学变化、生物变化的

必要条件，温度过高、过低或剧烈变化，会对某些物品产生不利影响，影响防护性能。

② 湿度即大气的干湿程度。大气的干湿程度取决于大气中的水汽含量的多少。湿度对库存物品的影响最大。

③ 大气由干结空气、水汽和固体杂质三种成分组成。所谓干结空气，是指由氮气、氧气、二氧化碳以及其他气体所组成的混合气体。虽然其中氮气所占的比重最大，但是，由于氮气属于惰性气体，所以对于库存物品不产生影响。但是氧气会对物品产生不良影响。例如，氧气会加速金属锈蚀，加速仓库虫害以及霉菌的繁殖。

④ 太阳光是太阳辐射的电磁波，根据其波长一般可分为三个光区，即紫外线、可见光和红外线。紫外线波长最短，能量最大，具有杀菌消毒作用；红外线能量较弱，但它被照射物吸收后转变为热能，对怕高温的材料产生不利影响。适度的太阳光对于库存物品有时是有利的，例如可以利用其热力蒸发库内和物品内多余的水分。但是当紫外线长久直射橡胶及其制品，则会发生老化龟裂现象，破坏其分子结构，使其丧失使用价值。

⑤ 在物品仓库，生物对在库物品也有很大影响。这里所说的生物主要是指仓库害虫、白蚁、老鼠等，其中以虫蛀鼠咬危害最大。

⑥ 影响库存物品的微生物主要是霉菌和木腐菌。霉菌会使很多有机物（如纤维制品、橡胶塑料制品、皮革制品等）发霉，直接影响物品质量；木腐菌会使木材和木制品腐朽，降低其强度，影响使用。

（3）影响物品性质变化的社会因素。储存时间对任何物品都具有一定的影响，只是程度不同。一般说来，储存时间越长其影响就会越大，物品受到自然因素的影响也就越多。有些物品长时间储存，会变质损坏，以致完全失去使用价值。

第二节 库存物品的损耗及控制

库存物品的损耗分为有形损耗与无形损耗两种。有形损耗又称物质损耗，一是指由于使用而产生的磨损；二是指由于不使用而产生的损耗。库存物品发生的有形损耗属于后者。无形损耗又称精神损耗，可分为两种情况：第一种情况是由于劳动生产率提高和材料消耗降低，生产同种产品比原来消耗降低引起的产品贬值；第二种情况是由于技术普及和新技术、新工艺的出现，产生了效果更好的替代产品，使原有产品贬值。

一、物品损耗

物品损耗是指在一定的期间这种物品所允许发生的自然损耗，一般用物品保管损耗率来表示。物品损耗率全称“库存物品自然损耗率”，是某种物品在一定的养护条件和保管期内，其自然损耗量与该物品库存量之比，以百分数或千分数表示。

库存物品，尤其是机电产品，更新换代快，如果储存时间长，不但会发生有形损耗，而且还会由于同一性能新产品的出现而使得库存物品贬值，造成无形损耗。一般而言，仓储活动所要尽力避免的是物品的有形损耗。

物品的有形损耗按照损耗的原因又可分为两种情况：一种情况是指由于非正常原因，例如保管养护不善、装卸搬运不当、管理制度不严等造成的散失、丢失、破损等损耗现象的发生，称为异常损耗；另一种情况是指由于物品本身的物理化学变化和外界自然因素的影响造成的不可避免的损耗现象的发生，称为自然损耗。

物品的自然损耗主要表现为物品的干燥、风化、挥发、散失、黏结、破碎等。

(1) 散失。指一般袋装的块粒状物质，在装卸倒垛过程中受到剧烈震动时的飞扬散失，例如水泥、熟石膏、干颜料、硫酸铜、纯碱（碳酸钠）、石墨粉、硅铁等的飞散消失。

(2) 黏结。指一般黏性和糊状的半液体或液体材料，因黏着于容器或包装物而造成损耗。例如桶装软黄油、煤焦油、软沥青、凡士林（丙三醇）、水玻璃（硅酸钠）等，当换装倒桶时均易发生黏结现象。

(3) 破碎。指脆性物品，例如玻璃、陶瓷制品等，在装卸、运输及保管过程中发生的不可避免的破碎损伤。

物品的自然损耗虽然在一般条件下难以完全避免，但是，只要养护条件和方法恰当，装卸搬运作业中谨慎操作，可将自然损耗减小到最低限度。例如，调节库房温度可以减少干燥损耗，严密封闭的包装容器可以抑制风化等。

二、库存物品损耗的预防

库存物品在储存过程中几种主要的预防物品损耗的方法：

(1) 防老化。以高分子化合物为原料制成的橡胶、塑料、化学纤维等制品在储存过程中受到空气中的氧、热及光照的影响，经过一定的时间后，发生变色、变软、发黏、变形、硬化、变脆、表面龟裂等现象，这些现象都称为老化。发生老化的原因是多方面的，防老化措施是在气温较高季节，将这类物品储存在温度较低、阴凉、干燥的库房，不得储存在露天货场或简易货棚内。与酸、碱以及能挥发的氨、氯、二氧化硫、硫化氢、氯化氢等有害气体的化工产品严格隔离存放，库房窗玻璃应涂白色，以防日光直射。库房内要加强温、湿度控制与调节，库温不超过 30 ℃，可以利用自然通风降温，也可以使用空调机降温。

(2) 防熔化。某些固体物品受到气温升高影响而发生软化以致变成液体而流失，其熔点越低越容易发生熔化。例如，蜡烛，化妆品中的香脂、发蜡，化工产品中的石蜡、松香、松焦油、硬脂酸盐类等受热熔化，有的软化变形，有的流失，有的浸入包装或沾污其他物品，有的受热熔化使得货垛变形坍倒或造成损失。对于易熔物，应根据其熔点储存在建筑条件较好、阴凉通风的库房，最好能储存在气温较低的地下库房中。库房应保持经常密封，在气温较高时，可使用空调机降温，或在库内墙四周以及顶棚加贴一层阻燃性聚苯乙烯泡沫塑料板来隔热。

(3) 防溶化。一些吸湿性较强的固体，在空气中能吸收水分而逐渐溶化成液体，例如食糖、糖果，化工产品中的各种金属盐类，化肥中的硝酸铵、碳酸铵、尿素等以及医药品中的甘草流浸膏等。易溶物应储存在建筑条件好、干燥的密封库内，并应使用隔潮能力较强的塑料薄膜，将包装或货垛密封隔潮。含水量大的物品要分库储存。库房要进行温、湿度控制和调节，库内相对湿度不宜超过 75%。要了解储存物品中不同品种物品在不同温度下的吸湿点，以便控制温度和湿度。可使用空气去湿机或氯化钙、石灰、硅胶等吸湿剂以防吸湿溶化。

(4) 防挥发。有很多液体或固体物品表面的分子间作用力较小，分子的活动力大，因此，当表面分子活动形成的蒸气压力大于大气压力时，其表面的分子就会迅速地变成气体进入大气内，这种现象称为挥发。各种液体挥发的难易程度有很大差别，这主要取决于液体分子之间吸引力的大小，其挥发速度与温度、沸点、蒸气压、空气的流动速度都有一定的关系。易挥发物应储存在严格密封，且包装材料透气性较差的包装内，并放在阴凉干燥的密封库房内，要尽可能放在温度较低又通风的地方，还要能够及时通风以排除挥发的气体。对储存有燃爆性物品的库房，不宜直接使用窗式空调机和轴流排风机进行降温和通风，必须覆有防燃爆装置才可使用。

（5）防渗漏。渗漏是由于物品包装封闭不严，或因包装质量差、接缝处有裂隙，或因受潮生锈成孔，或因气温上升使包装内物品发生体积膨胀将包装胀裂，或因搬运操作震动撞击，使包装受损等原因影响，而发生渗漏现象。包装发生渗漏，多数通过检查可以及时发现。但对一些挥发性强的物品，因为挥发速度快，有时不易发现，只能依靠嗅觉或在接近包装处听渗漏声来辨别。有的可以通过用手摸，例如，渗漏出挥发性强的液体即有发凉感觉。

（6）防燃爆。除了化工物品中有不少燃爆物外，在一般物品中也有不少具有燃爆性，很容易引起燃爆火灾事故。可燃性物品应当储存在危险品仓库，如在一般综合性仓库中储存，则必须专库储存，与一般物品严格隔离，并进行分区分类管理，库房保持干燥、低温并加强防火。

第三节 物品养护的方法与措施

一、物品养护的方法

1. 虫害防治

（1）防止虫害的意义。仓库害虫以危害粮食、油料、饲料为最严重，比较严重的还有畜产品，以及水产品、中药材、烟叶、竹木制品，皮革制品、毛、丝、麻、棉织品及制品，纸张及制品，农副产品，甚至还能危害化纤织品以及塑料制品。储运部门每年为防虫治虫要花费大量人力物力。据统计，常见的仓库害虫有60多种。

南方地区白蚁的危害不仅危害建筑物以及储运用苫垫物料，而且也危害许多仓储物品，特别是木制品和纤维制品。还有一些害虫虽然食性比较单一，但繁殖能力很强，造成危害很大。仓库害虫对环境的适应能力较强，能耐热、耐冻、耐干、耐饥，有的还有一定的抗药能力。

一般仓库害虫的正常生活温度范围为8～40 ℃，最适宜生长繁殖的温度为22～32 ℃，如温度低于-4 ℃或高于45 ℃时，就都停止了活动，部分可能致死。仓库害虫在一定范围内的恶劣环境中，可以产生停育和休眠两种生理状态，但如果环境条件转为适宜时，害虫就会结束休眠，重新开始活动。

水是仓库害虫生活的必需物质，大都来自于所蛀食的储存物品，因而储存物品的含水量对害虫的生长发育有着重要作用。因此，保持物品的干燥程度，不仅能防止生霉，同时也能在一定程度上抑制害虫的危害。

空气中的氧也是害虫赖以生存的重要物质，当空气中氧浓度低于5%时，对害虫的生活就有一定的抑制作用。例如，含氧量低于2%时，则大多数害虫就会因缺氧导致死亡。

（2）仓库虫害的防治工作。仓库害虫的防治工作有以下几个方面：

① 搞好环境卫生。害虫的防治工作主要应杜绝虫源，并破坏害虫生长繁殖的环境。因此，做好库内外环境卫生是一项重要工作。要特别注意害虫喜藏匿和过冬之处，定期做好消毒工作。对储存易生虫物品的库房，在害虫繁殖期之前可使用磷化铝、溴甲烷、硫酸氟等进行一次熏蒸，或对库内墙角、走道、垛底、苫垫物料等喷洒杀虫药剂。清洁卫生消毒工作形成制度化、经常化，定期进行，可以有效地防止虫害的发生。

② 化学药剂防治害虫。化学药剂防治害虫可采用防虫药剂、熏蒸剂等。

目前，使用比较普遍的防虫药剂是一些具有特殊气味能驱避害虫的萘、樟脑、对二氯苯等。它们都是一些固体结晶，有较强挥发性，放在严密的包装内防虫，用于毛、麻、丝、棉织品，皮毛、皮革制品以及竹木制品等，但不用于橡胶、人造革、聚苯乙烯、聚氯乙烯塑料制品、氯纶锦纶织品以及食品等。

对于已经生虫的物品可用熏蒸剂熏蒸杀虫。熏蒸剂都是压缩气体或由液体、固体挥发成剧毒气体。因此，生虫的物品必须放在严格密封的库房内进行熏蒸，熏蒸时门窗缝以及通风孔、墙壁缝隙都需要用聚氨酯胶条或纸条涂胶黏剂糊严，或用胶制、人造革制、塑料薄膜帐幕将货垛或包装全部严格密封。使用溴甲烷或硫酰氟等进行熏蒸，施药都在库外或幕内操作。

熏蒸剂都是剧毒品，在施药及放毒操作时都必须佩戴防毒面具、穿工作服、戴胶手套等防护用具，操作完毕必须洗净手脸后才能饮食。初次操作应在熟悉药物性质、操作方法、救护措施的有关人员指导下进行。施药后熏蒸库或货垛四周应设安全警戒线，以保证人身安全。施药后2～3日即可启封放毒。放毒时间应选择在下班后或假日前进行。

③ 白蚁的防治。白蚁喜欢在温暖潮湿条件下生活，因此，南方地区多发生白蚁危害。白蚁的生长繁殖和群体发展速度很快。在储运部门中被危害的主要是木制库房建筑和苫垫物料用品，同时也危害一些木制品、棉麻丝等纤维制品、纸张及其制品。防治白蚁的主要方法应根据其生活习性、组织分工的严密性、喜欢相互舔吮以及有固定蚁道、吸水线、透气孔、排泄物堆积处等特点，采取相应的措施来解决。

2. 鼠害的防治

鼠的种类很多，繁殖能力很强，性格机警狡猾，喜欢藏在阴暗隐蔽处，多在夜间活动，每天活动有一定的规律和一定的范围。鼠的食性杂，但对新出现事物不轻易取食，经过一段时间后才做试探性取食，发现食物不适应时立即避食。

防鼠方法最主要的是断绝食物来源，拆除库内外一切可为鼠类隐蔽的场所，做好库内外环境卫生，使鼠类没有栖身和取食之处。储存易受鼠害物品的库房通风孔应安装铁丝网，库门窗要严格密闭，不能留有可供鼠类出入的缝隙，库门要安装至少高50 cm的挡鼠板，发现库内有鼠洞或墙壁、地面有缝隙，应立即用石块、水泥堵严，并要定期检查鼠害情况和密度。

灭鼠方法大致有：

（1）器械捕鼠。捕鼠器械种类很多，如鼠笼、鼠夹、吊砖、碗扣等，都有一定效果，宜根据鼠害情况选用或交替使用。使用时最好采用围歼办法，即在库内走道边、墙边、垛底等鼠类活动处，同时放捕鼠器械。宜先布饵，三五天后再启用器械。饵食要新鲜，鼠类喜欢水分大，有甜、香味以及油炸食物。投饵时间以傍晚为宜，每日定时检查，发觉已经捕到老鼠时，要及时把捉到的老鼠取走，并将器械彻底清洗或用沸水烫、火烤，消除气味后再使用。

（2）毒饵诱杀。将各种灭鼠药剂和食物配制成毒饵，其中宜放一些带香甜味调料，以提高诱杀效果。毒饵应放在有明显标志的专用器皿中，并应详细记载投药时间、地点和数量，定期检查回收。毒饵应随用随配，已经过期失效的毒饵应回收后集中烧毁或深埋。毒饵应在专用场所由专人配制。操作人员应佩戴口罩、乳胶手套，穿工作服，工作完毕要洗净手脸和用具后才能饮食。各种灭鼠药剂均为毒品，操作必须按规定程序进行。灭鼠药剂品种很多，适宜在仓库中使用的有磷化锌、敌鼠钠盐、安妥、粘鼠胶。

3. 霉变的防护

物品在储存中发生霉变的原因，主要是不同微生物以物品本身所含的某些物质为其繁殖生长的营养源，同时又有其适宜生长繁殖的环境因素，如温度、湿度、氧、酸碱度等。因此，对易发生霉变物品的防护工作主要就是创造不利于微生物生长的条件或采用扼制其生长的方法，以达到不发生霉变的目的。

（1）控制自然条件。控制自然条件涉及的主要问题：

① 温度。温度对微生物的生长有十分重要的作用。各种微生物适宜生长的温度范围各不相同，一般说细菌适宜生长的温度为30～37 ℃，霉菌适宜生长的温度为25～32 ℃，酵母菌适宜生长的温度为25～28 ℃，因此，如果把温度控制在某些微生物适宜生长的最高温度之上或最低温度之下，就可以基本抑制其生长。应注意的是物品发生霉变大多不是单一品种的微生物，因此有时还需要对生长的霉腐微生物进行分类研究，以便采取适宜的防止霉变的方法。

常用的提高温度防止霉变的方法是利用日光暴晒，夏季日光直晒温度可达到50 ℃以上，大多数霉菌均可被杀灭。同时日光中还含有大量的紫外线能直接杀灭霉菌。此外，还可以使用烘烤办法，最高温度不超过45 ℃，即可将霉菌杀灭。热源可用电、直接火、间接火，只要温度达到要求即可。

② 湿度。水是微生物生存的必要条件，空气的干湿程度直接影响微生物体内水分含量。在干燥的空气环境中，微生物不断失去体内水分，生长受到抑制，而在潮湿的环境中，微生物极易从空气中吸收水分而生长。因此，物品在储存中能否发生霉变，基本上取决于空气湿度的大小。湿度大，微生物吸湿快，生长繁殖也快。在干燥的环境中，空气湿度小，不论温度条件是否适合微生物生长，因微生物不能吸湿，物品不会发生霉变。因此，对于一些易霉变的物品就可以通过通风、摊晾、日晒或烘烤使水分蒸发来防止霉变。

③ 氧。各种微生物都需要通过呼吸才能生长，虽然有少量微生物在缺氧的条件下也能够生长，例如含淀粉类物品、易发酵物品受到酵母菌的影响在缺氧条件下而发酵变质。大多数易霉变的物品所滋生的各种霉菌、细菌，都需要呼吸空气中的氧才能生长，这类微生物称为好气性微生物。因此，对于这些物品的防霉工作就可以采取不提供氧的办法。例如，把整个货垛或包装用塑料薄膜全部密封，再把密封件内空气用真空泵抽去，然后充入氮或二氧化碳，或在包装内放除氧剂，把氧除去以防霉变。

④ 酸碱度。各种微生物的生长繁殖与其周围环境中的酸碱度有密切关系。例如，大多数霉菌和酵母菌适宜生长的pH为4～6，即适宜在酸性环境中生长。而大多数细菌适宜生长

的 pH 为 6～8，因此，可以在物品或包装内放置一些对物品质量无影响的酸性或碱性物质以防霉变，主要应用于食品类物品。

（2）化学方法防止霉变。使用抑制微生物生长的化学药物放在物品或包装内防止霉变，效果好、费用低，但主要在生产过程中使用，进行一次性处理，就可在生产、储存、运输、经营、消费各个环节中都起到防止霉变的作用。多菌灵、水杨酰苯胺、二氧乙烯水杨酰胺、百菌清、托布津（乙氧碳基硫脲基苯）、除氧剂、气调充氮或二氧化碳等可用来对棉麻织品、竹木制品、纸张制品等防止霉变，对果品、蔬菜、蛋品保鲜和库房消毒。

（3）物理方法防霉。物理方法防霉主要采用紫外线、微波、辐射进行防霉处理。

紫外线有杀灭霉菌的作用，因此，可以对一些不怕日晒的粮食、农副产品、中药材、棉麻制品等进行暴晒，既能杀灭其表面上的霉菌，又可以通过日光辐射热将其所含的过多水分蒸发以抑制霉菌生长。也可在库房内安装紫外线灯定期照射，进行环境消毒防霉，例如纸烟库、中药材料库、农副产品库等。

微波能引起物品分子的振动和旋转，由于分子间的摩擦而产生热，使温度上升。霉腐微生物体内温度上升即被杀灭。微波可通过专用微波发生器来产生。微波防霉应用于粮食、食品、皮革制品、竹木制品、棉织品等。

利用放射性同位素（如钴60）释放的各种放射线来照射易霉腐物品，能直接破坏微生物体内的脱氧核糖核酸和其他物质，将微生物杀死。辐射防霉以及杀菌消毒已经应用于医疗器材用品消毒、食品防腐以及皮革制品、纸烟、烟叶、中药材的防霉，效果十分显著。

4. 防老化技术

高分子化合物又称“大分子化合物”或“高聚物”，是由许多结构相同的单元组成，分子量高达数万乃至数百万以上的有机化合物。以这种化合物为主要成分的商品称为高分子商品，如塑料、橡胶、合成纤维等。高分子商品在储存和使用过程中出现发黏、变硬、脆裂、失光、变色等现象以及丧失其应有的物理和力学性能的现象称为老化。导致高分子商品老化的外界环境因素主要是光（特别是紫外光）、氧、热、水和溶剂、外力、生物等。延缓高分子商品的老化，应尽量避免其与不良环境因素的接触，如采取遮光、控氧、防热、防冻、防机械损伤、防虫霉、防腐蚀等措施。

5. 防锈蚀技术

（1）金属物品防锈蚀。锈蚀是指金属在潮湿空气、水或泥土等介质中，或在其他条件下被氧化而在其表面形成氧化物或碱式盐的现象。

影响金属及其制品锈蚀的因素既有金属组织结构、成分和性质的因素（内因），又有金属周围环境的因素（外因）。环境因素中又以空气相对湿度和腐蚀性气体（主要是二氧化硫）对金属的威胁较大。

金属防锈蚀，在仓储部门，一般都采用暂时性的措施来改善仓库储存条件预防锈蚀。

（2）防锈蚀方法。防锈蚀方法主要有：涂油防锈、气相防锈、可剥性塑料封存防锈，以及其他一些简单易行的防锈办法。

①涂油防锈。涂油防锈是金属制品防锈的常用方法。它是在金属表面涂刷一层油脂薄膜，使商品在一定程度上与大气隔离开来，达到防锈的目的。这种方法省时、省力、节约、方便且防锈性能较好。涂油防锈一般采取按垛、按包装或按件涂油密封。涂油前必须清除金属表面灰尘污垢，涂油后要及时包装封存。

防锈油是以油脂或树脂类物质为主体，加入油溶性缓蚀剂所组成的暂时性防锈涂料。防锈油中的油脂或树脂类物质为涂层和成膜物质，常用的有润滑油、凡士林、石蜡、沥青、桐油、松香及合成树脂等；油溶性缓蚀剂既有极性基团，又有非极性基团的有机化合物（如硬脂酸、石油脂等），也是能溶于油脂的表面活性剂。常用的油溶性缓蚀剂有石油磺酸钡、二壬基萘磺酸钡、硬脂酸铝、羊毛脂及皂类等。

② 气相防锈。气相防锈是利用挥发性缓蚀剂，在金属制品周围挥发出缓蚀气体，来阻隔腐蚀介质的腐蚀作用，以达到防锈目的。

气相缓蚀剂在使用时不需涂在金属制品表面，只用于密封包装或容器中，因它是一些挥发性物质，在很短时间内就能充满包装或容器内的各个角落和缝隙。既不影响商品外观，又不影响使用，也不污染包装，是一种有效的防锈方法。

金属制品的养护处理方法不同，在选择防锈材料及方法时，应根据其特点、储存环境条件、储存期的长短等因素，同时还要考虑相关的成本及防锈施工的难易，以收到较好的防锈效果。

③ 可剥性塑料封存。塑料封存就是利用塑料对水蒸气及空气中腐蚀性物质的高度隔离性能，防止金属制品在环境因素作用下发生锈蚀。常用的方法有：

塑料薄膜封存是将塑料薄膜直接在干燥的环境中封装金属制品，或封入干燥剂以保持金属制品的长期干燥，不致锈蚀。

收缩薄膜封存是将薄膜纵向或横向拉伸几倍，处理成收缩性薄膜，使得包装商品时其会紧紧黏附在商品表面。既防锈又可减小包装体积。

可剥性塑料封存是以塑料为成膜物质，加入增塑剂、稳定剂、缓蚀剂及防霉剂等加热熔化或溶解，喷涂在金属表面，待冷却或挥发后在金属表面可形成保护膜。阻隔腐蚀介质对金属制品的作用，达到防锈的目的。

二、物品养护措施

1. 物品养护的基本要求

要防止物品发生变化，应抓好物品的养护工作，坚持“以防为主，防治结合”的方针，严格验收入库物品；适当安排储存场所；对物品进行妥善堆码与苫垫；控制好仓库的温度与湿度；认真做好物品的在库检查；搞好仓库清洁卫生。

2. 物品养护的措施

物品养护的具体措施有：

（1）通风。通风是指根据大气自然流动的规律，有计划、有目的地使库内外空气对流与交换的手段，是调节库内温度和湿度，净化库内空气的有效措施。仓库通风可分为自然通风（如设置通设备）和强迫通风（如安装排气扇和空气调节器）两种方式。

（2）控温。控制物品储存环境的温度，对防止物品变质、膨胀爆炸或自燃等有着积极的作用。一般来说，降低温度的措施有：加强物品通风（如翻仓、倒垛等）；避免物品受到日光直射；对物品或货垛覆盖物进行洒水降温；在货垛内放置冰块、释放干冰；注意仓库热源的使用等。在严寒季节里，可以采用保暖苫盖与加温设备对物品进行防冻处理。

（3）控湿。空气除湿的方法主要有：利用冷却法使水汽在露点温度下凝结分离；利用压缩法提高水汽压力，使之超过饱和点成为水滴而被分离除去；使用吸附法，通过生石灰、木炭、硅胶等物质吸收空气中的水分来除湿。此外，密封货垛、通风升温、擦拭水露等措施对降低湿度也有一定的作用。在高温干燥的季节里，可以采取洒水、喷水雾等方式增加库房空气湿度，以减少湿度过低可能对物品造成的不利影响。

（4）密封。密封物品对于物品防潮、防尘等具有积极的作用。密封的常用方法有整库密封、小室密封、按垛密封、按货架密封及按件密封等。一般密封的材料必须干燥、清洁、无异味，通常可以选择塑料薄膜、防潮纸、油毡纸、芦席等。密封储存应选择在相对湿度较低的时节进行，同时注意做好密封前的检查工作，对于质量有问题（如生霉生虫）和含水量超标的物品不宜密封。

（5）防霉腐。防霉腐的措施主要有控制温湿度、密封物品、使用防腐剂等。若物品已经出现霉腐现象，应立即采取救治措施，如进行翻垛挑选，将霉腐物品与正常物品进行隔离，并根据霉腐情况、物品性质、设备条件等，采取熏蒸、晾晒、烘烤、加热消毒或紫外线灭菌等方式进行处理。

（6）防锈蚀。防止金属物品发生锈蚀，首先要保持库房和金属物品表面的干燥，同时还要做好物品的"密封包装"工作，也就是通过在金属物品表面连续、均匀地涂封油脂薄膜、油漆、可剥性塑料或者使用气相缓蚀剂来隔离空气中的氧气、水，避免其与金属物品直接接触而发生化学反应。若金属物品已发生锈蚀，应尽快除锈，以防止物品继续锈蚀造成的更大损失。目前除锈的方法有三种：通过擦、刷、磨方式的手工除锈；通过滚筒或抛光机进行的机械除锈；利用无机酸等溶剂溶解锈蚀物的化学除锈。

（7）防虫。原材料物品防虫，可采取沸水烫煮、汽蒸、火烤等方法，如竹、木；对某些易遭虫蛀的物品，可在其包装或货架内投入驱避药剂，如天然樟脑或合成樟脑等。此外，还可以使用各种化学杀虫剂，通过喂毒、触杀或熏蒸等作用杀灭害虫，这也是当前防治仓库害虫的主要措施。

典型案例

天然石材的养护

天然石材是目前为止价格很高昂的建材，使用者莫不希望以此来凸显该物的价值感，其装饰因素强于结构因素，目前已广泛应用于宾馆、饭店、写字楼、机场、纪念馆等公共建筑中的地面、台面及走入家庭等。

然而，由于天然石材的形成过程漫长，许多大理石是由钙质组成，花岗岩则是由硅酸盐类矿物组成，因此极易与不利于石材维护的化学物质发生反应。天然石材需要精心的保养和维护，不注意维护或维护方法不正确，都会使石材天生高贵、典雅的气质风采荡然无存。所以，保养石材使之长久保持亮丽无瑕，且便于日常清理，就格外重要了。

石材保养注意事项：

1. 注意防水

一般情况下，水渍在一定时间内会挥发掉，但在水底高温度的情况下，水渍可能不会消失，反而会浸入并长期储存于石材内部。各种污渍物质（液体除外）本身并不会对石材产生影响，只有当污渍遇上水并产生化学变化后，才会形成染色、污染等问题。此外，水分浸入石材内，还会改变石质，石材内的无机盐会因接触水分而产生化学作用，当晶体渐渐变大时，会令石材表面爆开并析出晶体，造成白华等污染问题。因此，可知水是石材的最大敌人，只有将石的气孔堵塞方可从根本上解决这一问题。

2. 不可接触非中性物品

所有石材均怕酸碱。例如，酸常造成花岗石中硫铁矿物氧化而产生吐黄现象，酸会分解大理石中所含的碳酸钙，造成表面被侵蚀状况，碱也会侵蚀花岗石中长石及石英矽化物结晶之晶界造成晶粒剥离的现象。因此非中性物品乃破坏石材镜面之元凶。

3. 不可随意上蜡

市场上的蜡种类繁多，有水性蜡、硬脂酸蜡、油性蜡、亚克力蜡等。这些蜡基本上都含酸碱物质。不但会堵塞石材呼吸的毛细孔，还会沾上污尘形成蜡垢，造成石材表面产生黄化现象。须在行人及货物流通频率极高的场所上蜡时，则必须请教专业保养公司指导用蜡及保养。

4. 不可乱用非中性清洁剂

为求快速清洁效果，一般清洁剂均含有酸碱性，故若长时间使用不明成分的清洁剂，将会使石材表面光泽尽失，且因非中性药剂的残留也是日后产生石材病变的主因。

5. 不可长期覆盖地毯，杂物

为保持石材呼吸顺畅，应避免在石材面上长期覆盖地毯及杂物，否则石材下湿气无法通过石材毛细孔挥发出来。则石材会因湿气过重，含水量增高而产生恼人的石材病变问题。如一定要铺设地毯，堆置杂物，请别忘了要常更动。

6. 要彻底保持干净清洁

不论是质地坚硬的花岗石（硬度 HRs88 - 111 ±4 - 7）或质地较软的大理石（硬度 HRs46 - 77 ±3 - 5）均不耐风沙及土壤微粒的长期蹂躏。因此要不时利用除尘器及静电拖把彻底做好除尘及清洁的工作。商业空间入口处最好能放置除尘垫，过滤往来鞋子所带的砂粒，住家则最好入门后换穿拖鞋，减少砂粒尘土磨损石材表面的机会。

7. 要定期保养、维护光泽

光靠除尘、清洁是无法让亮丽的石材光泽持续保持不退的。因此一定要定期请专业公司派人做保养及光泽再生的维护工作。

8. 要立即清除污染

所有石材均具有天然毛细孔，污染源（油、茶水、咖啡、可乐、酱油、墨汁等）会很容易顺着毛细孔渗透到石材内部，形成令人讨厌的污渍，因此一定要选择优良品质的石材专用防护剂施工，在石材表面上防止污染源污染石材。要知道所有防护剂均不可能百分百长期阻绝污染，所以一旦有污染源倒在石材上一定要立即清洁，以防止渗入石材毛细孔内。

9. 要常保持通风干燥

石材怕环境湿度太大。水汽会对石材产生水化、水解及碳酸作用，产生水斑、风化、剥蚀、锈黄等各种病变，摧残石材。因此石材安装场所要常保持通风干燥。

10. 要定期施作防护处理

要长保石材寿命，阻绝水和污染源的渗透，一定要定期采取专业防护处理。防护剂的品质一定要特别注意。施工后一定要能维持石材的透气性、防水性及防污性。绝不可使用来路不明的防护剂，以免不但达不到防护效果，反而增加了石材保养的困扰。

实 训

超市纺织类商品养护方法的制订

实训目的

通过制订超市纺织类商品养护方法，掌握纺织类商品的养护。

实训内容

纺织类商品按缝制的材料一般可分为棉织品、麻纤维及织品、纺织品、化纤类制品。而在超市中则一般为衣服物品、床上用品等。

根据这类商品的特性，制订商品养护方法。

实训课时

4 课时

实训要求

纺织品类商品在储藏期间，主要受到微生物的侵害，商品养护的首要任务就是防霉腐，因此，清除适于霉菌滋长发育的条件，改变微生物的生态环境，使库内温、湿度控制在一定标准以下，以达到安全养护的目的。

如何具体制订这类商品的养护方法？

检查标准

根据商品特性，制订纺织品类商品养护方法，并检查方法的正确性。

自测练习

一、单项选择题

1. 含有胶质和易挥发成分的商品，在低温或高温等因素的影响下，引起部分物质的凝固，这种现象属于商品物理机械变化中的________。

A. 挥发　　B. 溶化　　C. 熔化　　D. 沉淀

2. 与大量水分接触，易引起火灾事故，并且其生成物有较强的腐蚀性的吸潮剂是________。

A. 生石灰　　B. 熟石灰　　C. 硅胶　　D. 氯化钙

3. 在密封条件下，通过降低氧的浓度，造成低氧环境，来抑制霉腐微生物的生命活动与生物性商品的呼吸强度，从而达到防霉腐的效果的方法是________。

A. 化学药剂防霉　B. 气相防霉　C. 气调防霉腐　D. 低温冷藏防霉腐

4. 质量变化中裂解属于________。

A. 物理变化　B. 化学变化　C. 生化变化　D. 机械变化

5. 关于商品的存储，下列说法错误的有________。

A. 按理化性质对货物进行分区分类保管的分区分类方法，便于仓库对货物采取相应的养护措施，便于进行清查盘点，便于提高货位的利用率

B. 货物的物理变化是只改变物质本身的外表形态，不改变其本质，没有新物质的生成，并且有可能反复进行的质量变化现象。货物的机械变化是指货物在外力的作用下，发生形态变化

C. 自然通风过程就是干燥（或潮湿）空气从进气口进入库房，潮湿（或干燥）空气从出气口流出库房的简单过程

D. 预防货物的串味，应对易被串味的货物尽量采取密封包装，在储存和运输中不与有强烈气味的货物同车、船并运或同库储藏

二、多项选择题

1. 下列属于物理机械变化的质量变化现象有________。

A. 呼吸作用　B. 聚合　C. 裂解

D. 串味　E. 渗漏

2. 下列属于货物的化学变化现象有________。

A. 呼吸作用　B. 聚合　C. 裂解

D. 发芽　E. 渗漏

3. 影响货物储存期长短的因素有________。

A. 货物的物理性质　B. 货物的化学性质　C. 货物的化学成分

D. 货物的结构　E. 货物的机械性质

4. 导致库存损耗的因素有________。

A. 运输　B. 虫害　C. 霉变

D. 挥发　E. 储存

5. 影响货物质量变化的内因有________。

A. 货物的物理性质　B. 货物的化学性质　C. 货物的化学成分

D. 货物的结构　E. 货物的机械性质

三、是非题（正确的打“√”，错误的打“×”）

1. 商品常发生的物理机械变化主要有商品的挥发、溶化、溶解、分解、水解、化合、聚合、裂解、老化、曝光、锈蚀等形式。（　）

2. 预防商品的熔化应根据商品的熔点高低，选择阴凉通风的库房储存。（　）

3. 商品保管工作的方针是“以治为本，以防为辅，防治结合”。（　）

4. 药物防治，是使用各种化学杀虫剂，通过喂毒、触杀或熏蒸等作用杀灭害虫，是当前防治仓库害虫的主要措施。（　）

5. 在金属制品的储存中，一般采用涂油、密封来防锈，用化学药剂进行除锈。（　）

四、思考题

1. 物品养护的基本原则有哪些?
2. 物品养护基本原则的具体化反映在哪些方面?
3. 常见的物品养护过程中发生的性质变化形式有哪些?
4. 物品自然损耗的形式有几种?
5. 物品养护有几方面的要求?

第四章

仓储作业

学习目标

◎知识目标

了解仓储作业的过程；了解各项作业流程和方法。

◎能力目标

熟悉仓储作业组成；熟悉各项仓储作业流程；掌握各项仓储作业的方法。

第一节 入库准备

仓库应根据仓储合同、物品入库凭证等文件及时地进行库场准备。做好入库前的准备工作，可以保证货物准确、迅速、安全入库。货物入库前的准备工作需要由仓库的管理、业务、设备作业等部门分工合作，共同完成。

入库前的准备工作包括：

1. 编制仓储计划

首先，仓库业务和管理人员应该通过查阅货物资料、询问存货人等途径了解入库物品的品种、规格、数量、包装状况、单件体积、质量、确切的到库时间、物品存期、物品的物理化学特征、保管的要求等具体情况；其次，仓库业务和管理人员必须动态地掌握仓库货位的使用情况、机械设备条件、劳动力情况等；最后，仓库业务部门根据掌握的详细信息，制订仓储计划，并将各项具体任务下达到各个相应的作业单位。

2. 货位准备

仓库部门根据入库物品的类别、性能、数量、包装、存放时间等情况，结合仓库分区、分类、定位保管的要求，核算占用货位大小，根据货位使用原则，妥善安排货位。仓库员负责具体的货位准备工作，比如腾仓、清洁货位、清理排水系统、消毒除虫等。

3. 器具准备

器具准备内容包括：

（1）苫垫材料准备。根据入库货物的性能、保管要求、数量及库场的具体条件确定堆垛方法，制定苫垫方案，准备好苫垫物料，以确保入库货物的安全。

（2）设备器具准备。大批量货物入库，必须有装卸搬运机械的配合。仓库应该事前设计好装卸搬运工艺，做好设备的申请调用工作；准备好验收用的检验工具，如衡具、量具等，并检测准确。

4. 资料准备

仓库员对货物入库所需的各种报表、单证、记录簿，如入库记录、理货检验记录、料卡、残损单等按要求准备妥当，以备使用。

5. 仓储作业原则的掌握

仓储作业时一般应遵循以下几个原则：

（1）面向通道原则。为了方便物品在仓库内移动、存放和取出，需将物品面向通道库存保管。

（2）分层堆放原则。为了提高仓库的利用效率，同时也为了保证作业的安全性，防止物品受损，需要利用货架等保管设备进行分层堆放保管。

（3）先进先出原则。它是指先入库的物品应先发货送出，这是为了防止库存物品因保管时期过长而发生变质、损耗、老化等现象，特别是对于感光材料、食品等产品保质期较短的物品来说这一原则非常重要。

（4）周转频率对应原则。它是指依据物品进货发货的频率来确定物品的存放位置。比如进货发货次数频繁的物品应放置在靠近仓库进出口的位置。

（5）同一性原则。它是指相同类型的物品需存放在相同的位置，这样便于提高物流的效率。

（6）相似性原则。它是指相类似的物品需存放在相邻的位置，这样便于提高物流的效率。

（7）重量对应原则。它是指根据物品的重量确定物品存放的位置和保管方法。具体地说从方便搬运和安全作业的角度出发，比较重的物品应放置在地上或货架的底层，比较轻的物品应放置在货架的上层。

（8）形状对应原则。它是指根据物品的形状确定物品存放的位置和保管方法。按包装标准化的物品应放置在货架上保管，非标准化的物品对应于形状进行保管，并可通过特殊的保管机械或设备尽量使非标准化物品（特殊形状的物品）成为标准化物品（包装上的标准化），以便提高保管效率。

（9）明确表示原则。它是指对物品的品种、数量及保管位置（如货架编号、层次等）清楚明晰地表示。这样可以使作业人员容易找到物品存放的位置，从而提高物品存放、拣出等作业的效率。

6. 仓储能力的确定

分区分类储存货物，在具体确定每个货位、每个区段、每个仓库到底能储存某种物品多少时，要以该物品的单位仓容定额作为计算基础。单位仓容定额是指在一定的条件下，单位面积允许合理储存的货物的最高数量。在这里，“一定的条件”主要是指仓储管理水平，作业的机械化程度，仓库地坪的负荷量，存储货物本身的性质、特点及形状、重量等。在实践中，单位仓容定额通常是由库场单位面积技术定额和货物单位面积堆存定额两项指标取最小值来确定的。单位面积技术定额是指库场地面设计和建造所达到的强度，单位是吨/平方米。货物单位面积堆存定额一般是由货物本身的性质及其包装强度所确定的。

第二节 货位确定

一、货位规划

1. 货位规划的原则

货位是指储存物品在仓库中具体存放的位置。货位规划要充分满足货物的保管要求和作业的方便。

货位安排应该注意以下几项原则：

（1）根据货物的货量、尺度、特性、保管要求选择货位。应当根据储存物品存量的多少，比较准确地确定每种物品所需的货位大小及数量。若储存货位超过实际需要，则不利于仓容的充分利用；货位尺度与货物尺度要匹配，特别是大件、长件、不规则货物要能存入所选货位；为了避免物品在储存过程中相互影响，性质相同或者保管条件相近的物品可以集中存放；货位的通风、光照、温湿度、排水、防风、防雨等条件应该满足货物保管的需要。

（2）根据物品周转情况安排货位。“先进先出”是仓储保管的重要原则。在安排货位时，要尽量避免后进货物围堵先进货物；存期长的货物不能围堵存期短的货物；出入库频繁的物品应尽可能安排在靠近出入口或专用线的位置，以加速作业和缩短搬运距离。

(3) 根据存储物品的作业要求合理选择货位。对于体大笨重的物品，应考虑装卸机械的作业是否方便。使用货架时，重货放在货架下层，需要人力搬运的重货，存放在腰部高度的货位。总之，安排的货位应该尽可能地保证搬运、堆垛、上架的作业方便。要有足够的作业场地，能使用机械进行直达作业。

(4) 作业分布均匀。所安排的货位尽可能避免仓库内或同一作业线路上多项作业同时进行，以免互相妨碍。

(5) 保留机动货位。在规划货位时应该注意保留一定的机动货位，以便当物品大量入库时可以调剂货位的使用，避免打乱货位安排。

2. 货位布置方式

露天货物的货位布置，一般为货垛与主要作业通道成垂直方向。库房货位布置的方式主要有以下三种：

(1) 横列式。货垛（货架）与库房的宽向平行排列。

(2) 纵列式。货垛（货架）与库房的宽向垂直排列。

(3) 混合式。同一个库房里横列式和纵列式同时存在。

3. 货位使用方式

在实践中，仓库货位的使用主要有以下三种方式：

(1) 固定货物的货位。货位只用于存放确定的货物，严格地区分使用，绝不能混用、串用。货位具有固定用途，仓库可以针对性地对货位进行装备，有利于提高货物保管质量，同时便于查找货物。但是，当特定货源不稳定时，这种方式的仓容利用率相对较低。主要适用于长期货源的计划库存以及仓储货运管理的存储。

(2) 不固定货物的货位。该方式是指仓库不分区，货物任意存放在有空的货位，但仍要遵循仓储的分类安全原则。不固定货位有利于提高仓容利用率，但库内混乱，不便于查找和管理，适用于货物保管时间极短、周转速度极快的流通仓库。不固定货物的货物储藏，在计算机配合下，能够发挥充分利用仓容、方便查找的优势。

(3) 分区分类固定货物的货位。分区分类固定货物的货位是指对货位进行分区分片，同一区内只存放一类货物，同一类货物在同一区内的货位则采用不固定使用的方式。这种方式不仅有利于货物保管，而且查找方便，仓容利用率也可以提高。国内外大多数储存仓库都使用这种方式。

二、货位编号

货位编号就是将物品存放场所按照位置的排列，采用同一标记，编上顺序号码，并作出明显标志。每一个货位仅有一个编号，以便区别。货位确定并进行标识后，一般不随意改变。

货位编号应按照统一的规则和方法进行。首先，要确定编号先后顺序的准则，规定沿着什么方向、用怎样序列进行编号。各仓库可按各自不同的条件和实际需要，灵活运用平面、垂直或立体的横向、纵向方向的序列进行编号。编排货位的顺序号码应该按照便于掌握的原则加以选择。一般情况下，同一仓库内，编号规则必须相同，以便于查找和防止错乱。其次，应采用统一的方法进行编号。每一货位的号码必须使用统一的形式、统一的层次、统一的含义编排。所谓统一的形式是指所用的代号和连接符号必须一致；统一的层次是指货位编号中每种代号的先后顺序必须固定：统一的含义是指货位编号中的每个代号必须代表特定的位置。

在大多数仓库中，经常采用四组数字对货位进行编号。四组数字依次代表库房的编号、货架的编号、货架层数的编号和每一层中各格的编号。例如：1－10。2－5，表示1号仓库，第10个货架，第2层中的第5格。根据货位编号即可迅速地确定某种物品具体存放的位置。实行货位编号，一方面，有利于提高作业效率，减少差错；另一方面，仓库可以通过一个编号将“物品保管台账”的账页与料卡及实物相联系起来，有利于对仓储物品进行检查和监督。

第三节 物品验收入库

物品验收是按照验收业务作业流程，核对凭证等规定的程序和手续，对入库物品进行数量和质量检验的经济技术活动的总称。由于各种到库物品的来源复杂，渠道繁多，从结束其生产过程到入库前，经过一系列的储运环节，受到储运质量和其他各种外界因素的影响，各类物品在出厂前虽然都经过了检验，但也不排除错检、漏检情况发生。因此，所有到库物品，在入库前必须进行检验，验收合格后方可正式入库。

一、物品查验方式

物品查验方式分为全验和抽验。

1. 全验

全验需要耗费大量的人力、物力和时间，检验成本高，但可以保证验收质量。在物品批量小、规格复杂、包装不整齐的情况下，可采用此法。数量和外观质量检验一般要求全验。

2. 抽验

物品质量和储运管理水平的提高以及数理统计的发展，为抽验方式提供了物质条件和理论依据。对于大批量、同包装、同规格、信誉较高的存货单位的物品可采用抽验的方式检验。但在抽验中发现问题较多时，应扩大抽验范围，直至全验。

二、物品检验

1. 数量检验

数量检验一般包括检斤、计件、检尺求积等形式，是由仓库保管职能机构组织进行的。

（1）检斤。即对以质量为计量单位的物品，进行数量检验时的称重，以确定其毛重和净重。值得注意的是，按理论换算质量的物品，先要通过检尺，然后按规定的换算方法和标准换算成质量验收，如金属材料中的板材、型材等。所有检斤的物品都应填写磅码单。

（2）计件。即对以件数为单位的物品进行件数的理算。一般情况下，计件物品应统一点清。固定包装物的小件物品，如果包装完好，则无须打开包装。国内物品只检查外包装，不拆包检查。进口物品按合同或惯例办事。

（3）检尺求积。即对以体积为计量单位的物品先检尺、后求积所作的数量检验，如木材等货物，根据实际检验结果填写磅码单。

2. 质量检验

质量检验包括外观质量检验和内在质量检验。

（1）外观质量检验。外观质量检验的方法有：

① 包装检验。通过人的感觉器官，检查物品的外包装或装饰有无被撬开、开缝、污染、破损、水渍等不良情况，检查外包装的牢固程度。

② 物品外观检验。对原包装的物品，直接查看其表面，检查是否有撞击、变形、生锈、破碎等损害。

③ 物品质量尺寸的检验。由仓库的技术管理职能机构组织进行。对入库物品的单件质量、货物尺度进行衡量和测量，确定货物的质量。

④ 标签、标志检验。检查物品标签、标志是否具备，是否完整、清晰，标签、标志与物品内容是否一致。

⑤ 气味、颜色、手感检验。对某些特定的物品必须通过物品的气味、颜色、手感来判定其是否新鲜，有无变质，是否有干涸、结块、融化等现象。

⑥ 打开外包装检验。外观有缺陷的物品，有时可能影响其质量，当检验人员判定物品内容有受损可能时，就应该打开包装检验。开包检验必须有两人以上在场。检验后，根据实际情况及时封装或更换新包装，并印贴已验收的标志。

物品的外观检验通过外观来判断质量，大大简化了仓库的质量验收工作，避了各部门反复进行的复杂的质量检验，节约了成本。已经过外观质量检验的物品都应填写“检验记录单”。

（2）内在质量检验。内在质量检验是对物品内在质量和物理化学性质所进的检验。对物品内在质量的检验要求有一定的技术支持和检验手段。目前，大多数仓库都不具备这些条件，所以，一般由专业技术检验单位进行，经检验后出具检验报告。

三、验收中问题的发现和处理

在物品检验过程中，会产生许多问题。仓库管理部门应区别不同情况，及时处理。同时，验收中发现问题、等待处理的物品，应该单独存放，妥善保管，防止混杂、丢失、损坏。

1. 数量方面的问题

验收中存在的数量方面问题主要有：

（1）数量短缺在规定的磅差范围内的，可按原数入账。

（2）数量短缺超过规定的磅差范围的，应做好验收记录，填写磅码单，交主管部门会同货主向供货单位交涉。

（3）实际数多于原发料量的，可由主管部门向供货单位退回多发数或补发货款。

2. 质量方面的问题

验收中存在的质量方面问题主要有：

（1）凡物品质量不符合规定要求时，应及时向供货单位办理退货、换货。

（2）物品规格不符或错发时，应将情况作成验收记录交给主管部门办理换货。

3. 资料方面的问题

入库物品必须具备入库通知单，订货合同副本，供货单位提供的材质证明书、装箱单、磅码单、发货明细表以及承运单位的运单等资料。凡资料未到或资料不齐的，应及时向供货单位索取。该物品则应作为待检物品堆放在待验区，待与物品相关的资料到齐后再进行验收。

入库前的物品检验是一项技术要求高、组织严密的工作，直接关系到整个仓储业务能否顺利进行，必须做到及时、准确、严格、经济。

四、物品入库的交接手续

入库物品经过仓库的检验后，由仓库保管员根据验收结果，在货物入库单上签收。同时，要在入库单上注明该批货物的货位编号，以便记账、查货、发货。仓库收货员还应在送货人提供的送货回单上签名盖章，并留存相应单证。如果验收过程中发现差错、破损等不良情况，必须在送货单上详细注明差错的数量、破损状态等，并由当事人签字，以便与供货方、承运方分清责任。

1. 登账

登账，即建立入库物品明细账。该明细账动态地反映物品进库、出库、结存等详细情况。该明细账的主要内容有：物品名称、数量、规格、累计数或结存数、存货人或提货人、批次、单价、金额、物品的具体存放位置等。仓库物资保管部门负责该明细账的登记和管理，凭此进行货物的进出业务活动。表 4－1 为物品进库所需填制的进仓单。

2. 立卡

物品入库后，仓库保管员应该将各种物品的名称、数量、规格、质量状况等详细信息编制成一张货卡，即物资的保管卡片，并将卡插放在货架的支架上或货垛的显著位置。这个过程即为立卡。

3. 建档

建档，是将货物入库作业全过程的相关资料进行整理、核对，建立档案，为物资的保管及出库业务创造良好条件。

表 4－1 进 仓 单

凭证存储编号：

委托单位：　　　　进仓日期：　年　月　日　　　　存放仓位：

<table>
<tr><td rowspan="2">货 号</td><td rowspan="2">商品名称</td><td rowspan="2">规 格</td><td rowspan="2">单 位</td><td colspan="2">数 量</td><td colspan="2">总重量（千克）</td></tr>
<tr><td>件 数</td><td>每件细数</td><td>毛 重</td><td>净 重</td></tr>
<tr><td></td><td></td><td></td><td></td><td></td><td></td><td></td><td></td></tr>
<tr><td colspan="2">商品情况：</td><td colspan="6">每件体积：________m^3
每件毛重：________千克
每件折合：________吨，共计________吨</td></tr>
</table>

验收：　　　　保管员：　　　　制单：

第四节 订单处理

从接到客户订货开始到准备着手拣货为止的作业阶段，称为订单处理。

在现代物流活动中，仓库承担着更多的配送业务，并且配送业务活动是以客户订单发出的订货信息作为其驱动源。在配送活动开始前，应根据订单信息，对客户的分布、所订物品的品名、物品特性和订货数量、送货频率和要求等资料进行汇总和分析，以此确定所要配送货物的种类、规格、数量和配送时间，最后由调度部门发出配送信息（如拣货单、出货单等）。订单处理是调度、组织配送活动的前提和依据，是其他各项作业的基础。

订单处理是配送服务的第一个环节，也是配送服务质量得以保证的根本。其中，订单的分拣和集合是订单处理过程中的重要环节。

订单处理是实现企业顾客服务目标最重要的影响因素。改善订单处理过程，缩短订单处理周期，提高订单满足率和供货的准确率，提供订单处理全程跟踪信息，可以大大提高顾客服务水平与顾客满意度，同时也能够降低库存水平，在提高顾客服务水平的同时降低物流总成本，使企业获得竞争优势。

少量的订单可采用人工处理，但对于要求处理速度快、差错极少的大量订单处理，通常采用电脑化处理方式。

一般的订单处理过程主要包括五个部分，即订单准备、订单传递、订单登录、按订单供货、订单处理状态追踪，如图4－1所示。

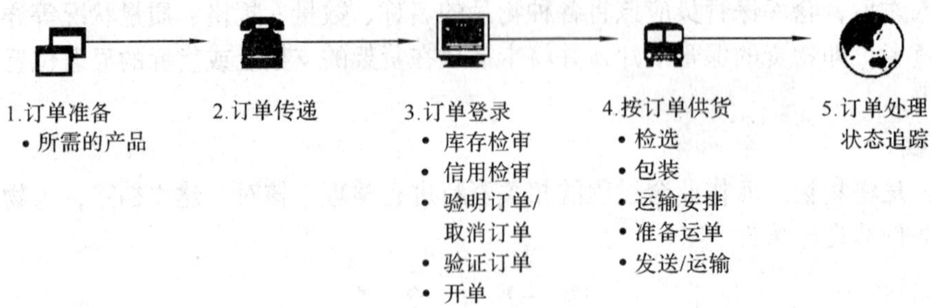

图4－1 订单处理过程

一、订单准备与汇总

任何一种配送活动都有明确的服务对象。据此，在未曾进行实质性的配送活动之前，都要专门的机构（负责调度的机构）以各种方式收集用户的订货通知单并汇总订单。按照惯例，接受配送服务的各个用户（工商企业或商业网点）一般都要在规定的时间以前将订货单（或者要货单）通知给仓库，后者则在规定的时间截止之后将各个用户的订货单进行汇总，以此来确定所要配送货物的种类、规格、数量和配送时间等。

订单处理是物流信息系统的核心部分。物流信息系统是改善包括订单处理在内的供应链管理过程的重要工具。准确、完备、快速的信息处理与信息传递是现代物流管理发展的主要驱动力。

订单准备是指顾客寻找所需产品或服务的相关信息并做出具体的订货决定。具体内容包括选择合适的厂商和品牌，了解产品的价格、功能、售后服务以及厂商的库存可供水平等信息。减少顾客订单准备的时间，降低顾客的搜寻成本，能够显著地增加企业产品的市场份额。

二、订单处理过程

1. 订单处理方式

接受客户订单的方式分为传统订货方式和电子订货方式。

（1）传统订货方式。其具体做法有以下几种：

① 厂商铺货方式。供应商直接将物品放在货车上，一家家去送货，缺多少补多少。此种方法适用于周转率快的物品，或新上市物品。

② 厂商巡货、隔天送货方式。供应商派巡货人员前一天先到各客户处查寻需补充的物品，隔天再予以补货。传统的供应商采用这种方式可利用巡货人员为商店整理货架、贴标签或提供经营管理意见、市场信息等，也可促销新品。

③ 电话口述订货方式。订货人员将物品名称及数量，以电话口述向厂商订货。由于每天需向许多供应商要货，且需订货的物品可能达数十种，故花费时间长，错误率高。

④ 传真订货。客户将缺货信息整理成文，利用传真机传给供应商。

⑤ 邮寄订单。客户将订货单邮寄给供应商。

⑥ 客户自行取货。客户自行到供应商处看货、补货，此种方式多为传统杂货店因地缘近而采用。

⑦ 业务员跑单接单。业务员到各客户处去推销产品，而后将订单带回或紧急时用电话先与公司联系、通知客户订单。

随着市场竞争的日趋加剧，订货的高频率、平时的快速响应，使传统的订货方式已无法应付。于是，一种划时代的新的订货方式便应运而生，这就是电子订货方式。

（2）电子订货方式。这是一种借助计算机信息处理，以取代传统人工书写、输入、传送的订货方式。它将订货信息转为电子信息借由通信网络传送，故称电了订货系统（EOS）。

电了订货系统具体做法有以下三种：

① 订货簿或货架标签订货方式。订货人员携带订货簿及手持终端机巡视货架，若发现物品缺货就用扫描器扫描订货簿或货架上的物品条形码标签，再输入订货数量，当所有订货资料皆输入完毕后，利用数据机将订货信息传给供应商或总公司。

② POS 系统订货方式。客户若有 POS 收银机，则可在物品库存档内设定安全存量。每当销售一笔物品时，电脑自动扣除该物品库存。当库存低于安全存量时，便自动生成订单，经确认后便透过通信网络传给总公司或供应商。

③ 订货应用系统。客户的计算机信息系统里有订单处理系统，可将订货信息通过与供应商约定的共通格式，在约定的时间里将订货信息传送出去。

2. 订单传递

（1）订单内容的确认。接受订单后应对订单的内容进行确认。订单确认的内容主要包括：

① 需求品项数量及日期的确认。

② 客户信用的确认。

③ 订单价格确认。

④ 加工包装确认。如是否需要特殊的包装、分装或贴标签等。

⑤ 设定订单号码。

⑥ 建立客户档案。即将客户状况详细登录，以利于日后合作。客户档案的内容应包客户名称、客户代号、客户等级、客户信用额度、客户销售付款及折扣率的条件、开发或负责此客户的业务员资料、客户配送区域、客户收账地址、客户点配送路径顺序、客户点适合的送货车辆形态、客户点卸货特性、客户配送要求、延迟订单（过了订货时间的订单）的处理方式（或办法）等。

⑦ 存货查询及按订单分配存货的方式。如确认库存能否满足客户需求、采用何种订单分配存货方式，以及优先分配权问题等。

优先分配订单的原则：具有优先权者先；依客户等级来取舍，将客户重要性程度高的作优先分配；依订单交易量或交易金额来取舍，将对公司贡献度大的订单优先处理；依客户信用状况将信用较好的客户订单优先处理。

（2）订单传递方式。订单传递就是把确认后的订货信息从顾客传递到产品的供应商处。订货信息传输方式主要包括三种：手工传输、电话或传真传输、网络传输。

具体的订单传递形式有以下六种：

① 顾客——（邮寄订单）销售代表——（手工输入）公司数据库。

② 顾客——（订货）访销员——（带回）销售代表——（手工输入）公司数据库。

③ 顾客——（电话/传真订货）销售代表——（手工输入）公司数据库。

④ 顾客——（订货）访销员——（电话/传真）销售代表——（手工输入）公司数据库。

⑤ 顾客——（订货）访销员——（网络传输）公司数据库。

⑥ 顾客——（网上订货）公司数据库。

其中，①②为手工传输方式，③④为电话或传真传输方式，⑤⑥为网络传输方式。由于网络传输方式速度快，运行成本低，可靠性好，准确性高，逐渐成为最重要的订货信息传输方式。

（3）订单登录。订单登录是指将顾客订货信息转变为公司订单的过程，具体包括以下步骤：

① 检查订货信息的准确性，如订货编号、数量、品种、价格等。

② 检查库存状况，是否有货，是否能满足顾客订货条件等。

③ 准备延期订货单据或取消订单，如果不能满足顾客的订货条件，则需同顾客商议，是改变订货条件，还是延期订货，或者取消订单。

④ 检查顾客信用等级。

⑤ 规范顾客订单，把顾客的订货信息按照公司所要求的格式规范化。

⑥ 开单，准备发货单据等。

信息技术的迅速发展大大提高了订单登录的效率。条码扫描技术的广泛使用提高了订货信息输入的速度与准确性，并降低了处理成本。借助计算机数据库使库存可供水平和顾客信用的检查等活动实现自动化处理。与传统的手工处理相比，自动化的订单登录所需的时间减少了 60% 以上。

（4）订单资料处理输出。订货信息经处理后即可打印或输出出货单据，以展开后续的物流作业。订单资料处理输出的内容有：

① 拣货单（即出库单）。拣货单的输出应考虑物品的储存位置，依据储位前后相关顺序列，以减少拣货人员重复往返取货，同时拣货数量、单位均需详细、准确标明。

② 送货单。物品交货配送时，通常附上送货单据供客户清点签收。由于送货单主要给客签收、确认出货资料，故务必准确、清晰。

③ 缺货信息。待配货完毕后，需对于缺货的物品或缺货的订单资料，系统应提供查询界或报表。以便采购人员紧急采购。

3. 订单的后续处理

（1）按订单供货。按订单供货包括货物的拣选、包装、运输安排、准备运单、发送/运输这些活动可以并行处理，以缩短物品配送时间。该阶段是整个订货处理过程中最复杂的部分，包括物品的配送与大量的单据处理。确定供货的优先等级对订货处理周期有重要影响。许多企业没有正式的确定供货优先等级的标准，操作人员面对大量的订货处理工作习惯性地优先处理简单的、品种单一、订货量少的订单，其结果往往造成对重要客户和重要订单供货的延迟。

在确定供货优先等级时，以下的一些规则可在处理订单时作为参考：

① 按接收订单的时间先后处理；

② 处理时间最短的先处理；

③ 批量最小的、最简单的订单先处理；

④ 按预先设定的顾客优先等级处理；

⑤ 按向顾客承诺的到货日期先后进行处理；

⑥ 离承诺到货日期时间最近的先处理。

（2）订单处理状态跟踪。为了向顾客提供更好的服务，满足顾客希望了解订单处理状态信息的要求，需要对订单处理进行状态追踪，并与顾客交流订货处理状态信息。订单跟踪随着信息技术，特别是互联网的迅速发展，已变得越来越重要。

（3）订单处理过程的改善。对于缺货的物品或缺货订单资料，应进行订单处理的改善，如缺货订单的紧急采购等。改善订单处理过程的动因主要来自两个方面。从顾客角度看顾客所购买的不仅仅是产品或服务本身，更重要的是获得价值，感受到满意。而搜寻产品信息的便利性、订货提前期的稳定性与时间长短、送货的准确性、订货处理状态跟踪等因素是实现价值与顾客满意的重要保证。从企业的角度来说，提高顾客服务水平与降低库存、减少运输费用都是十分重要的问题，运用先进的技术手段和对业务流程的重组与改善，在提高顾客服务水平的同时降低物流总成本，获得竞争对手难以模仿的竞争优势，是企业的一项至关重要的经营战略。

订单处理过程改善涉及以下关键因素：

① 时间因素。订单处理过程的时间耗用，在企业来看通常理解为订单处理周期，顾客则通常将之定义为订货提前期。改善的日标是在保证时间耗用的稳定性的前提下，努力减少时间耗费。

② 供货准确性因素。要求按照顾客订单的内容提供准确品种、数量、质量的产品，并

运送到正确的交货地点。当需要延期供货或分批送货时，应与顾客充分协调与沟通，取得顾客的同意。

③ 成本因素。包括库存设置的地点和数量、运输批量和运输路线的调控等。

④ 信息因素。通过完善的物流信息系统，向顾客以及企业内部的生产、销售、财务及仓储运输等部门提供准确、完备、快速的信息服务。

第五节 分拣作业

一、分拣作业概述

1. 分拣作业的特征

分拣作业是根据顾客的订单要求或仓库的配送计划，尽可能迅速、准确地将物品从其储位或其他区域拣取出来，并按一定的方式进行分类、集中、等待配装送货的作业过程。拣货作业的目的就在于正确且迅速地集合顾客所订购的物品。

分拣是配送不同于一般形式的送货以及其他物流形式的重要功能要素，也是配送成败的重要支持性工作。它是完善送货、支持送货的准备性工作，是配送企业在送货时进行竞争和提高自身经济效益的必然延伸。分拣是配送作业中非常重要的一环，是仓库作业系统的核心。所以，管理好分拣作业，对提高仓库作业效率有着重要的影响。

2. 分拣货作业类型

分拣货作业按最简单的划分方式，可以将其分为订单拣取、批量拣取及复合拣取三种方法。

（1）订单拣取。订单拣取是根据每一份顾客订单，作业员巡回于仓库内，按照订单中所列物品的品种、规格及数量，将客户所订购的物品逐一由仓库储位及其他作业区中取出，然后集中在一起的拣货方式。

订单拣取的处理弹性大，临时性生产能力调整较为容易，适合于订单大小差异较大、订单数量变化频繁、季节性强的物品的配送。另外，在物品外形体积变化大、物品差异大的情况下也可采用订单拣取法，家具、家用电器、高级服饰等都可运用此方法来拣货。

（2）批量拣取。批量拣取是将多张订单汇集在一起，依据不同客户和不同订单进行分类集中的拣货方法。

批量拣取适合订单变化较小、订单数量稳定的仓库和处理较规则、固定的物品的出货，如箱装、袋装的物品。另外，需进行流通加工的物品也适合批量拣取。先批量进行加工再分类配送，可有利于提高拣货效率。

（3）复合拣取。为了克服订单拣取和批量拣取方法的缺点，更好地利用这两种方法的优点，仓库常采取将这两种方法组合起来的复合拣取法。复合拣取法根据订单的品种、规格、数量及出库频率，确定哪些订单应采用订单拣取，哪些订单应采用批量拣取，以提高拣取作业的效率。

二、分拣作业方法

分拣作业是仓库作业的核心环节。从实际运作过程来看，分拣作业是在拣货信息指导下，通过行走和搬运拣取货物，并按一定的方式将货物进行分类和集中。拣货作业人员根据客户订单要求，从储存的货物中拣出用户所需物品的一种活动。对于小体积多品种物品可以采取摘取的方式拣选，工作人员拉着集货箱在排列整齐的仓库货架间巡回走动，按照拣货单上标明的品种、数量、规格挑选出用户需要的物品放入集货箱内，再按一定方式进行分类，或采用人工作业配合自动传输系统拣取，也可以采取自动分拣设备拣取物品。而对大体积或大数量的物品出货，也可以采取播种分堆的方式分拣。

拣货单位是指拣货作业中拣取货物的包装单位。通常，拣货单位有托盘、箱、单件及特殊货物四种形式。有些品种根据仓库的要求需要有两种以上的拣货单位，如用量小的客户以单件或箱为单位出货，有些用量大的客户以箱或托盘为单位拣取直接出货。

分拣作业是仓库根据客户提出的订货单所规定的物品品名、数量和储存仓位地址，将物品从货垛或货架上取出，搬运到理货场所。

分拣作业过程由四个环节组成。

1. 拣货信息的产生

拣货作业必须在拣货信息指导下才能完成。拣货信息来源于顾客的订单或仓库的送货单，因此，仓库利用顾客的订单或仓库的送货单作为拣货作业的指示，即拣货作业人员凭顾客订单或仓库的送货单来拣取货物；这些信息传递方式无法准确地指示所拣货物的储位，使拣货人员增加了拣货时间，延长了拣货行走的路径。为了解决这一问题，国外仓库一般先将订单等原始拣货信息经过处理后，转换成“拣货单”或电子拣货信号，指导拣货人员进行快速拣货作业，来提高拣货作业的效率和准确性。

2. 行走和搬运作业

拣货时，拣货人员必须根据拣货单直接接触并拿取货物，因此形成了在拣货过程中的行走与货物的搬运。缩短行走和货物搬运距离是提高仓库作业效率的关键。拣货人员可以步行或搭乘搬运工具到达货物储存的位置，也可以由自动储存分拣系统完成货物的拣取工作。

3. 拣取作业

无论是人工还是机械拣取货物，都必须确认拣取的货物品名、规格、数量、重量等内容是否与拣货信息传递的指示一致。我们可以用人工目视读取信息和利用无线传输终端机读取条码由电脑进行对比这两种方法进行确认。后一种方法可以大大降低拣货的错误率。拣货信息被确认后，拣取过程就可以开始。通常，搬运体积小、批量小、重量轻且出货频率不是特别高的货物时，可以采取手工方式拣取；对体积大、重量大的货物，可以利用叉车等搬运机械辅助作业。

分拣货物一般采取两种方式来操作：

(1) 摘取式分拣。摘取式分拣又称摘果法分拣，就是像在果园中摘果子那样去拣选货物。具体做法是：作业人员拉着集货箱（或称分拣箱）在排列整齐的仓库货架间巡回走动，按照配送单上所列的品种、规格、数量等将客户所需要的货物拣出并装入集货箱内，巡回完毕也完成了一次配送作业。将配齐的物品放置到发货场所指定的货位。然后，再进行下一个要货单位的配货在一般情况下，每次拣选只为一个客户配装。在特殊情况下，也可以为两个以上的客户配装。目前，由于推广和应用了自动化分拣技术，装配了自动化分拣设施等，大大提高了分拣作业的劳动效率。

摘果法具有下列优点：

① 作业方法单纯；

② 订单处理前置时间短；

③ 导入容易且弹性大；

④ 作业人员责任明确，派工容易、公平；

⑤ 拣货后不必再进行分拣作业，适用于大量、少品种订单的处理。

缺点是：

① 物品品种数多时，拣货行走路线过长，拣取效率降低；

② 拣取区域大时，搬运系统设计困难；

③ 少量、多批次拣取时，会造成拣货路径重复费时，效率降低。

（2）播种式分拣。播种式分拣又称播种法分拣，货物类似于在田野中的播种操作。其做法是：将每批订货单上的同种物品各自累加起来，从储存仓位上取出集中运到发货场，然后，根据每个货位货物的发送量分别取出货物，并分别投放到每个代表用户的货位上，直至配货完毕。为了完好无损地运送货物和便于识别配备好的货物，有些经过分拣、配备好的货物尚需重新包装。并且要在包装物上贴上标签，记载货物的品种、数量、收货人的姓名、地址及运抵时间等。

采取播种法拣货有以下优点：

① 适合订单数量庞大的系统；

② 可以缩短拣取时的行走搬运距离，增加单位时间的拣取量；

③ 越要求少量、多批次的配送，批量拣取就越有效。

其缺点是：对订单的到来无法做及时的反应，必须等订单达到一定数量时才做一次处理，因此会有停滞的时间产生。

为了提高拣选效率、降低成本，应充分研究上述两种办法的优缺点，甚至可根据两种办法各自的适用范围，有机地将两者混用。例如，当储存区面积较大时，拣选作业中往返行走所费时间占很大比重，此时“一人一单”拣选到底的方法就不宜采用。如果适当分工，按物品的分区储存，每一拣选人员各拣选订货单中的一部分；如一层库房、一个仓间或几行货架寻，即能减少拣选人员的往返之劳，又能驾轻就熟，事半功倍，几个拣选人员所费工时之和往往低于一个人拣选的总工时。

4. 分类和集中作业

仓库在收到许多客户的订单后，根据不同的客户或送货路线分类集中，有些需要进行流通加工的物品则根据加工方法进行分类，加工后再按一定的方式分类出货。拣货作业的目的也就在于正确且迅速地集合顾客所订购的物品。分拣作业过程如图 4－2 所示。

多品种分货的工艺过程较复杂，较易出现错误，必须统筹安排，在形成规模的基础上，提高分货的准确性。在货物体积小、重量轻的情况下可采用人力分货，在货物体积大、重量大的情况下可采用机械辅助作业。分类完成后，货物经过核对、包装，便可以出货、装运、进货。

整个分拣作业所消耗的时间主要有：

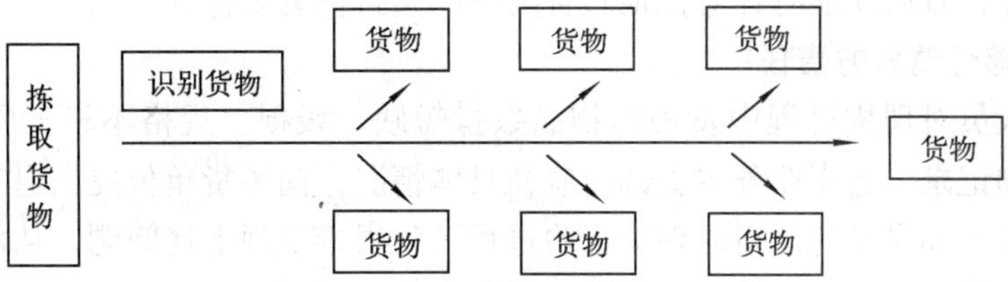

图4-2 分拣作业过程示意图

（1）订单或送货单经过信息处理，形成拣货指示的时间；

（2）按拣货单拣货时行走与搬运货物的时间；

（3）准确找到货物的储位并确认所拣货物的时间；

（4）拣货完毕，将货物分类集中的时间。

因此，提高分拣作业效率，必须尽量缩短分拣作业时间，以提高分拣作业的速度与能力。另外，在分拣作业中尽量避免发生错误，提高顾客满意度，降低作业成本。

三、拣货作业系统的布置

拣货作业系统布置的原则是尽可能使运行路线最短、作业效率最高，使进货、储存、拣货、出货这一流动过程合理化。以下为几种基本的拣货作业系统布置模式。

（1）储存与拣货架不分开的布置模式。储存与拣货架不分开，即直接从储存区的货架上拣取物品，不通过专门的拣货储架，一般有使用两面开放式货架和使用单面开放式货架的两种布置模式。

（2）储存与拣货分设在不同货架上的布置模式。储存与拣货在不同货架上，即货物入库后储存在储存保管区，拣货前先由储存货架通过搬运作业将货物搬到拣货架上，再从拣货架上拣取所需货物；这种方式比较适用于进出仓货量较大或出入库单位不同的货物。

（3）电子标签拣选系统布置模式。

（4）自动拣选系统布置模式。

第六节 理货作业

一、理货的作用

理货作业是指在接受入库物品时，根据入库单、仓储合同、运输单据以及相关的仓储制度规定，对物品进行数量清点、内外质量检查、分类分拣等一系列作业过程。它是仓库履行仓储合同的保管人义务的行为。

理货的主要作用表现为以下几个方面：

1. 理货是日后进行物品保管、保养的基础

物品结束生产过程后，经过运输、装卸、搬运等环节后，可能会发生包装损坏、标志脱落、残损、玷污等现象。这些情况都将会影响到物品的保管和保养。理货是仓库对入库物品的第一次检查，应该严格遵循仓储规章制度，了解入库物品的实际状况，并做好相应的理货验收记录。这样，日后才能有针对性地对各类物品实行保管和保养。

2. 理货能够分清各方责任

仓库理货人员对理货过程中发现的物品数量短缺、残损、规格不符、质量不合格等情况，应作出详细记录。仓库业务主管部门应视具体情况，向供货单位提出退货或换货，或向承运方提出索赔。如果没有严格的理货查验过程，就很难发现上述问题，从而导致仓库造成不必要的损失。所以，任何物品都必须经过查验理货后方可入库。

3. 理货有利于入库交接工作

通过理货，可确定入库物品的数量和质量状况。理货后，应由仓库理货人员与供货方或承运方办理正式的货物交接手续，签署送货单或交接清单，同时接受与入库物品相关的文件资料。

理货是配送的一项重要内容，也是配送区别于一般送货的重要标志。理货作业主要包括货物分拣（参见分拣作业）、配货和包装等经济活动。

二、理货作业的内容

理货作业是配货作业最主要的前置工作。仓库应根据订单及时组织理货作业人员，按照出货优先顺序、储位区域别、配送车辆趟次、门店号、先进先出等方法和原则，把配货物品整理出来，经复核人员确认无误后，放置到暂存区，准备装货上车。

理货的主要内容有以下几个方面：

1. 对入库物品进行数量检验和质量检验

仓库应该清点入库物品件数，重新测量货物的质量和尺寸，检查货物的外观质量和内在质量。具体的方法在前文中已作详细阐述。

2. 剔除残损，确定入库物品的数量和质量状况

要通过数量和质量检验，剥离入库物品中的残损。对不良货物，可视具体情况采取退货、换货、更换或加固包装等措施处理。同时，作出详细记录，并由送货人、承运人签署，以便明确责任。最终确定入库物品的实际数量及质量状况。

3. 对入库物品进行分拣、分类处理

分区分类定位保管是一种科学、合理的储存模式。入库物品种类繁多，特点各异。仓库为了科学合理地存储，就必须根据存储要求，对入库物品进行分拣、分类，进而分储。

4. 现场指挥安排货物的存放

理货人员根据仓库预定的存储方案，安排入库物品的存放位置，铺放衬垫材料，指挥作业人员根据堆垛方案码垛、苫盖。作业完毕后，要求作业人员清扫运输、搬运工具，清理作业现场。

5. 记录、处理现场作业事故

对作业过程中发生的工损事故，应制作事故报告，并由事故当事人签署。

6. 办理交接手续

由理货人员与供货方、承运方办理交接手续，签署送货单或交接清单等相关单证，同时接受与入库物品相关的文件资料。

三、理货作业的方法

1. 在运输工具现场进行理货

前面曾经提到过理货作业是为了划分各方的责任。因此，供货方、承运方、仓库都很重视。理货环节必须在送货入库的运输工具现场进行，一般在车旁或卸货时。

2. 送货方、承运方、仓库共同理货

理货是货物交接的一个重要环节，理货时，必须送货方、承运方、仓库三方都在场，以便当场明确各方责任。

3. 按送货单或仓储合同的约定理货

理货员理货时，以送货单或仓储合同对货物的数量记载、质量要求作为验收标准，只要符合单据或合同的要求，就可以验收入库。若无合同或单据约定质量标准的，则按照国家标准或行业标准验收。

4. 对理货过程作现场记录，及时签署相关单据

对理货作业中发生、发现的问题，理货人员要进行现场记录，编写相关的报告和单据，并要求供货人、承运人、责任人签署。理货人员理货完毕交接时，应该及时签署对方提供的单据。所有的记录和单据必须在现场及时完成，不能事后补编、补签。

理货过程的相关理货单据有：

（1）计数单。计数单是记录各类入库物品数量状况的单据，包括合格品数量、残损数量。计数单是理货现场使用的一种记录簿。仓库一般统一设置计数单格式。

（2）入库单。入库单反映了入库物品的详细信息，是仓库与供货方交接的一个原始凭证。入库单格式一般由仓库统一设置。仓库管理部门经常预填入库货物已知信息，而后交付仓库理货人员，作为向仓库下达作业任务的通知书。货物经理货查验后，理货人员将入库货物实际的数量、质量状况以及存放货位情况填写在入库单上，在备注中注明货物残损等不良情况，最后送供货人签署。

入库单至少设有三联，一联交送货人，一联仓库留存，还有一联交仓库保管人员记账。

（3）送货单或交接清单。送货单或交接清单是供货人随货提交的单据，是仓库据以理货验收的凭证。验收完毕，理货人员应该签署该单据；如有残损、短缺等不良情况，必须注明，并留存其中一联。

（4）现场记录。现场记录是理货员对作业现场所发生的操作不当、事故以及其他影响作业安全的情况所作的记录。现场记录应该由必要的当事人签署，以明确责任。

四、理货作业中涉及的货物包装

包装是包装物及包装操作的总称，是在物流过程中为保护产品，方便储运，促进销售，按一定技术方法采用容器、材料及辅助物等将物品包封并予以适当地封装和标志的工作总称。包装直接影响装箱搬运、保管、运输的质量和效率，关系到整个物流成本和销售效果。理货作业中涉及的包装，其目的是保证货物在保管、装卸搬运、运输过程中不散包、不破损、不污染、不变质、不变味、不变形、不腐蚀、不生锈、不生虫，即保持货物的数量和质量不变，同时通过包装还可以使物品形成一定的单位，作业时便于处置。

理货作业涉及的货物包装主要是运输包装。从物流角度来看，运输包装要求结构坚固、

标志清晰、容易操作，而且价格低廉，重点在于搬移管理、保护物品和信息传递。运输包装在物流方面特别重要的一方面是标准化和成组化。因此，运输包装应选择合适的包装材料或容器，研究包装方法和措施，提倡在不影响物品质量的前提下，尽量压缩体积，用箱、包、盒或桶将零散物品成组化、集装化。成组化、集装的物品为物流系统提供了基本的管理单元，提高了物流操作和管理的效率。其特点是在满足物流要求的前提下使包装费用越低越好。

包装的特性强化了保护性、单位集中性及便利性。包装的保护技术主要采用防潮包装、防锈包装、防虫包装、防腐包装、防震包装、危险品包装等。

包装作业中应尽可能使包装合理化。因此科学包装、减少浪费应引起足够的重视。具体要求有以下几个方面：

1. 包装的轻薄化

由于包装只是起保护作用，没有增加产品使用价值的作用，因此，在强度、寿命、成本相同的条件下，更轻、薄、短、小的包装，可以节约材料、提高装卸搬运和运输的效率。而且轻薄短小的包装一般价格比较便宜，如果是一次性包装也可以减少废弃包装材料的数量。

2. 包装的单纯化

为了提高包装作业的效率，包装材料及规格应力求单纯化，包装形状和种类也应单纯化。

包装材料品种少易于管理和减少浪费；包装形状和规格单一有利于提高作业效率，实现机械化。

有些物品采取无包装或简易包装，比有包装或复杂包装有利，总物流成本合理；国外有的商店采取大包装或简易包装的办法，把节约下来的包装费，用来降低物品售价，吸引消费者。无包装化物流既能节约包装费用，降低整体物流成本，又能省去包装物的回收和处理作业。

3. 符合集装单元化和标准化的要求

单元化和标准化是包装过程中必须考虑的问题。因为只有包装规格尺寸致，才能实行模块化包装；包装实现了单元化和标准化，才能批量化作业；有了批量化装卸搬运、保管和运输，才能提高效率，节约费用，物流才能实现机械化和自动化。包装单元化和标准化是现代化物流的重要标志，也是单元化物流的基础。

推进单元化和标准化的办法之一是多采用集装箱、集装罐、集装袋、集装架、仓库笼、托盘等集装单元器具；多采用通用包装形式，比如按标准模数尺寸制造纸箱、木箱、塑料转箱；工厂车间、仓库、仓库尽量多利用通用性、周转循环装货的容器。

包装的规格和托盘、集装箱关系密切，也应考虑到和运输车辆、搬运机械的匹配，从系统的观点制定包装的尺寸标准。采用托盘一贯化作业，能使物品减少多次单体货物的堆码、拆垛的过程，减轻大量繁重的体力劳动，同时又可节约装卸搬运成本。而托盘化物流要有前提条件：一是包装模数尺寸与托盘规格尺寸一致；二是集装箱、车辆、货架、货格乃至仓库、货场等规格尺寸与托盘相吻合。

4. 包装的机械化与自动化

为了提高作业效率和包装现代化水平，各种包装机械的开发和应用是很重要的。由于被包装物品种极其繁多，包装材料和包装方法又各不相同，因而出现了各式各样的包装机械。

其中有高度自动化的，也有半自动化和手动的。一个相当庞大的包装机械产业为各种产品提供着包装技术装备。

5. 注意与其他环节的配合

包装是物流系统组成的一部分，需要和装卸搬运、运输和仓储等环节一起综合考虑、全面协调。比如包装还是不包装？简单包装还是精细包装？大包装还是小包装？都应该结合物品的运输、保管、装卸搬运以及销售等相关因素综合考虑，只有多种相关因素的协调一致，才能发挥整体物流效果。

在包装便利化要求方面要考虑便于物品流通和消费。比如包装物的大小、形状、重量、体积：一要便于运输、保管和装卸搬运；二要便于堆码、摆放、陈列、提取、携带；三要便于拆解、回收和再生利用。

在包装配套化要求方面要考虑包装与运输、保管、装卸搬运相配套。比如采用单元化包装可以顺利实现铁路、公路、水运等各种运输方式的转换；可以快速、安全地入库、上架、下架、出库作业；可以提高装卸搬运效率，减少货物破损。

6. 有利于环保

包装是产生大量废弃物的环节，处理不好可能造成环境污染。包装材料最好可反复多次使用并能回收再生利用；在包装材料的选择上，还要考虑不对人体健康产生影响，对环境不造成污染，即所谓的“绿色包装”。

在保管、运输、装卸搬运等环节中实行集装化作业，也可以减少包装材料的使用。

第七节 配装作业

仓库的配装作业主要涉及货物的托盘装载技术、货物的集装化以及车辆货物的配装。

一、货物的托盘装载技术

托盘是为了使物品能有效地装卸、运输、保管，将其按一定数量组合放置于一定形状的成组工具。这种成组工具有供叉车从下部叉入并将台板托起的叉入口。以这种结构为基本结构的器具和在这种基本结构基础上所形成的各种形式的集装器具都可统称为托盘，常用的托盘主要为木托盘和塑料托盘（见图4－3）。

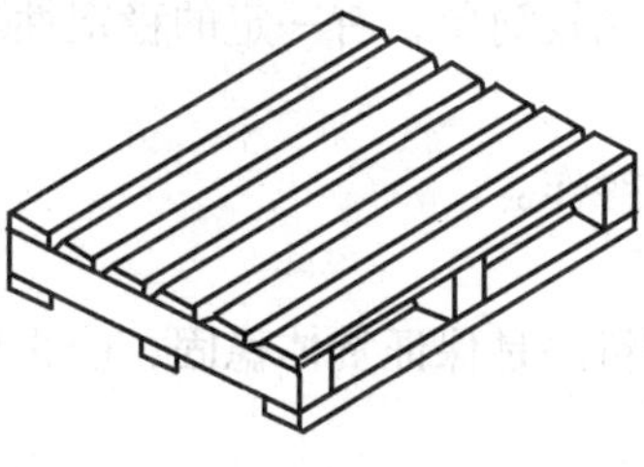

（a）木托盘

（b）塑料托盘

图4－3 托盘

托盘是一种重要的集装器具，是在物流领域中适应装卸机械化而发展起来的一种集装器具，托盘成了物流系统化的重要装备机具，对现代物流的形成，对物流系统的建立起了不小的作用。

叉车与托盘的共同使用，形成的有效装卸系统大大地促进了装卸活动的发展，使装卸机械化水平大幅度提高，使长期以来运输过程中的装卸瓶颈得以解决或改善。所以，托盘的出现也有效促进了全物流过程水平的提高。

托盘的出现也促进了集装箱和其他集装方式的形成和发展。现在，托盘已成为和集装箱一样重要的集装方式，和集装箱共同构成集装系统的两大支柱。托盘尤其以简单、方便在集装领域中颇受青睐。

采用平托盘装运形状整齐的包装货物，装盘是一项重要的操作。物流过程中托盘载运货体是否稳定，取决于装盘方式和稳固方式。

1. 装盘码垛方式

在托盘上安装同一形状的立体形包装货物，采取各种交错咬合的方法堆码，可以保证码垛有足够的稳定性，有时甚至不需再用其他方法加固。目前主要采用的方式有重叠式、纵横交错式（骑缝垛）（见图4－4）。

（a）重叠式

（b）骑缝垛

图4－4　重叠式与骑缝垛

重叠码垛方式是将货件直上直下垂直堆装。其优点是：工人操作速度快，各层重叠之后，包装物四角和边重叠垂直，承载力大。缺点是各层之间缺少咬合作用，稳定性差，容易发生塌垛。如果在货体底面积较大的情况下，采用这种方式可增强稳定性。在通常情况下，重叠式码放若配以各种紧固方式，则不但能保持稳固，而且可保留装卸操作省力的优点。

纵横交错码垛方式是将上层货件以横向压在下层纵向货件的接缝处，每层件数、长宽一致，每两层交替码放，故称骑缝垛。其优点是装盘比较简单，有一定的稳定性。缺点是各层之间的咬合强度不高。

重叠式和纵横交错式适合自动堆码机进行装盘操作。

2. 托盘的稳垛方法

托盘装载后需要对货物进行紧固。托盘紧固的目的是保证货体稳固，防止塌垛。托盘紧固的方法有：

（1）捆扎。用绳索、打包带等对托盘货体进行捆扎，以保证货体的稳固。捆扎方式通常有水平、垂直、对角捆扎等方式。

（2）网罩。用网络罩盖托盘货体起到紧固作用，多见于航空运输。将航空专用托盘与网罩结合起来，就可以达到紧固的目的。

（3）框架。用框架包围整个托盘货体，再用打包带或绳索捆紧，以起到紧固的作用。

（4）中间夹摩擦材料。将摩擦系数大，用具有防滑性的纸板、麻包片、泡沫塑料等夹入货物层间，防止水平移动或受冲击时托盘货物各层之间的移位。

（5）专用金属具。对某些托盘货物，最上部如可伸入金属夹卡，则可用专用夹卡将相邻的包装物卡住，以使每层货物通过金属组成一整体，防止个别分离滑落。

（6）粘合。在每层之间贴上双面胶条，可将两层通过胶条粘合在一起，这样便可防止在物流中托盘上货物从层间发生滑落。

（7）胶带粘扎。托盘货体用单面不干胶包装带粘捆，即使是胶带部分损坏，由于全部贴于货物表面，也不会出现散捆，而绳索、包装带捆扎，一旦一处断裂，全部捆扎便失去效果。

（8）收缩薄膜。将热缩塑料薄膜置于托盘货体之上，然后进行热缩处理，塑料薄膜收缩后，便将托盘货体紧箍成一体。这种紧固方法，不但能起到固紧、防塌垛作用，而且由于塑料薄膜不透水，可起到防水、防雨作用。这有利于克服托盘货体不能露天放置、需要仓库的缺点，可大大扩展托盘的应用领域。

（9）拉伸薄膜。用拉伸塑料薄膜将货体缠绕并捆扎，拉伸薄膜外力撤除后收缩固紧托盘货体。目前常用的方法为此种稳垛方法（见图4－5）。

（a）拉伸薄膜

（b）拉伸包装

图4－5　拉伸薄膜与拉伸包装

（10）平托盘周边垫高。将平托盘周边稍稍垫高，托盘上置之货物会向中心互相依靠。在物流中，发生摇动、振动时，可防止层间滑动错位，防止货垛外倾，因而也会起到稳固作用。

二、货物的集装化

集装是将许多单件物品，通过一定的技术措施组合成尺寸规格相同、重量相近的大型标准化的组合体，这种大型的组合状态称为集装。

集装从包装角度来看，是一种按一定单元将杂散物品组合包装的形态，是属于大型包装的形态。

在多种类型的产品中，小件杂散货物很难像机床、构件等产品那样进行单件处理，由于其杂、散，且个体体积质量都不大，所以，总是需要进行一定程度的组合，才能有利于销售，有利于物流，有利于使用。比如箱、袋等都是杂散货物的组合状态。

杂散货物的组合方式，是随科学技术进步而发展的。在科学不太发达，起重、装卸机具没有普遍采用，装卸工作全要依靠人力进行时，杂散货物的组合包装程度主要受两个因素制约，一个因素是包装材料的限制，包装材料强度和材料自重约束了包装体的大型化；另一个因素是人力装卸能力的限制，包装必须限制在人的最大体能范围之内。因此，那时的组合体，质量一般在 50 千克以下。

从运输角度来看，集装所组合的组合体往往又正好是一个装卸运输单位，非常便利运输和装卸，因而在这个领域把集装主要看成是一个运输体（货载），称单元组合货载为集装货载。

集装的主要特点是集小为大，而这种集小为大是按标准化、通用化要求进行的，这就使中、小件散杂货以一定规模进入市场、进入流通领域，形成了规模优势。

1. 集装的效果

集装的效果实际上是这种规模优势的效果。主要有以下几方面：

（1）促使装卸合理化。这是集装的最大效果。和单个物品的逐一装卸处理比较，其主要表现为：第一，缩短装卸时间，这是由于多次装卸转为集装一次装卸而带来的效果；第二，使装卸作业劳动强度降低。过去，中、小件大数量散杂货装卸，工人劳动强度极大，且由于强度大，工作时极易出差错。采用集装后不但减轻了装卸劳动强度，而且集装货物的保护作用，可以更有效防止装卸时的碰撞损坏及散失丢失。

（2）使包装合理化。采用集装后，物品的单体包装及小包装要求可降低甚至可以去掉小包装从而在包装材料上有很大节约。包装强度由于集装的大型化和防护能力有增强，也大大提高，有利于保护货物。

（3）方便了运输及保管作业。由于集装整体进行运输和保管，大大方便了运输及保管作业，便于管理，也能有效利用运输工具和保管场地的空间，大大改善环境。

（4）形成集装系统。集装的最大效果，还是以其为核心所形成的集装系统，将原来分立的物流各环节可以有效地联合为一个整体，使整个物流系统实现合理化。物流的现代进展是离不开集装的，可以说集装是物流现代化的重要标志。

集装系统是以集装方式进行全物流过程各项活动并对此进行综合、全面管理的物流形式。

集装系统既是一种包装形式，又远远超出包装的范畴；既是一种运输或储存形式，又不完全只起运输或储存的作用，集装贯穿了物流的全过程，在全过程中发挥作用。

集装有效地将分散的物流各项活动联结成一个整体，是物流系统化中的核心内容和主要方式。集装系统能在多方面起作用，因而许多人已将其看成是干线物流发展方向。

在集装系统中，首要的问题是将货物形成集装状态，即形成一定大小和质量的组合体，这是集零为整的方式。

2. 集装的种类

（1）托盘。如前所述，最典型的是平托盘。其他类型有柱式托盘、架式托盘（集装架）、笼式托盘（集装笼）、箱式托盘、折叠式托盘、轮式托盘（台车式托盘）、薄板托盘

（滑板）等。

（2）集装箱。最典型的是普通集装箱，其他类型有冷藏集装箱、罐式集装箱、台架式集装箱、平台集装箱、折叠式集装箱等。

（3）集装容器。典型集装容器是集装袋（见图4-6），其他类型有集装罐、集装筒等。

（4）集装货捆。典型的集装货捆为集装网络。

图4-6 集装袋成组运输

三、车载货物的配装

1. 车辆配装的要求

由于配装作业本身的特点，配装工作所需车辆一般为货运汽车。由于需配送的货物的比重、体积以及包装形式各异，在配装货物时，既要考虑车辆的载重量，又要考虑车辆的容积，使车辆的载重和容积都能得到有效地利用，这样就可节省运力，减少配送的吨公里数，从而降低配送费用。

车辆配装要根据需配送货物的具体情况以及车辆情况来选择最优的装车方案。为了充分利用运输车辆的容积和载重能力，提高运输效率，可以将不同用户的货物组合配装在同一辆载货车上，因此，在出货之前还需完成组配或配装作业。有效地混载与配装，不但能降低送货成本，而且可以减少交通流量、改变交通拥挤状况。

合理配装是充分利用运输车辆容积、载重量和降低物流成本的重要手段。为了避免运力浪费，推行轻重配装，实现满载满容。如何实现配装达到满载满容，采用的基本方法是以车辆的最大容积和载重量为限制条件，并根据各种货物的容量、单件货物的体积来确定配车方案。

目前，各仓库普遍推行混装（或同载）送货方式，具体车辆配装要根据需配送货物的具体情况以及车辆情况，主要是依靠经验或简单的计算来选择最优的装车方案。

2. 车辆配装的注意事项

（1）在货物种类不多、车辆类型单一的情况下，可直接采用手算方式，达到货物与车辆的匹配，实现满载满容。

（2）在配装货物种类较多、车辆类型也较多的情况下，采用人工计算有困难时，可采用计算机实现优化配装目的。如果不具备适用计算机的条件时，可以从多种配送货物中选出容量最大、最小的两种，利用手算配装；其他货物再选容量最大及最小配装。依此类推，得出配装结果。

（3）按送货点到达的先后顺序组织装车，先到的装在混载货体的上面或外面，后到的装在下边或里面。

（4）要做到“轻者在上，重者在下”，“重不压轻”。轻货应放在重货上面，包装强度差的应放在包装强度好的上面。

（5）为了减少或避免差错，尽量把外观相近、容易混淆的货物分开装载。

（6）尽量做到“后送先装”。由于配送车辆大多是后开门的厢式货车，故先卸车的货物应装在车厢后部，靠近车厢门，后卸车的货物装在前部。

(7) 货与货之间，货与车辆之间应留有空隙并适当衬垫，防止货损。

(8) 不将散发臭味的货物与具有吸臭性的食品混装。

(9) 尽量不将散发粉尘的货物与清洁货物混装。

(10) 切勿将渗水货物与易受潮货物一同存放。

(11) 包装不同的货物应分开装载，如板条箱货物不要与纸箱、袋装货物堆放在一起。

(12) 具有尖角或其他突出物的货物应和其他货物分开装载或用木板隔离，以免损伤其他货。

(13) 装载易滚动的卷状、桶状货物，要垂直摆放。

(14) 货与货之间，货与车辆之间应留有空隙并适当衬垫，防止货损。

(15) 装货完毕，应在门端处采取适当的稳固措施，以防开门卸货时。

第八节 盘点作业

一、盘点作业的目的和内容

在仓库里，由于物品的不断进出库，经长期的累积库存容易与实际数量产生差异；或者某些物品内于存放过久、养护不当，可能导致质量受到影响，难以满足顾客的需求。为了有效地控制货品数量，需要对各储存场所的货物进行数量清点的作业，称之为盘点作业。

盘点作业是一项极繁重、最花时间的作业。盘点工作不仅仅是对现有的物品库存状况的清点，而且可以针对过去的物品管理的状态做分析，进一步为将来物品管理的改进提供参考资料。因此，盘点作业是衡量仓库经营管理状况好坏的最重要的尺度。

1. 盘点作业的主要目的

(1) 查清实际库存数量。盘点可以查清实际库存数量，并通过盈亏调整使库存账面数量与实际库存数量一致。账面库存数量与实际存货数量不符的主要原因通常是收发作业中产生的误差，如记录库存数量时多记、误记、漏记；作业中导致物品损坏、遗失，验收与出货时清点有误；盘点时误盘、重盘、漏盘等。通过盘点清查实际库存数量与账面库存数量，发现问题并查明原因，及时调整。

(2) 计算企业资产的损益。库存物品总金额直接反映企业流动资产的使用情况，库存量过高，流动资金的正常运转将受到威胁，而库存金额又与库存量及其单价成正比，因此为了能准确地计算出企业实际损益，必须通过盘点。

(3) 发现物品管理中存在的问题。通过盘点查明盈亏的原因，发现作业与管理中存在的问题，并通过解决问题来改善作业流程和作业方式，提高人员素质和企业的管理水平。

通过盘点发现的问题主要有货物的损耗等。库存过程存在的货物损耗往往是由于保管不当或搬运作业所致。

2. 盘点作业的内容

(1) 查数量。通过点数计数查明物品在库的实际数量，核对库存账面资料与实际库存数量是否一致。

（2）查质量。检查在库物品质量有无变化，有无超过有效期和保质期，有无长期积压等现象，必要时还必须对物品进行技术检验。

（3）查保管条件。检查保管条件是否与各种物品的保管要求相符合。如堆码是否合理稳固，库内温湿度是否符合要求，各类计量器具是否准确等。

（4）查安全。检查各种安全措施和消防设备、器材是否符合安全要求，建筑物和设备是否处于安全状态。

二、盘点作业的步骤

1. 盘点前的准备

盘点作业的事先准备工作是否充分，决定了盘点作业进行的顺利程度。为了使盘点能在较短的时间内，利用有限的人力达到迅速、准确的目标，应事先做好盘点的准备工作。

盘点的准备工作主要有：

（1）明确建立盘点的具体方法和作业程序。

（2）配合会计决算进行盘点。

（3）盘点、复盘、监盘人员必须经过培训。

（4）准备盘点用基本工具。

（5）经过培训的人员必须熟悉盘点用的表单，如表4－2为盘点卡。

表4－2　盘　点　卡

1. 编号：________________

2. 材料名称：________________

3. ■□数量：________________　　单位：________________

4. ■□放置地点：________________

填卡：__________

---

1. 编号：________________

2. □材料类别：________________　　日期：________________

□原材料　　□物料　　□呆料

□废料　　□半成品　　□成品

■□材料名称：________________

■□料　　号：________________

■□数　　量：________________　　单位：________________

■□放置地点：________________

核对__________　　填卡__________

（6）盘点用的表单必须事先印制完成。

（7）库存资料必须确实结清。

2. 盘点时间的确定

一般来说为保证账物相符，货物盘点次数越多越好，但盘点需投入人力、物力、财力，有时大型全面盘点还可能引起生产的暂时停顿，所以，合理的确定盘点时间非常必要。

一般性货品就货账相符的目标而言，导致盘点误差的关键原因主要在于出入库的过程，出入库越频繁，引起的误差也会随之增加，可能是因出入库作业单据的输入、检查点数的错误，或是出入库搬运造成的损失，因此一旦出入库作业次数多时，误差也会随之增加。

仓库物品的流动速度较快，在尽可能投入较少资源的同时，要加强库存控制，可以根据物品的不同特性、价值大小、流动速度、重要程度来分别确定不同的盘点时间，盘点时间间隔可以从每天、每周、每月、每年盘点一次不等。另外必须注意的问题是，每次盘点持续的时间尽可能短，全面盘点以 2 ~ 6 天内完成为佳，盘点的日期一般会选择在财务决算前夕，这样通过盘点决算损益，以查清财务状况；以及在淡季进行，因淡季储货较少，业务不太频繁，盘点较为容易，投入资源较少，且人力调动也较为方便。

对仓库来说，通常盘点时间的确定可参考表 4 –3。

表 4 –3　盘点时间确定表

盘点的对象	盘点的时间
主要物品（A 类物品）	每天或每周盘点一次
一般物品（B 类物品）	每二三周盘点一次
次要物品（C 类物品）	每月盘点一次

3. 盘点人员的组织与培训

大规模的全面盘点必须增派人员协助进行，这些人员通常来自管理部门，主要对盘点边进行监督，并复核盘点结果，因此必须对他们进行熟悉盘点现场、盘点物品以及正确填制表格、单据的训练，使每位参与盘点的人员能确实发挥其功能。

4. 清理盘点现场

盘点现场即仓库储位管理包括的区域，盘点作业开始之前必须对其进行整理，以提高盘点作业的效率和盘点结果的准确性。在盘点前，对厂商交来的物料必须明确其所有数，如已验收完成属本仓库，应即时整理归库。若尚未完成验收程序应叮嘱厂商划分清楚，避免混淆。

盘点现场的清理工作主要有：

（1）盘点前对已验收入库的物品进行整理归入储位，对未验收入库属于供应商的物品，应区分清楚，避免混淆。

（2）盘点场所关闭前，应提前通知，将需出库配送的物品提前做好准备。

（3）存场所整理整顿完成，以便计数盘点。

（4）账卡、单据、资料均应整理后统一结清。

（5）预先鉴定呆滞货品、废品、不良品，以便盘点时鉴定。

（6）盘点现场的管理人员在盘点前应自行预盘，以便提早发现问题并加以预防。

5. 盘点过程

盘点时，因工作单调琐碎，人员较难持之以恒。为了确保盘点质量，除人员组织培训时加强宣传教育外，工作进行期间应加以领导和督促。

盘点作业正式开始前，首先确定各盘点区域的责任人员；盘点前应做好物品整理、盘点工具与用品的准备、单据整理（这些资料计算机已做了处理）。

在计算机信息管理系统里，通常是按仓卡编号和仓位编号进行盘点，打印出盘点清单供盘点人员使用；保管员将盘点结果输入计算机，并对盘点中产生差异的物品进行复核；对库存物品进行报损益，并对所报的物品损益进行复核，打印出配送损益单；最后按加点或不加点生成损益结算的财务凭证。

盘点作业的关键是点数，其工作强度极大，且手工点数差错率较高。通常可使用手掌机进行盘点，以提高盘点的速度和精确性。

6. 查找盘点差异的原因

当盘点结束后，会将一段时间以来积累的作业误差，及其他原因引起的账物不符暴露出来。发现账物不符，而且差异超过容许误差时，应立即追查产生差异的主要原因。

盘点差异的原因通常可能来自以下几方面：

（1）计账员素质不高，登录数据时发生错登、漏登等情况。

（2）账务处理系统管理制度和流程不完善，导致数据出错。

（3）盘点时发生漏盘、重盘、错盘现象，盘点结果出现错误。

（4）盘点前数据资料未结清，使账面数不准确。

（5）出入库作业时产生误差。

（6）货物损坏、丢失等原因。

7. 盘点盘盈、盘亏的处理

差异原因查明后，应针对主要原因进行适当的调整与处理，至于呆滞品、废品、不良品减价的部分需与盘亏一并处理。货品除了盘点时产生的盈亏外，有些货品价格上会产生增减，这些变更在经主管审核后必须利用货品盘点盈亏及价目增减更正表修改，如表4－4为盘点盈亏汇总表。

表4－4 盘点盈亏汇总表 年 月 日

类别	品名及规格	单位	单价	调整后账面数量	盘点数量	盘盈		盘亏		差异原因	
						数量	金额	数量	金额	说明	对策

8. 盘点结果的评估检讨

进行盘点的目的主要是希望能借助盘点来检查货品出入库及保管状况。从而借助盘点了解问题的所在。例如，在这次盘点中，实际存量与账面存量的差异是多少；这些差异是发生在哪些品项；平均每一差异量对公司损益造成多大的影响；每次循环盘点中，有几次确实存在误差；平均每品项货品发生误差的次数又是多少；等等。

盘点的结果经常会出现较大的盈亏，因此，通过盘点可以查出作业和管理中存在问题并通过解决问题提高管理水平，减少损失。

盘点结果的评估主要指标是：盘点数量差错、盘点数量差错率、盘点品项误差率、平均每件盘差品金额、盘差次数比率、平均每品项盘差次数率。

三、盘点作业的方法

因为不同现场对盘点的要求不同，盘点的方法也会有差异，为尽可能快速准确地完成盘点作业，必须根据实际需要确定盘点方法。

盘点方法主要分为账面盘点法、实物盘点法和账物盘点法。

1. 账面盘点法

账面盘点法是将每一种物品分别设立“存货账卡”，然后将每一种物品的出入库数量及关信息记录在账面上，逐笔汇总出账面库存结余数，这样随时可以从电脑或账册上查悉物品出入库信息及库存结余量。

2. 实物盘点法

实物盘点法按盘点时间频率的不同又可分为“期末盘点法”及“循环盘点法”。期末盘点法是指会计计算期末统一清点所有物品数量的方法；循环盘点法是指在每天、每周清点一小部分物品一个循环周期将每种物品至少清点一次的方法。

实物盘点法的做法如下：

（1）期末盘点法。由于期末盘点是将所有物品一次点完，因此工作量大、要求严格。通常采取分区、分组方式进行，其目的是为了明确责任，防止重复盘点和漏盘。分区即将整个储存区域划分成一一个的责任区，不同的区由专门的小组负责点数、复核和监督，因此，一个小组通常至少需要三人分别负责清点数量并填写盘存单，复查数量并登记复查结果，第三人核对前两次盘点数量是否一致，对不一致的结果进行检查。等所有盘点结束后，再与电脑或账册上反映的账面数核对。

（2）循环盘点法。循环盘点通常对价值高或重要的物品检查的次数多，而且监督也严密一些，而对价值低或不太重要的物品盘点的次数可以尽量少。循环盘点一次只对少量物品盘点，所以通常只需保管人员自行对照库存资料进行点数检查，发现问题按盘点程序进行复核，并查明原因，然后调整。也可以采用专门的循环盘点单登记盘点情况。

3. 账物盘点法

账物盘点法是结合账面盘点和实物盘点的方法进行盘点。

第九节　仓储加工作业

一、仓储加工概述

仓储加工是流通加工的一种。通过加工，可以大大提高客户的满意程度，提高配送质量，增加配送效益，减轻生产企业的负担，提高配送的总体经济效益。

仓储加工是仓储企业在进行配送作业时，按用户要求设立加工场所进行的加工活动，如根据用户的需求对物品进行套裁、简单组装、分装、贴标、包装等加工活动，以及卷板展平、开片、下料；原木锯材；型煤加工；玻璃集中套裁等，把货物变为用户需要的尺寸、规格或成分；还有器件组装、包装（是指对于经过分拣的一个用户所需要的货物，为保持在运送过程中完好无损和便于识别，需要进行重新包装。这种包装要记载货物的品种、数量、收货人地址、姓名以及送货时间等）、集装、换装等。

仓储企业必须按照所配送物品的特点和用户的基本要求来确定其加工内容，并设置加工设备，配备一定加工及其技术管理人才，按生产加工程序组织生产，努力提高劳动生产率和加工质量，降低劳动消耗，提高配送加工的经济效益。

仓库所进行的加工作业在整个物流配送作业系统中处于一种具有可选择性的附带货物作业，它是一项可提高服务水平、增加附加价值的作业。

二、仓储加工的主要目的

虽然仓储加工的加工目的单一，但是可以取得多种社会效果，比如可以提高运输效率、降低消耗、减轻生产企业负担、满足用户需要、提高配送质量、增加配送效益等。同时，也可以完善配送功能，提高配送的总体经济效益。

1. 方便运输

为了运输方便，如铝制门窗框架、自行车、缝纫机等若在制造厂装配成完整的产品，在运输时将耗费很高的运输费用。一般都是把它们的零部件，如铝制门窗框架的杆材、自行车车架和车轮分别集中捆扎或装箱，到达销售地点或使用地点以后，再分别组装成成品，这样不仅使运输方便而且经济。而作为加工活动的组装环节是在流通过程中完成的。

2. 方便用户

由于用户需要的多样化，必须在流通部门按照顾客的要求进行加工，如平板玻璃以及铁丝等，在商店根据顾客所需要的尺寸临时配置。

3. 便于综合利用

为了综合利用，在流通中将货物分解，分类处理。猪肉和牛肉等在食品中心进行加工，将肉、骨分离，其中肉只占65%左右，向零售店输送时就能大大提高输送效率。骨头则送往饲料加工厂，制成骨粉加以利用。由于流通加工属于深加工性质，直接面对终端用户，综合多家需求，集中下料，合理套裁，充分利用边角余料，做到最大限度的“物尽其用”，节约大量原材料。

因此，流通加工这一环节的发展，使流通与加工总体过程更加合理化。流通加工一般都在干线运输和支线运输的结点进行，这样能使大量运输合理分散，有效地缓解长距离、大批量、少品种的物流与短距离、小批量、多品种物流的矛盾，实现物流的合理流向和物流网络的最佳配置，从而避免不合理的重复、交叉、迂回运输，大幅度节约运输、装卸搬运和保管等费用，降低物流总成本。

三、仓储加工的方式

配送中的加工作业的方式很多，依客户需求的不同，在作业流程中的时间点也不同。

一般较常见的仓储加工主要有初级加工活动，如按照用户的要求下料、套裁、改制等；辅助性加工活动，如给物品加贴条码、拴标签、简单包装等；深加工活动，如把蔬菜、水果等食品进行冲洗、切割、过秤、分级和装袋；把不同品种的煤炭混合在一起，加工成“配煤”等。加工作业不仅是一种增值性经济活动，而且完善了仓库的服务功能。

1. 贴标签作业

贴标签作业大致可分贴中文说明标签和贴价格标签。贴中文说明标签大部分是以进口物品为主。当物品入库后就开始进行作业，标签贴完后再入库。这主要是针对贸易进口商的一种物流服务项目。贴价格标签，这是针对零售店的要求所进行的流通加工，其作业大部分是在拣货完成后进行的。

一般贴标签作业的流程是：

搬包装纸箱、切开纸箱—贴标签—封箱（或装入纸箱）—放回托盘（或笼车）

2. 收缩包装

在流通加工作业中，收缩包装作业也是一种比较常见的加工方式，主要是针对超市或大卖场的需求，把某些物品按促销要求组合用热收缩塑料包装材料固定在一起。常用的薄膜收缩温度范围为88～149 ℃，受热时变软，冷却后收缩，收缩强度相当大，可承受较大、较重的物品。

收缩包装作业流程是：

打开纸箱—取出物品（按组合所需数量）—套PE（热收缩塑料）袋—封口、热收缩—放入纸箱内—封箱

3. 礼品包装

主要是针对逢年过节时，有部分物品必须组合成礼盒销售，如补酒礼盒、南北货礼盒、食品礼盒等。

礼品包装的作业流程是：

准备包装材料及物品—拿出礼盒—放入物品—热收缩—封盖、贴价格标签、装箱—封箱等

4. 小包装分装

主要是针对国内外厂商的大包装物品或散装物品，以计量（或计重）包装方式改为物品的销售包装。

小包装分装的作业流程是：

准备包装材料及物品—计量（或计重）—充填—封口—放入纸箱内—封箱

5. 钢板剪切

汽车、冰箱、冰柜、洗衣机等生产制造企业每天需要大量的钢板，除了大型汽车制造企业外，一般规模的生产企业如若自己单独剪切，难以解决因用料高峰和低谷的差异引起的设备忙闲不均和人员浪费问题，如果委托专业钢板剪切加工企业，可以解决这个矛盾。专业钢板剪切加工企业能够利用专业剪切设备，按照用户设计的规格尺寸和形状进行套裁加工，精度高、速度快、废料少、成本低；专业钢板剪切加工企业在国外数量很多，大部分由流通企业经营。这种流通加工企业不仅提供剪切加工服务和配送服务，还出售加工原材料和加工后的成品。

6. 水泥加工

在水泥流通服务中心，将水泥、砂石、水以及添加剂按比例进行初步搅拌，然后装进水泥搅拌车，事先计算好时间，水泥搅拌车一边行走，一边搅拌，到达工地后，搅拌均匀的混凝土直接进行浇注。

7. 玻璃加工

平板玻璃的运输货损率较高，玻璃运输的难度比较大。在消费比较集中的地区建玻璃流通加工中心，按照用户的需要对平板玻璃进行套裁和开片，可使玻璃的利用率从62%～65%，提高到90%以上。大大降低了玻璃破损率，增加了玻璃的附加价值。

8. 自行车、助力车加工

自行车和助力车整车运输、保管和包装，费用多、难度大、装载率低，但这类产品装配简单，不必进行精密调试和检测，所以，可以将同类部件装箱，批量运输和存放，在商店出售前现场组装。这样做大大提高运载率，有效地衔接批量生产和分散消费。这是一种只改变物品状态，不改变物品功能和性质的流通加工形式。

9. 服装、书籍加工

服装加工主要指的不是材料的套裁和批量缝制，而是在批发商的仓库或仓库进行缝商标、栓价签、改换包装等简单的加工作业。近年来，因消费者要求的苛刻化，退货大量增加。从商场退回来的衣服，一般在仓库或仓库重新分类、整理、改换价签和包装。

书籍加工作业主要有：简单的装帧、套书壳、栓书签以及退书的重新整理、复原等。

10. 水产品、肉类、蔬菜、水果等食品加工

鱼等水产品的开膛、去鳞，猪肉、鸡肉等肉类食品的分割、去骨，常常在运到商店后进行并分类出售（见图4－7）。

超市货柜上摆放的各类洗净的蔬菜、水果、肉末、鸡翅、香肠、咸菜等无一不是配送加工的产物。这些物品在上架之前，已经进行了加工作业，包括分类、清洗、贴商标和条形码、包装、装袋等多种作业工序。这些加工都不在产地，而且已经脱离了生产领域，进入了流通领域。这种加工形式，节约了运输等物流成本，保护了物品质量，增加了物品的附加价值。

图4－7　肉食品的分割包装

11. 酒类流通加工

葡萄酒是液体，从产地批量地将原液运至消费地配制、装瓶、贴商标，包装后出售，既可以节约运费，又安全保险，以较低的成本，卖出较高的价格，附加值大幅度增加。

第十节　出库作业

一、催提

催提是指仓库通过传真、电话、信件等方式向提货人或存货人发出提货通知的行为。一个管理科学、高效运转的仓库，其货位的调度和使用，必须具有严密的计划性和科学性，根据仓库货位的状况来决定是否接受物品入库。只有在确定有空余货位时，才能接受存货人的仓储委托。空余货位包括已经提空的货位和到期将要提空的货位。所以，仓库对将要到期的存货要做好催提工作，以免出现冲突。

催提工作应该在存货到期日的前一段时间进行。如果仓储合同中约定了催提时限，则应根据合同约定的期限催提；如果合同没有约定的，仓库应该在合理的时间内催提，保证提货人有足够的准备时间。

二、核单备货

1. 核单

物品出库必须根据货主开出的"提货单"或"物品调拨通知单"等正式出库凭证进行，严禁无单或白条发料。仓库接到出库凭证后，应该由业务部门进行仔细审核。核对的主要内容包括：审核出库凭证上的印鉴是否齐全、相符，有无涂改，以判断其真实性、合法性；核对出库物品的品名、规格、型号、数量、收货单位、到账银行账号等具体项目；审核出库凭证的有效期。审核无误后，业务部门将出库凭证移交给仓库保管人员。保管员复核料卡无误后，应该根据出库凭证备货。备货应该遵循"先进先出、易霉易坏先出、不利保管先出"的原则。

2. 备货

备货的主要任务包括：

（1）根据出库凭证所列的货物的品名、规格、数量等要求备货。同时，要准备好随货出库的货物技术资料、合格证、质量检验书等资料。

（2）检查和整理出库物品的包装及标志。出库物品的包装应符合运输方式的要求。发现残损、潮湿、松散的不良包装时，应该负责更换和加固处理。标志模糊或脱落的，要进行补刷或补贴。

（3）有装箱、拼箱、改装等业务的仓库，在发货前，应根据货物的性质和运输部门的要求进行组合配装，准备各种包装材料、衬垫物以及刷写包装标志的各种用具和材料。

（4）复核出库凭证所列物品名称、规格、包装、件数、质量等与实物是否相符。

（5）最后，将出库物品搬运到备货区，以便及时装运。

三、物品出库

1. 物品出库的形式

（1）自提。自提即由收货人或其委托人持"提货单"或"物品调拨通知单"直接到仓库提货。仓库见单发货。自提制下一般采用先记账后发货的记账方式。提货单到达仓库，经业务部门审核后，一般直接交给仓库记账人员。记账人员接到提货单复核无误后开出物品出门证，列明每张提货单编号，一式两联，一联交给提货人，记账人员根据另一联和提货单在物品明细账出库记录栏内登上，并在提货单上签名，批注出库物品数量和结存数量，将该提货单传递给保管员发货。提货人凭出门证向保管员提货，待货付讫后，保管员应盖付讫章并签名，将提货单返回给账务人员。提货人凭出门证出门并将出门证交给门卫。门卫每天下班前应将出门证交回账务人员，以便账务人员将出门证与提货单核对相符。

（2）送货。送货即为仓库保管部门根据货主提交的"提货单"或"物品调拨通知单"备货，然后把应发物品送交运输部门，送达收货单位。

送货制下提货单到达仓库，经业务部门审核后，一般直接送给仓库理货员。理货员接单后，经过理单、编写地区代码，分送给仓库保管员发货。货发讫后，再交给物品明细账账务人员记账。这是一种先发货后记账的方式。

（3）移仓。移仓即货主单位由于业务上的需要或保管条件的要求，将某批物品从 A 仓库转移到 B 仓库的一种发货形式。对于 A 仓库来说是出库。仓库必须根据货主单位开出的正式移仓单，给予办理移仓手续。移仓的单据流转与前述两种方式基本相同。

（4）过户。过户即储存物品所有权的转移，物品不出库。仓库必须根据原存储户开发的正式过户凭证予以办理过户手续。

过户凭证可以代替新储户的入库，仓库据此向其开出储存凭证，并另建新的物品明细保管账。对老存储户来说，过户凭证相当于其出库凭证，仓库据此进行物品出库账务处理，方法同上述。

（5）取样。取样是指提货单位出于了解物品质量以及其他业务的需要，到仓库提取货样。仓库同样必须根据正式的取样凭证，发出样品，并根据前述的方法做好相应的账务处理。

2. 出库交接

无论是哪一种出库方式，仓库都应该仔细核对提货凭证，认真核实提货人身份，避免出现串发货、错发货等情况。经全面复核无误后，即可办理清点交接手续。物资点交清楚，出库发运后，仓库保管人员应做好清理工作，及时注销账目、料卡，以保持物资的账、卡、物一致，及时准确地反映货物的进、出、存状况。

在送货方式下，仓储保管部门与运输部门是在仓库现场办理交接手续，以此划清责任。运输部门则需根据货主指定的地点，送货并办理交接手续，明确责任。在自提方式下，仓库发货人与提货人在仓库现场当场交接清楚，并办理签收手续。

3. 货损货差处理

如果是仓储过程中发生的损耗，应该考虑损耗数量是否在仓储合同规定的合理范围之内。一般情况下，合理损耗应由货主单位承担，超过合理范围之外的损耗则应由仓储部门承担，并追究相关的责任人。如果是运输过程中发生的货损货差、则应由承运人负责赔偿。

典型案例

如何支付仓储费

甲公司与乙储存公司签订了一份仓储合同，合同规定，乙公司为甲公司储存货物 50 件，储存期限为 6 个月，仓储费用为每件每月 100 元人民币，储存期间内，甲公司陆续提货，6 个月期满，提清全部货物。

合同生效后，甲公司开始根据销售陆续提走货物，但合同期满，仍有 10 件货物未提走。合同期满的第三个月，乙公司催告甲公司领取货物，甲乙公司就仓储费用产生纠纷。

案例要点

(1) 甲公司领取的40件货物，都是提前领取的，是否可以要求乙公司返还部分仓储费？

(2) 合同期满后，乙公司是否负有催告义务，催告甲公司领取货物？

(3) 对合同期满后，又储存3个月的10件货物，甲公司是否应支付仓储费，如何支付？

要点评析

新《合同法》第三百九十二条规定："储存期间届满，存货人或者仓单持有人应当凭仓单提取仓储物。存货人或者仓单持有人逾期提取的，应当加收仓储费。提前提取的，不减少收仓储费"。"储存期间届满，存货人或者仓单持有人不提取仓储物的。保管人可以催告其在合理期限内提取，逾期不提取的，保管人可以提存仓储物。"

因此，甲公司不可以要求减收仓储费，合同期满乙公司没有催告的义务，甲公司逾期提取的货物，应加付仓储费。按每件每月100元计，10件货物3个月应支付仓储费3 000元。

实 训

填制进仓单

实训目的

通过填制进仓单，了解进仓单的基本信息，熟悉进仓单的填制过程。

实训内容

第三医药商店委托我库储存报关一批药品：参茜固经颗粒，货号0796；规格：12克/袋×60盒，共4盒。每件5 kg。每件体积：0.425 m×0.22 m×0.235 m，凭证存储编号：00032，进仓日期：2011年6月6日，存放仓位：3~4。经入库查验，其中倒置一箱。入库检验员：章晓；仓库保管员：李峰明；制单员：王东。

实训课时

2课时

实训要求

根据商品信息，填制进仓单。

检查标准

根据商品信息，填制进仓单，并检查填制是否完整。

自·测·练·习

一、单项选择题

1. 以下属于货物进行入库验收的方式的是________。

A. 全检　　B. 明检　　C. 盲检　　D. 质检

2. 以下属于货物入库时必须核对的凭证是________。

. 出库通知单　　B. 供货单位的装箱单　　C. 收货单　　D. 检验单

3. 以下属于质量检验方法的是________。

A. 计件　　B. 检斤　　C. 检尺求积　　D. 理化检验

4. ________是指经海关批准，在海关监管下专供存放未办理关税手续而入境或过境货物的场所。

A. 储存仓库　　B. 合同仓库　　C. 特种仓库　　D. 保税仓库

5. 以下不属于选择货位的原则的是________。

A. 先进先出　　B. 重近轻远　　C. 急不围缓　　D. 大不围小

二、多项选择题

1. 仓容定额是指一定条件下，单位面积允许合理存放商品的最高数量。以下属于仓容定额种类的是：________。

A. 仓库面积利用率定额　　B. 仓容定额　　C. 重量吨

D. 单位面积储存量定额　　E. 仓库有效面积测定

2. 在仓储作业中，货物的管理目标是：________。

A. 维护良好的储存环境

B. 充分有效利用空间

C. 提高人力资源及设备的利用率

D. 有效保护好物料的质量和数量

E. 使所有在储货物处于随存随取状态

3. 仓库是物流系统的基础设施，按其仓库功能分为：________。

A. 储存仓库　　B. 流通仓库　　C. 特种仓库

D. 筒仓　　E. 保税仓库

4. 在仓库中，货物入库时的验收准备工作包括________。

A. 设备准备　　B. 货位准备　　C. 资料准备

D. 器具准备　　E. 人员准备

5. 货物入库验收工作的基本要求是________。

A. 准确　　B. 省时　　C. 高效

D. 低成本　　E. 及时

三、是非题（正确的打“√”，错误的打“×”）

1. 在货物接运过程中，会发生和发现的差错包括：错发、漏发、混装、丢失和受潮污损等。（　）

2. 货物进行入库验收的方式的有质检和量检。（　）

3. 数量检验分三种形式，即计件、检斤和检尺求重。 ( )

4. 按照盘点范围的不同，盘点可分为定期盘点、临时盘点和日常盘点。 ( )

5. 货物出库过程中出现的问题是多方面的，主要表现在：出库凭证上的问题、提货数与实存数不符、串发私错发货、漏记和错记账。 ( )

四、思考题

1. 仓储作业涉及哪些内容？
2. 仓储作业应遵守哪些原则？
3. 订单处理过程是怎样的？
4. 盘点作业有几种方法？
5. 分拣作业有几种方式？

第五章

堆场与分拨中心

学习目标

◎知识目标

了解堆场的类型；了解不同类型堆场的用途；了解分拨中心的概念。

◎能力目标

熟悉堆场的类型及用途；熟悉集装箱堆场作业过程；熟悉件杂货堆场作业过程；熟悉散货堆场作业过程。

第一节 堆 场

一、堆场的类型

堆场是指用以堆存、保管和转运货物的露天场地。堆场主要用于堆存不怕日晒、水湿的大宗散货、包装件杂货（主要是袋装、箱装、桶装货物）以及集装箱。堆场堆存货物必须采用有效的防晒、防湿措施，如加盖加垫等，以保证货物的质量。

堆场的种类主要有集装箱堆场、件杂货堆场、散货堆场，以及货棚、货栈等。

1. 集装箱堆场

集装箱等集装设施的出现，也给仓储带来了新观念，采用集装箱后，本身便是一栋仓库，不需要再有传统意义的库房。在仓储技术过程中，以集装箱存放货物，可以直接以集装箱作为媒介，形成集装箱堆场。

集装箱堆场是指供装卸船舶堆放集装箱的场所，同时也是临时保管和向货主交接集装箱的地方。

采用集装箱堆场主要有以下几方面的优点：

（1）促使装卸合理化。采用集装箱集装可以缩短装卸时间，降低装卸作业的劳动强度。

（2）保护货物。采用集装箱装载货物，可以有效地对货物起到保护作用，可以更好防止装卸时的碰撞损坏及散失丢失。

（3）使包装合理化。采用集装箱后，物品的单体包装及小包装要求可降低，甚至可以去掉小包装，从而在包装材料上有很大节约。由于集装箱的大型化和防护能力的增强，包装强度也大大提高，有利于保护货物。

（4）方便运输和保管。由于集装箱是整体进行运输和保管，大大方便了运输及保管作业，便于管理，也能有效利用运输工具和保管场地的空间，大大改善环境。

（5）提高效益。集装箱是一种集装系统，它将原来分立的物流各环节可以有效地联合为一个整体，使整个物流系统实现合理化，提高了物流效益。

2. 件杂货堆场

件杂货堆场是指用于堆存件杂货的专用露天场地，根据所堆存件杂货的种类不同，采取不同的堆存方式。

3. 散货堆场

散货堆场是指用于堆存散货的专用露天场地，根据所堆存散货的种类不同，地面的结构不完全相同，可以是沙土地面、混凝土地面等。

二、堆场作业

1. 集装箱堆场作业

集装箱堆场作业内容有：

（1）集装箱堆场的划分。集装箱堆场（见图5－1）通常分为前方堆场、后方堆场、空箱堆场和集装箱堆场。在集装箱堆场上，按照集装箱尺寸画成有规则的用以指示堆放集装箱的格状位置，这种格状位置称为平面箱位。集装箱堆场的平面箱位的换算单位有 TEU 和 FEU 两种，根据这些划分，把集装箱堆场分为 20 英尺箱区和 40 英尺箱区。集装箱采用分区堆存，避免了箱子的随意摆放，可以减少倒箱。

① 前方堆场 是指码头前沿宽度后缘至码头后方堆场前缘之间的场地，主要用于对船舶直接进行装卸的集装箱的堆放。前方堆场面积大小根据堆场作业方式（工艺方案）的堆放形式及堆放层数来确定，一般要求能一次性容纳整条船的装卸量。

② 后方堆场 是指邻接在码头前方堆场之后的场地。后方堆场主要用于集装箱、集卡（底盘车）的存放、交接和保管。

图 5－1 集装箱堆场

在实际使用中，常把前方堆场、后方堆场作为一个整体来看待，很难明显区分它们之间的界线。所以有人索性把进行船舶装卸的场地称为前沿，而把保管、交接集装箱用的场地称为堆场。

③ 空箱堆场 是专门办理空箱收集、保管、堆存和交接的场地。它是为集装箱码头或中转站堆场不足时设立的。这种堆场不办理重箱和货物的交接，可以单独经营，也可以由集装箱码头在外面另设。

④ 集装箱堆场 集装箱堆场一般都设有供冷冻集装箱使用的电源及加固集装箱用的紧固装置。

集装箱在堆场上的排列方法，常见的有“纵横排列法”和“鱼脊形排列法”两种形式。纵横排列法即集装箱在场地上按纵向或横向使前、后、左、右对齐，整齐地排列，周围留有通道，以便于机械操作和搬运。鱼脊形排列法又称“人字形排列”，它是由形状似鲱鱼而得名。与纵横排列法相比，鱼脊形排列法可以减少通道面积。

（2）集装箱堆场箱区的分类。集装箱堆场按不同的分类方法可分出不同的箱区。按进出门业务可分为进口箱区和出口箱区；按集装箱货种可分为普通箱区、危险品箱区、冷藏箱区、特种箱区和中转箱区；按集装箱空、重箱可分为空箱区、重箱区等。

（3）集装箱堆场作业流程。集装箱堆场作业流程分为进口箱作业、出口箱作业、集装箱堆场内作业、集装箱的疏港作业等。

集装箱堆场作业流程：

① 进口箱卸船进场。根据船代理提供的卸船船图或集装箱清单，遵循堆场堆垛规则安排场箱位。

② 出口箱进站进场。根据船代理提供的预配清单或工作联系单，登陆卸货港、目的港，制定“进站分港分吨要求”，堆场计划员遵循堆垛规则编制“进场堆存计划表”。

③ 集装箱码头堆场内的归位、并位、转位。归位是指码头堆场内箱状态发生变化后，从变化前的箱区，归入状态改变后的指定箱区的作业过程。并位一般指同一堆场箱区同一箱位内，将零星分散的集装箱整理合并在一起的作业过程。一般由一台场内作业机械就可完成

作业。转位一般指同一堆场不同箱区间，或同箱区不同箱位间集装箱整理转移的作业过程。一般需两台场内作业机械及水平运输机械配合才可完成作业。

④ 集装箱的疏港。集装箱码头堆场是运输过程中的周转性堆场，不能用于中、长期储存。码头为了保证船舶装卸作业的正常作业，保证堆场畅通，根据国家关于集装箱疏港的有关规定，结合码头实际堆场的情况，可将进口集装箱疏运至港外堆场。

（4）集装箱堆场的箱务管理。集装箱进入堆场，堆场就对集装箱有了保管的责任作用。堆放在堆场内集装箱有其特殊性，因此在堆场的管理上也要针对有其特殊性采取不同的管理方法。

集装箱堆场的箱务管理主要涉及：

① 空箱进场管理。空箱进场有两种方式：空箱卸船进场和空箱通过检查口进场。

② 空箱出场管理。空箱出场有两种方式：空箱装船出场和空箱通过检查口出场。

③ 存场空箱管理。堆场存场空箱的基本堆放原则是按持箱人和箱尺寸的不同分开堆放。

④ 冷藏箱管理。集装箱堆场都有配置冷藏箱电源插座的冷藏箱专用堆存区。冷藏箱管理分为进口冷冻重箱、出口冷冻重箱、冷藏箱的堆存与转站管理。冷藏箱的接插电源由堆场员专门负责；冷藏箱在堆场发生故障，堆场应立即通知外轮代理，同时做好当班通知记录。

⑤ 危险品箱管理。危险品集装箱是指箱内装有《国际危规》中列明的危险品货物的集装箱。

危险品集装箱在堆场的进出口作业有两种形式：一种是指集装箱的进口或出口采用船边直装或船边直提的方式，采用这种方式的货物一般都是相对堆场而言其危险系数较大，不宜在堆场堆存，如放射性物质；另一种则是指可在堆场堆放的危险品箱，但根据不同的危险品类别，其在堆场的堆放规则各有不同。

各堆场需指定箱区堆存进出口危险货物集装箱，并按《国际危规》中的隔离要求隔离堆放。各堆场需按危险货物集装箱堆场管理制度严格执行，建立危险货物集装箱进出场记录、交接班日志和喷淋记录。危险货物集装箱超过堆存期限，可运往港外指定堆场。

⑥ 特种箱管理。特种箱指用于装载有超高、超宽、超长及超重货物的平板式集装箱、台架式集装箱（框架箱、开顶箱）。由于特种箱作业的特殊性，码头堆场在特种箱的堆存管理上有严格的规定。特种箱在堆场有专用的箱区，堆放限高一层，超限箱超宽超过 30 cm，相邻排不得堆放集装箱，超限箱长度超过 50 cm，相邻位不得堆放集装箱。

特种箱在作业时，应严格按照有关的操作工艺规程操作。

⑦ 中转箱管理。中转箱包括国内和国际中转。

国内中转箱指在境外装货港装船后；经国内中转港卸船后转运到境内其他港口的集装箱，以及在国内装货港已办理结关手续，船公司出具全程提单，经国内中转港转运至国外目的港的集装箱。

国际中转箱是指由境外启运，经上海港换装国际航线船舶后，继续运往第三国或地区指运口岸的集装箱。

堆场设有专职中转业务员，负责堆场内中转箱的箱务管理，掌握中转箱的动态，做好中转箱单证资料的流转管理工作。

（5）集装箱堆场装卸作业。我国集装箱堆场装卸作业主要采用装卸桥、轮胎式龙门起重机方案，如图 5-2 所示。该方案是码头前沿采用装卸桥，水平搬运采用底盘车，堆场采用轮胎式龙门起重机。轮胎式龙门起重机由于其行走部分是轮胎，故而得名。这种工艺方案是把通过装卸桥从船上卸下来的集装箱放到底盘车上，码头前沿到堆场通过底盘车连接。集装箱运到堆场后，再用轮胎式龙门起重机进行场地作业。这种机械也可进行内陆车辆的换装作业。轮胎式龙门起重机方式的主要优点：场地面积利用率高，装卸效率高，灵活性比较大，能适应铁路、公路车辆的运输。

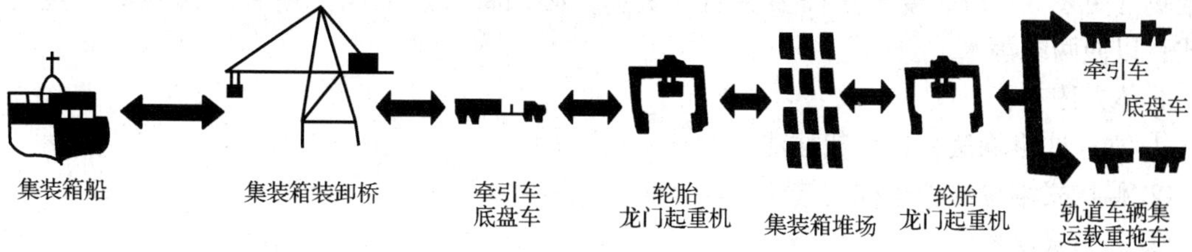

图 5－2 集装箱装卸桥、轮胎式龙门起重机方案

轮胎式龙门起重机可以说是一种增大了自由弯度和宽度的跨运车，它可跨 1～7 排集装箱和一条底盘车通道，能堆码 1～4 层集装箱；操作简便；便于实现自动化和电子计算机的管理。它比较适合于年通过量 8 万～10 万标准箱的集装箱码头使用。它的主要缺点：轮压比较大，一般为 50 t，故对场地要求高；对驾驶员操作技术要求高。

（6）集装箱堆场 CFS 作业。集装箱堆场 CFS 是指专用于集装箱货物装箱、拆箱和拼箱作业场所。随着集装箱运输的发展，种类繁多、性质、包装等不同的货物进入了集装箱运输领域。与此同时，从事集装箱运输的管理人员，以及操作人员不断增多，为确保货运质量的安全，做好箱内货物的积载和拆箱作业是很重要的。

集装箱货物在积载、堆装时应注意的事项有：

① 在不同件杂货混装在同一箱内时，应根据货物的性质、质量、外包装的强度、货物的特性等情况，将货区分开。将包装牢固、重件货装在箱子底部，包装较弱的货物、轻货则装在箱子上部。

② 货物在箱子内的质量分布应均衡。如箱子某一部位装载的负荷过重，则有可能使箱子底部结构发生弯曲或脱开的危险。在吊机和其他机械作业时，由于箱内货物质量分布不均，作业时箱子会发生倾斜，致使作业不能进行。此外，在陆上运输时，如存在上述情况，拖车前后轮的负荷因差异过大，也会使行驶发生故障。

③ 在进行货物堆码时，则应根据货物的包装强度，决定货物的堆码层数。另外，为使箱内下层货物不致被压坏，应在货物堆码之间垫入缓冲材料。

④ 货物与货物之间，也应加隔板或隔垫材料，避免货物相互擦伤、沾湿、污损。

⑤ 货物的装载要严密整齐，货物之间不应留有空隙，这样不仅可充分利用箱内容积，也可防止货物相互碰撞而造成损坏。

⑥ 在目的地掏箱时，由于对靠箱口附近的货物没有采取系紧措施，曾发生过货物倒塌，造成货物损坏和人身伤亡的事故。因此，在装箱完毕、关箱前应采取措施，防止箱口附近货物的倒塌。

⑦ 应使用清洁、干燥的衬垫材料（胶合板、草席、缓冲器材、隔垫板），如使用潮湿的衬垫材料，易发生货损事故。

⑧ 应根据货物的不同种类、性质、包装，选用不同规格的集装箱，选用的箱子应符合国际标准，经过严格的检查，并具有检验部门发给的合格证书。

2. 件杂货堆场作业

件杂货堆场作业的内容有：

（1）件杂货堆场的堆垛方法。对于存放钢材、油桶、日用陶器、瓷器等件杂货的件杂货堆场（见图5－3），要考虑需要苫盖的货物，必须将垛顶堆成"屋脊"形式或"宝塔"形式，以便两端泻水。

具体方法有：

① 立柱式堆垛法，也称栽柱法；

② 仰伏式堆垛法，也称交错法；

③ 风向式堆垛法。

图5－3 件杂货堆场

（2）件杂货堆场的苫垫。在堆场进行苫垫，是防止各种自然条件影响，保证储存货物质量的一项安全措施。苫垫可分为苫盖和垫底。苫盖和垫底都要根据货物的性能、堆场的实际条件、保管期限，以及季节、温湿度、光照日晒、风力等情况，选择合适的方法和物料。

苫盖具体方法有：

① 苫布苫盖法，包括使用篷布、塑料布苫盖。

② 席片苫盖法。

③ 竹架苫盖法。

④ 隔离苫盖法。

垫底一般是指在货垛下面使用各种物料铺垫，为隔地面的潮湿，便于通风，防止货物受潮、霉变、残损所采取的保护措施。货物如何垫底，首先取决于储存货物的堆场的现实状况和货物性能这两个基本条件。堆场的实际条件很复杂，堆场多数是泥土、煤屑或水泥地坪，由于地坪本身所含有水分的蒸发或冷、暖空气的侵入，会使垛底一、二层货物受潮、霉变。因此，采取垫底措施十分必要。

堆场垫底的具体步骤为：

堆场在使用前必须平整夯实，四周开挖明沟，以便于排除积水。堆场上存放的货垛，一般都比较大，分量比较重，所以要选择较坚固耐压的垫底材料，如枕木、水泥块、花岗石等。垫底高度应视气候条件和防汛要求而定，一般应该不低于30厘米，地势低洼和可能积水的场地，则要适当加高。垫底贴面一层可放花岗石或水泥条（垫木贴在地面容易腐朽），上面再架设垫木或垫木架。垫木或垫木架不能露在货垛外面，以防遇水顺着垫木流进货垛。

（3）堆场的货位布置形式。大多数散装货场的货位布置形式均采用分区分类布置，即对储存货物在“三一致”（性能一致、养护措施一致、消防方法一致）的前提下，对堆场划分为若干保管区域；根据货物大类和性能等划分为若干类别，以便分类集中堆存。

堆场分区分类的方法：

① 按照货物种类和性质进行分区分类。这是大多数堆场采用的分类分区方法，就是按货主单位经营货物来分类，把性能互不影响、互不抵触的货物，在同一堆场内划定在同一货区里集中储存。

② 按照货物发往地区进行分区分类。这种方法主要适用于储存期限不长，而进出数量较大的中转性质的堆场。具体做法是，货物按照交通工具划分为公路、铁路、水路，再按到达站、港的线路划分。这种分区分类方法，虽然不分货物种类，但是对于危险品、性能互相抵触的货物，也应该分别存放。

（4）堆场货区的布置。根据货物不同的性质，对各种堆存的货物进行合理的分类之后即可按照堆场的货区进行分类堆存。堆场的货区布置形式主要有三种：横列式、纵列式和混合式。

（5）带包装物品堆场。带包装物品在堆场的存放方式基本与前述的方式方法相似，其采用的堆垛方式，可以根据外包装的形式进行堆垛。常用的堆垛方式有：重叠式堆垛法、压缝式堆垛法、梯形式堆垛法、圆形堆垛法、屋脊式堆垛法、通风式堆垛法等。

3. 散货堆场作业

散货堆场（见图5－4）一般适用于堆存大宗散货，如煤炭、矿石、矿砂、建材等物料。物料的品种、特性和堆存量是决定堆场规模、堆场机械和设备选择的主要因素。

图5－4 散货堆场

散货堆场的作业方式通常采用地面作业系统，例如取料机系统、堆料机系统、堆取料机系统、翻车机系统和装车系统等。我国多采用堆取料机系统、翻车机系统和装车系统，前者用于堆场堆取料作业，后两者用于铁路装卸车作业。

散货堆场堆放散货时，不同品种、不同规格的货物要分堆；在变更堆放品种时，要事先清扫场地，以防不同货物混堆。散货堆放的垛型通常采用梯形垛。

第二节 分拨中心

一、分拨中心的概念

分拨配送首先是由日本兴起的。在20世纪60年代，日本经济起飞的同时，出现了生产发展与流通落后矛盾的尖锐化，为解决这一矛盾，日本政府和企业各界开始重视“物流”，随着日本物流理论的研究与实践，物流在日本发展很快，分拨配送就是在这种背景下产生的。

分拨中心是专门从事分拨活动的经济组织，换个角度来说，它有集加工、理货、送货等多种职能于一体的物流结点。

二、分拨中心的作用

1. 存储作用

分拨中心的服务对象是为数众多的生产企业和商业网点（如超级市场和连锁店），分拨中心的作用是按照用户的要求，及时将各种已经配装好的货物送交到用户手中，满足生产和消费的需要。为了顺利而有序地完成向用户配送商品（货物）的任务，通常，分拨中心都要兴建现代化的仓库并配备一定数量的仓储设备，存储一定数量的商品。某些区域性大型分拨中心，不但要在配送货物的过程中存储货物，而且它所存储的货物的数量更大、品种更加繁多。

2. 分拣作用

作为物流据点的分拨中心，其服务对象（即客户）是为数众多的企业（在国外，分拨中心的服务对象，少则有几十家，多则有数百家）。在为数众多的客户中，彼此之间存在着很大的差别，不仅各自的性质有所不同，而且其经营规模也不一样。因此，在订货或者进货的时候，不同的客户对于货物的种类、规格、数量等会提出不同的要求。面对这种情况，为了有效地进行配送亦即为了能够同时向不同的用户配送多种货物，分拨中心必须采取适当的方式对组织进来（或者接收到）的货物进行拣选，在此基础上，按照配送计划将货物进行分装和配装。这样，在商品流通实践中，分拨中心除了能够存储货物、具有存储作用以外，还具有分拣货物的功能，因而发挥分拣中心的作用。

3. 集散作用

在配送实践中，分拨中心凭借其特殊的地位和其所拥有的各种先进的设备手段能够将分散在各个生产企业的产品（即货物）集中在一起，而后，经过分拣、配装向众多用户发运。与此同时，分拨中心也可以做到把各个用户所需要的多种货物进行有效地组合（或者配装）在一起，形成经济、合理的货载批量。分拨中心在流通实践中所表现出来的这种功能即集散功能，也有人把它称“配货、分散”功能。

集散作用是分拨中心所具备的一项基本功能。实践证明，利用分拨中心来集散货物，可以提高卡车的满载率，并由此可以降低物流成本。

4. 衔接作用

通过开展货物配送活动，分拨中心能够把各种工业品和农产品直接运送到用户手中，客观上，可以起到生产和消费的媒介作用。这是分拨中心衔接功能的一种重要表现。此外，通过集货和存储货物，分拨中心又有平衡供求的功能，由此，能够有效地解决季节性货物的产需衔接问题。这是分拨中心衔接作用的另一种表现。

5. 加工作用

为了扩大经营范围和提高配送水平，目前，国内外有许多分拨中心都配备了各种加工设备，由此而形成了一定的加工（系初加工）能力。这些分拨中心能够按照用户提出的要求和根据合理配送商品的原则，将组织进来的货物加工成一定规格、尺寸和形状，由此而形成了加工功能。

加工货物是某些分拨中心的重要活动。分拨中心积极开展加工业务，不但大大方便了用户，而且也有利于提高物质资源的利用率和配送效率。此外，对于配送活动本身来说，其加工功能客观上则起着强化其整体效益的作用。

三、分拨中心的类型

1. 大型分拨中心

在工业比较发达的港口城市，它可以是大型综合与专业分拨中心、区域性分拨中心，例如，港口码头、保税区、物流中心等均为典型的分拨中心（见图5－5），这些分拨中心主要从事进出口货物大的分拨，如矿砂、煤炭、水泥、其他货种等的分拨配送。

图5－5 分拨中心

2. 储运型分拨中心

现有的物资、商业、外贸系统都有储运公司，而且都具有相当实力的储运仓库，这些仓库具有集货、装卸搬运、储存、保管、发送等功能，还具有联系面广泛，信息渠道多等方面的优势，在此基础上如果适当增加分拣、配货等设备，就能成为较为理想的分拨中心。此类分拨中心应该成为我国分拨中心发展的重点。

这类分拨中心强化了商品的生产与消费、进货与销售之间的协调能力，其分拨业务更加广泛，涉及生产物资、消费物资等。

图5－6 分拨中心的分拣系统

四、分拨中心的作业

分拨作业是在途物流作业中的一个重要环节。分拨作业是一种批量化的配送过程。

1. 分拨中心外部作业

经检验后按货主要求在仓库或堆场进行储存。在接受货主订单指令后，货物按分拨的批量进入分拨中心的分拣区域的相应分拣机进行货物分拣。货物按不同货主、不同批量经各分拣机通过传输系统相连，形成一个完整的分拣系统。

2. 分拨中心分拣流程

由于是批量化的分拨作业，因此，分拨中心的分拣系统都是大型化的（见图5－6）。分拨中心的分拨流水线按分拨信息将货物自动分流，再由操作人员根据信息进行识别、分拣，然后集散配货。

3. 分拨中心的配装作业

按批量分拣完毕后的货物，仍需再次进行扫射，将货主具体地址和具体路线进行匹配，并按分拨配送的路线进行配装。配装作业通常采用集装化方式，以提高分拨的效率。

典型案例

中国商品（迪拜）分拨中心

中国商品（迪拜）分拨中心是中国中东投资贸易促进中心和阿联酋迪拜杰拜阿里自由区当局，根据中阿两国政府的意向签订的一个战略合作项目，旨在利用迪拜的优惠政策及转口渠道多、辐射面广的优势，在迪拜建立一个以庞大的“国际城”为背景的超大型经贸平台。它是迄今为止中国在中东地区建立的规模最大、档次最高、最具权威性的中国商品分拨中心，也是集中国优秀企业、名牌产品、中国旅游、文化、餐饮、娱乐及综合服务为一体的大型华人社区。市场的辐射范围将包括中东、中亚、东欧和非洲60多个国家在内的大约15亿人口的广大地区。

中国商品（迪拜）分拨中心于2004年12月7日正式开业。

中国商品（迪拜）分拨中心由市场、仓库和公寓三部分组成：

市场：全长1.2 km，建筑外形宛如一条栩栩如生的中华巨龙，总面积为15万m^2。其中商业区营业面积近11万m^2，近4 000个商铺。商品大类有：纺织服装、粮油牲畜、医药保健、家用电器、通信器材、机械设备、建筑装潢、五金家电、石油化工、室内用品、箱包鞋帽、钟表眼镜、体育休闲、工艺礼品、办公文具等20余类。市场内设服务区13个，办公区1个，商务中心1个。

仓库：4.5万m^2，其中周转仓库3万m^2，紧靠市场；保税仓库1.5万m^2，在迪拜杰拜阿里自由区内，仓库设有常温、恒温等功能，并提供一体化现代物流服务。

公寓：25栋，设1 800多套现代化住房。公寓区内建立各式中餐馆、中医诊所、健身、按摩、美容、桑拿、酒吧、茶室、网吧、棋牌室、卡拉OK、超市、照相、书店、洗衣店等设施。

实　训

香港英迈分拨中心系统流程描述

实训目的

了解分拨中心流程。

实训内容

(1) 阅读案例。

(2) 分析案例。

(3) 流程描述。

案由

(1) 项目情况：英迈作为中国最大的 IT 产品渠道商之一，香港英迈分拨中心主要负责 Intel 和 Cisco 等高货值商品的分拨，货物主要分拨往：海外、中国香港地区和中国内地。入仓货物需要对产品型号、数量、序列号和原产地的条码信息进行扫描。通过实施 RF 系统，实现入仓货物的无线扫描和实施核对。

(2) 实施效果：通过 RF 系统的实施，英迈香港分拨中心大大降低了高货值商品在物流环节中的损耗和丢失，单单这一项每年将为英迈香港分拨中心减少 10 万美元的额外支出。同时，RF 系统的实施将货物的入仓时间降低为 1 秒钟 1 件，基于这一点英迈香港分拨中心在不必扩大现有仓储规模和增加人力资源开支的情况下分拨能力提高了 200%。

实训要求

(1) 通过案例，了解该分拨中心的项目情况。

(2) 通过案例，了解该分拨中心的实施效果。

(3) 通过案例，描述该分拨中心的流程。

实训课时

2 课时

检查标准

形成分析报告。

自·测·练·习

一、单项选择题

1. 堆场堆存货物必须采用有效的防晒、防湿措施，如加盖、加垫等，以保证货物的________。

A. 质量　　B. 数量　　C. 完好　　D. 免检

2. 在仓储技术过程中，以集装箱存放货物直接作为存储设备，形成了________。

A. 堆场　　B. 集装箱堆场　　C. 件杂货堆场　　D. 散货堆场

3. 分拨作业是一种批量化的________过程。

A. 运输　　B. 储存　　C. 配送　　D. 加工

4. 件杂货堆垛方法，必须将垛顶堆成“屋脊”形式或“宝塔”形式，以便两端________。

A. 防水　　B. 进水　　C. 泄水　　D. 放水

5. 集装箱堆场通常分为前方堆场、后方堆场、空箱堆场和________。

A. 集装箱货运站　　B. 集装箱堆场　　C. 堆场　　D. 堆场道路

二、多项选择题

1. 采用集装箱堆场主要优点是________。

   A. 促使装卸合理化　B. 保护货物　C. 使包装合理化
   D. 方便运输和保管　E. 提高效益

2. 散货堆场的作业方式通常采用________。

   A. 取料机系统　B. 堆料机系统　C. 堆取料机系统
   D. 翻车机系统　E. 装车系统

3. 集装箱空箱堆场是专门办理________的场地。

   A. 空箱收集　B. 空箱保管　C. 空箱堆存
   D. 空箱交接　E. 空箱存储

4. 分拨中心的作用主要包括________。

   A. 存储作用　B. 分拣作用　C. 集散作用
   D. 衔接作用　E. 加工作用

5. 集装箱堆场按集装箱货种可分为________。

   A. 普通箱区　B. 危险品箱区　C. 冷藏箱区
   D. 特种箱区　E. 中转箱区

三、是非题（正确的打"√"，错误的打"×"）

1. 堆场是指用以堆存、保管和转运货物的室内场所。（　）
2. 集装箱采用分区堆存，避免了箱子的随意摆放，可以提高效率。（　）
3. 集散作用是分拨中心所具备的一项基本功能。（　）
4. 我国散货堆场多采用堆取料机系统、翻车机系统和装车系统。（　）
5. 港口码头、保税区、物流中心等均为典型的分拨中心。（　）

四、思考题

1. 堆场有几种类型？
2. 集装箱堆场如何划分？
3. 集装箱箱区如何划分？
4. 分拨中心的作用是什么？
5. 分拨中心有几种类型？

第六章

仓储管理

学习目标

◎ 知识目标

了解仓储管理的主要任务；了解仓储管理的内容；了解仓储安全管理的要求。

◎ 能力目标

熟悉仓储管理的主要任务；熟悉仓储管理的内容；掌握仓储管理的要求和方法；熟悉并掌握仓储安全的要求和方法。

第一节　仓储管理的概念

一、仓储管理的主要任务

仓储管理是指仓储企业利用其所具有的仓储资源而进行的计划、组织、控制和协调过程，其中包括储存空间的管理、物品管理、人事劳动、经营决策等一系列管理工作。

1. 以实现仓储经营的最终目标为原则组织管理

为实现仓储经营的最终目标，仓储管理涉及的内容主要有：内部行政管理、设备管理、财务管理、安全管理、库场作业管理等。

2. 以高效率、低成本为原则组织仓储作业

仓储作业应遵循高效、低耗的原则，充分利用仓储设备、先进的仓储技术、高效的管理手段，提高仓储利用率，降低成本，保持连续、稳定的仓储作业。仓储作业的核心在于充分利用先进的仓储技术，建立科学、高效的作业制度规程，实行严格的监督管理，其具体范围包括货物入仓、堆存、出仓的作业，仓储物的验收、理货交接，货物在库期间的保管照料、质量维护、安全防护等。

3. 利用市场经济手段获得仓储资源的最大配置

仓储管理需要利用其自身在市场中的优势吸引资源的投入，以获得效益的最大化。其具体任务包括根据市场供求关系合理选择仓储地址，以仓储产品类别差异确定仓储功能及其设施配置，合理优化仓储布局等。

二、仓储管理的基本原则

1. 经济效益原则

作为参与市场竞争的活动主体之一的仓储业，其生产经营活动应以经济效益最大化为目标而展开，但同时也应兼顾其应承担的社会责任，履行环保等社会义务，实现生产经营的社会效益。

2. 效率原则

仓储效率表现在仓容利用率、货物周转率、货物进出库时间、货物装卸时间等指标上。仓储的效率原则就是指以最少的劳动量投入，获得最大的产出。劳动量包括仓储设施、劳动力等方面。高效率要通过准确的核算、科学组织、合理的场所、空间的优化、机械设备的合理使用以及各部门人员之间的合作来实现。仓储作业现场的组织、规章制度的制定与执行、完善的约束机制是实现高效率的保证。

3. 服务原则

仓储服务的对象是其所服务的客户，因此仓储管理需要围绕其所提供的服务进行定位，即如何提供服务、改善服务、提高服务质量。仓储的服务水平与仓储经营成本存在一定程度的背反关系。仓储服务的管理原则就是在降低成本和提高服务水平两者之间寻找平衡点。

三、仓储管理的基本要素

仓储管理的基本要素包括仓储结构、仓储数量、仓储时间、仓储费用等。

1. 仓储结构

仓储结构是指仓储设施的结构和数量的结构。仓储管理涉及的仓储结构问题是指仓库存储物品的种类、规格、金额、储存量的比例关系，以及仓储设施的数量、类型等的关系。仓储服务的对象是仓储结构的决定因素。仓储结构应能反映市场需求的变化和物品的品种规格的变化以及它的保障程度。

2. 仓储数量

仓储数量是指为保证生产或流通顺利进行并可正常供应所需的数量。确定合理仓储量应考虑以下几方面：

（1）安全需要。防燃烧、防爆炸、防盗、防毒害、防腐蚀等。

易燃、易爆物品多属于危险品类。危险品应采用危险品仓库。危险品仓库设施必须装备有防火及防盗的监视、自动报警设备及消防用具。

仓储人员在有害物品环境中作业，要做好防护工作，如对腐蚀性物品作业时应穿好橡胶围裙、耐酸靴子并戴好手套；对放射性物品作业时要有警戒设备，预防射线泄漏；对有毒物品作业时可采用防毒面具。

（2）生产或市场的需要量。在其他因素不变的条件下，仓储量与需要量成正比，因此，仓储应保证生产和市场对需求量的满足要求。

3. 仓储时间

在保证需求的前提下，物品的储存时间应越短越好。

4. 仓储费用

仓储租费、保养维护费、利息支出等都能在一定程度上判断储存的合理程度。

第二节　仓储管理的内容

一、储位管理

1. 储位策略的确定

由于储存具有多种形式，必须根据物资需求及订购的特点，采取不同的方法来控制储存。确定储存系统何时进行补充（订货）及每次补充（订货）多少数量的决定就是储存策略。

为做好储存系统控制，首先要积累有关物资需求的历史统计资料，掌握计划期的生产消耗情况，预测计划期的物资需求量规律；其次要了解不同物资的提前订货时间；然后分析与储存有关的各项费用，做出合理的储存策略。

储存策略是由存储系统的管理人员做出的，因此，采用何种策略，既决定于所储存物资本身，又带有一定的人为因素。

常用的储存策略有：

（1）定量订购制策略。泛指通过公式计算或经验求得订货点和每次订货量，并且每当库存量下降到订货点时，就进行订货的储存策略。

（2）永续盘点制策略。采用这种策略需要确定订货批量 Q 和订货点 T 两个参数，即每供应一次就结算一次账，得出一个新的账面数字并和订货点进行比较，当库存量达到 T 时，就立即以 Q 进行订货。

（3）连续监控制策略。这种策略需要确定最高库存量 S 及订货点 T 两个参数。每当库存量达到或低于 T 时，就立即订货，使订货后的名义库存量达到 S，因此，每次订货的数量 Q 是不固定的。

（4）间隔监控制策略。这种策略需要确定记账间隔期 R、最高库存 S 和订货点 T 三个参数，即每隔一定时间整理账面，检查库存，当库存等于或低于 T 时，应立即订货使订货后名义库存量达到 S，因而每次实际订购批量是不同的，当检查实际库存量高于 T 时，不采取订货措施。

（5）定期订购制策略。即每经过一段固定的时间间隔了（称订购周期）就补充订货，使储存量达到某种水平的储存策略。

2. 储位系统管理

在仓库的存储区设计好之后，应建立仓库的物品与储位系统的每一个储位的一一对应关系。这种一一对应关系称之为“储位指派”，通过储位指派让仓库操作人员能很肯定的知道某物品被放在什么地方，使每一批次的每一种物品皆有一个“地址”，以便需要时马上可以找到。

储位指派法则主要有：

（1）可与随机储存策略、共用储存策略相配合。例如，利用“靠近出口法则”把刚刚到达的物品指派到离出口最近的空储位上。

（2）可与定位储存策略、分类（随机）储存策略相配合。例如，以周转率为基础法则来安排储位。首先，依物品的周转率由大到小排序，再将其分为若干段。依照定位或分类储存法的原则，指定储存区域给每一级的货品。周转率越高离出口越近。又如产品相关性法则。物品相关性大的在订购时往往会被同时订购，所以应尽可能存放在相邻的位置。以缩短拣取货物的路程，减轻劳动强度，同时使工作得以简化。

（3）先进先出的法则。所谓先进先出系指先保管的物品先出库。此一原则特别适合于寿命周期短的物品。

（4）物品特性法则。对于以下五类物品，必须按下列特殊要求进行储位指派：

① 易燃物品的储存：须在具有高度防护作用的建筑物内安装适当的防火设备的空间。

② 易被盗物品的储存：须装在有加锁的笼、箱或专库内。

③ 易腐烂物品的储存：需要储存在冷冻、冷藏或其他特殊的仓库内。

④ 易污损物品的储存：可使用专门的覆盖物（如塑料布、帆布等）。

⑤ 一般物品的储存：需储存在干燥及管理良好的库房，以应对客户需要随时提取。

二、物品的有效期和周转期管理

1. 物品的有效期管理

在仓储管理中，货品的有效期管理，特别是食品等的保质期管理尤为重要。例如连锁业的仓库在接受供货商送货时，把物品的生产日期检查作为重要内容之一。如果送来的物品，从生产之日算起已达到保质期的1/3了，则仓库拒绝入库。又如，当物品出货时，发现物品自生产之日起已达到2/3的保质期，则仓库便对此物品封仓、门店已点不到此物品；而计算机已通知采购业务人员与供货商联系，设法处理此库存物品。

2. 物品的周转期管理

库存周转率对于仓库的库存管理具有非常重要的意义。周转越快，在同额资金下的利益率就越高。

三、智能仓库管理

1. 智能仓库管理

智能仓库多数是属于自动化立体仓库。由于自动化立体仓库使用高层货架存储货物，存储区可以大幅度地向高空发展，充分利用仓库地面和空间，因此节省了库存占地面积，提高了空间利用率，目前世界上最高的立体仓库高度已达 50 m 立体仓库单位面积的储存量可达每平方米7.5 t，是普通仓库的5～10 倍。采用高层货架储存，并结合计算机管理，可以容易地实现先入先出，防止货物的自然老化、变质、生锈或发霉。立体仓库也便于防止货物的丢失及损坏，对于防火防盗等大有好处。集装箱化的存储也利于防止货物搬运过程中的破损。

2. 智能仓库管理的特点

智能仓库管理的特点主要有：

（1）自动存取。智能仓库使用机械和自动化设备，运行和处理速度快，提高了劳动生产率，降低操作人员的劳动强度。同时，能方便地纳入企业的物流系统，使企业物流更趋合理化。

采用自动化技术后，还能较好地适应黑暗、低温、污染、有毒和易爆等特殊场合的物品存储需要。如国内已有的冷冻物品自动化仓库和存储胶片的自动化仓库，在低温和完全黑暗的库房内，由计算机自动控制，实现货物的出入库作业，从而改善了工作环境，保证了安全操作，促进文明生产。

（2）计算机控制。计算机能够始终如一并且准确无误地对各种信息进行存储和管理，因此能减少货物处理和信息处理过程中的差错。而利用人工管理不能做到这一点。同时借助于计算机管理还能有效地利用仓库储存能力，便于清点和盘库，合理减少库存，加快储备资金周转，节约流动资金，从而提高仓库的管理水平。

自动化仓库的信息系统可以与企业的生产信息系统集成、实现企业信息管理的自动化。同时，由于使用自动化仓库，促进企业的科学管理，减少了浪费，保证均衡生产，从而也提高了操作人员素质和管理人员的水平。

由于仓储信息管理及时准确，便于企业领导随时掌握库存情况，根据生产及市场情况及时对企业规划作出调整，提高了生产的应变能力和决策能力。

由于使用自动化仓库，会带动企业其他部门人员素质的提高，还有其他间接的社会效益，如提高装卸速度等。

第三节　仓储安全管理

一、仓库的灭火与防火

仓库的消防问题主要涉及仓库的灭火与防火。

1. 发生燃烧的条件

火灾的发生，必须同时具备三个条件，即可燃物质、助燃物质以及火源。可燃物质包括火柴、草料、棉花、纸张、油品等；助燃物质，一般指空气中的氧和氧化剂；火源是指能引起可燃物质燃烧的热能源，如明火、电气火、摩擦冲击产生的火花、静电产生的火花、雷电产生的火花、化学反应（包括物品本身自燃、遇水燃烧和与性能相抵触的物质接触起火）等。

以上三个条件必须同时具备，并互相结合，相互作用，燃烧才能发生。因此防火和灭火的基本原理和一切防火措施都是为了破坏已经产生的燃烧条件，即主要采取隔离、窒息、冷却的办法，除掉造成燃烧的三个条件中的任何一个条件，使火熄灭。

2. 引起火灾的火源

火源实际上是具有一定温度的热能源，在一定的温度条件下，它可以引起可燃物质的燃烧，造成火灾。

在仓储过程中，能引起火灾的火源很多，一般说来可以分为：

（1）直接火源。主要有明火、电火花、雷电等。

（2）间接火源。主要有加热引燃起火、物品本身自燃起火等。

3. 消防的四级管理

根据“以防为主，防治结合”的方针，防火责任要层层落实。仓库防火一般可建立四级管理制度，即：仓库主管部门、仓库、分库或货区，基层班组或具体部位。各级都要有明确的职责范围和工作标准，都要有明确的防火负责人，实行谁主管谁负责的原则。负责人在调动时要有人接替，并要做好交接工作，在未有人接替前，原防火负责人不得离职。

4. 消防安全管理措施

在消防安全管理中，要注意做好火源管理、货物储存管理、搬运装卸管理以及电器设备的管理工作，制定相应的管理措施，更好地杜绝火灾的发生。

火源管理措施主要有：

（1）仓库应当在各醒目部位设置“严禁烟火”“禁止吸烟”等防火标志，提醒一切人员随时注意严禁烟火。

（2）仓库的生活区和生产区要严格划分隔开，并在区分处设警卫，对外来人员要做好宣传，动员他们交出火柴、打火机等火种，由门卫负责保管，防止把火种带入库区。

（3）对外来提送货物的车辆要严格检查，防止汽油、柴油、易燃易爆货物进入仓库。为向这些顾客提供方便可在库外设易燃品储存处，由专人负责管理。

（4）库房内严禁使用明火。库房外动用明火作业时必须办理动火证，经单位防火负责人批准，并采取有效的安全措施。动火证应注明动火地点、时间、动火人、现场监护人、批准人和防火措施等内容。

（5）库房内不准使用火炉取暖。仓库需要使用炉火取暖时，每个取暖点都要经过仓库防火负责人的批准，未经批准一律不许生火取暖。仓库要制定炉火管理制度，严格进行管理和检查，每个火炉也都要有专人负责。

5. 货物储存管理措施

货物储存管理的措施主要有：

（1）库存货物必须进行分区分类管理。严禁性质互抵货物、有污染或易感染货物、食品与毒品、容易引起化学反应的物品、灭火方法不同的物品相互混存。

根据公安部"仓库防火安全规则"的规定，按照火灾危险程度的不同，货物可分为甲、乙、丙、丁、戊五大类。在分区分类储存的同时，还应在仓库的醒目处标明库存货物的名称、主要特性和灭火方法。

（2）库存货物要进行合理的堆码苫垫，特别对能发生自燃的货物要堆通风垛，使之易散潮散热，以防此类货物因紧压受潮而积热自燃。露天储存此类货物要苫严垫好，防止水湿或阳光暴晒。

（3）露天存放货物要留出必要的防火间距，总储存量和建筑物之间的距离必须符合建筑设计防火规范的规定。

（4）对于有温、湿度极限的货物，要严格按规定安排适宜的储存场所。并要安置专用仪器定时检测。

（5）货物在入库前，要进行严格的检查和验收，确定无火种隐患后方可入库。

（6）暖库均要采取水暖，其散热器、供暖管道与库存货物的距离不少于0.3米。

6. 搬运装卸管理措施

搬运装卸管理的措施主要有：

（1）进入库区的所有机动车辆必须安装防火罩，防止排气管喷射火花引起火灾。

（2）汽油车、柴油车原则上一律不准进入库房。进入易燃易爆库房的电瓶车、电瓶叉车必须是防爆型的，必须装有防火花溅出的安全装置。

（3）各种机动车辆装卸货物后，不准在库区停放和修理。

（4）各种搬运机械设备要有专人负责、专人操作，严禁非司机开车。库内固定装卸设备需要维修时，应采取安全措施，经主管领导批准后方可进行。

（5）装卸作业结束后，应对库区、库房和操作现场进行检查，确认安全后方可离人。

7. 电器管理措施

电器管理的措施主要有：

（1）仓库的电器装置必须符合国家现行的有关电气设计和施工、安装、验收标准规范的规定。必须符合货物性质的安全规定，禁止使用不合格的保险装置。

（2）库房内不准设置移动式照明灯具，必须使用时需报消防部门批准，并有安全保护措施。

（3）库房内敷设的配电线路，需穿金属管或用非燃性硬塑料管保护。

8. 几种重要的灭火剂和消防器材

仓库应当根据物品性质，正确选用适当的灭火器、消防器材和扑救方法，以便有效地防止火灾事故的扩大和蔓延。

用于消防用的灭火剂和消防器材主要有：

（1）水。水是仓库消防的主要灭火剂。但是水能导电，对电气装备不能用水来灭火，水更不能用于对水有剧烈反应的化学危险品（如电石、金属钾、保险粉等）的灭火。也不能用于比水轻、不溶于水的易燃液体（如汽油、苯类物品）的灭火。

（2）沙土。沙土是一种廉价的灭火物质。沙土可以扑救酸碱性货物的火灾和过氧化剂及遇水燃烧的液体和化学危险品的火灾。但要注意爆炸性物品（如硫酸氨等）不可用沙扑救，而要用冷却法即用旧棉被或旧麻袋，用水浸湿覆盖在燃烧物上。

（3）灭火器。灭火器是一种轻便、易用的消防器材。主要有以下几种类型：

① 泡沫灭火器适宜于扑救汽油、煤油、柴油、苯、香蕉水、松香水等易燃液体的火灾。在扑救电气火灾时，应先切断电源。提取灭火器时要注意筒身不宜过度倾斜。

② 二氧化碳灭火器对扑灭电气、精密仪器、电子设备、珍贵文件、小范围的油类等发生的火灾最适宜，但不宜用于金属钾、钠、镁等的灭火。

③"1211"灭火器适用于扑灭油类、有机溶剂、精密仪器等火灾。它的绝缘性能好，灭火时不污损物品，灭火后不留痕迹，并有灭火效率高速度快的优点。

干粉灭火器具有无毒、无腐蚀、灭火速度快的优点。适用于扑灭油类、可燃气体、电气设备等的火灾。

（4）自动消防设备。常见的自动消防设备有离子烟感火灾探测报警器、光电烟感报警器、温感报警器、紫外火焰光感报警器、红外火焰光感报警器和自动喷洒灭火装置等。

9. 特殊货物火灾的扑救

有的特殊货物仓库的消防工作有其特殊的要求，其火灾的扑救工作也有其特殊的方法。

爆炸品引起的火灾主要用水扑救，氧化剂起火大多数可用雾状水扑救，也可以分别用二氧化碳灭火器、泡沫灭火器和沙土扑救。

易燃液体用泡沫灭火器最有效，也可用干粉灭火器、沙土、二氧化碳灭火器扑救。由于绝大多数易燃液体都比水轻，且不溶于水，故不能用水扑救。

易燃固体，一般可用水、沙土和泡沫灭火器、二氧化碳灭火器等扑灭火灾。

毒害性物品失火，一般可用大量水扑救，液体有毒的宜用雾状水或沙土、二氧化碳灭火器。但其中氰化物着火，绝不能使用酸碱灭火器和泡沫灭火器，因为酸与氰化物作用能产生极毒的氢化氢气体，危害性极大。

腐蚀性物品中，碱类和酸类的水溶液着火可用雾状水扑救，但遇水分解的多卤化合物、氯磺酸、发烟硫酸等，绝不能用水扑救，只能用二氧化碳灭火器施救，有的也可用干沙土灭火。

另外，遇水燃烧物品，只能使用干沙土和二氧化碳灭火器灭火。自燃性物品的起火，可用大量水或其他灭火器材。压缩气体起火，可用沙土、二氧化碳灭火器、泡沫灭火器扑灭。放射性物品着火，可用大量水或其他灭火剂扑灭。

二、库场的排水防洪

仓库排水是指库房建筑、露天货场以及道路上雨水和雪水的排除，以及库房周围积水的排除。排水和防潮关系极为密切，通过排水系统排除积水或渗漏水，可以消除或减少库区天然水源，这是保证空气干燥，达到防潮目的的先决条件。

1. 库房建筑物排水

单层库房建筑物排水主要应考虑两个因素：

（1）屋面的坡度。屋面坡度的大小应根据屋面的防水构造与防水材料而定。

（2）屋面排水方式的选择。屋面的排水方式可分为无组织（即自由落水）和有组织（包括外排水和内排水）两种排水方式。仓库应根据自身库房的平面和剖面形状、面积、用途以及当地的气候条件等因素，综合考虑选择排水方式。

在多雨地区、出入库频繁的库房或楼库，应采用天沟、雨水斗及雨水管组成的有组织排水系统。而在少雨地区，一般的中小型库房则可以采用无组织的排水方式。

2. 货场排水

货场的排水主要包括露天货场排水和货场道路排水。露天货场排水直接影响着货物的保管，而货场道路排水则影响着装卸和搬运作业，因此必须有完善的排水设施。

货场的排水一般均由规划设置的沟渠利用高度差形成的水的自然落差排出。因此，在场区规划时就应考虑到排水条件，设计纵横、干、支等大小排水沟渠网络。排水沟渠有明渠排水系统和地下排水管道（下水道）系统两种。

3. 地下仓库的排水补漏

对于地下仓库中的水的管理原则为“以排为主，排堵结合”。地下仓库的排水补漏就是为了保证地下仓库内湿度条件最大限度地不受地下水影响以及仓库被覆层外的不同，对环氧胶浆的配方进行适当的调整。另外，压注是利用压缩空气将浆罐中的胶浆，沿管道经压浆嘴压注到裂缝中，其后用环氧树脂封闭腻子将其封住。因此，管理工作还包括空压机的运行管理。

4. 地下仓库地坪出水和返水的处理

地下仓库地坪出水、冒水和渗水是管理中较多出现的现象，如发现应及时根据不同情况做出排水处理。

一般的出水或渗水处，处理方法是在地坪上凿孔，开沟至排水系统，将水排定。然后回填小碎石块和水泥沙浆，再铺贴一层完整油毡，油毡上面再用防水沙浆找平抹光即可。对于地坪严重的出水、冒水和渗水，应在出水、冒水、渗水的中心部位凿（钻）孔至毛石，并与排水系统沟通，将水排定。然后将冒水处盖上混凝土预制板，然后用防水沙浆抹平。

返水透潮是地下仓库管理过程中经常能够遇到的，这类现象产生的原因，主要是排水系统处理不好，或管理不善造成堵塞或淤积，地下水排放不畅造成的。因此，对透潮、返水首先应检查和处理排水系统，使之排放地下水通畅、有效。同时对地坪亦要相应地做出防潮处理。处理方法一般可对地坪覆盖一层沥青混凝土，或加垫沥青纱垫层。

除上述关于地下仓库排水补漏的措施外，对于被覆层的轻微渗漏，亦可用防水剂，配合水泥、沥青等填塞渗漏部位进行补漏。

5. 库场防台防汛

在受台风、汛期影响比较多的仓库、堆场、仓库，应注意做好防台防汛工作。

库场防台防汛的工作措施主要包括以下几方面：

（1）建立组织，落实职责。如果仓库受台风、汛期的影响比较多，则一般应建立专门的防台防汛办公室，负责防台防汛的日常工作，包括制订相关工作和防范计划、收听天气预报、组织防台防汛检查、管理相关文件等工作。

在防台防汛过程中，为了保证各项工作的协调进行，也可以建立通信联络、货物供应、紧急抢救、机修、排水、消防等必要的临时专业小组，保证防台防汛过程顺利安全地完成。

（2）积极防范。首先是要做好防台防汛宣传工作，提高职工对自然灾害的认识。防台防汛是一项季节性工作，台风和暴雨造成的灾害是有一定的时间性和范围性的，但我们不能因为年年防汛汛不大，年年防台台不来的情况而产生麻痹思想和侥幸心理，这是很危险的。一旦出现险情，就会束手无策，给国家财产和人身安全带来严重后果。

仓储企业和部门平时要做到积极主动地与气象、电台联系了解汛情、台风动态，科学预见台汛情发展，克服盲目性，增强主动性。

在汛期中，要加强值班防备工作，职工应轮流值班，职能机构定员驻库值班，领导现场坐镇，以便必要时统一指挥，积极组织抢救。值班人员要坚守岗位，尽职尽责，当出现台汛险情时，要全力以赴，积极抢险救险。值班车辆，一般不能挪作他用。

(3) 有备无患。防汛所需的器材，如抽水泵、草（麻）袋、土（石）料等，应在台汛期到来之前，按预计需要，及早申请、调运、采购、备足，避免临时措手不及。

另外，应完善排水系统，水沟设置不合理或不足的要提前修建或改造，对现有水沟、地沟、阴沟要做全面清理，保证台汛期畅通无阻。

(4) 改善存储条件。在台汛期到来之前，应注意库房等建筑物的检查和维修，调整货位，加强苫垫，做到坚实牢固，风刮不开，雨打不透。

(5) 积极组织防台防汛演习。如果条件允许的话，可以在台汛前或台汛期间，搞一些防台防汛演习。通过演习可以检验仓库防台防汛措施的落实情况，同时也可以检阅和增强防台防汛队伍的“实战”能力，在演习中暴露出来的问题，也可以得到及时的改进。

(6) 做好防台防汛工作的记录存档。防台防汛工作年年要做，企业不但要建立健全相关的组织机构，配备人员，落实职责；而且还要建立防台防汛文件资料档案，做好各种记录、记载和汇总工作。如年降雨量、一次最大降雨量、年刮风次数（六级以上）、最大风力、防范措施的效用如何、有无损失、存在什么问题、有什么重大事件等。这项工作将为以后的防台防汛提供宝贵的资料和经验。

三、库场的防盗和安全保卫

货物的防盗和安全保卫是仓储企业或部门的一项重要工作。仓储企业或部门除了要明确一位主要领导负责治安保卫工作外，还应该建立各级治安保卫组织机构。一般来说，应根据仓库规模的大小、人员的多少、任务的繁简程度，适当地设置专职保卫科、组或警卫队、警卫员等专职机构或人员，专门负责仓储货物的防盗安全工作。各级组织都要明确负责人，明确职责范围和权限。除此之外，还可以建立维护内部治安秩序的群众性治安组织。

1. 人员管理

在安全保卫问题上的人员管理，包括对单位内部人员的管理和对外部人员的管理两个方面。

(1) 仓储企业或部门对单位内部人员的管理。通常是用严格的规章制度来进行约束的。同时，各级行政部门对本部门所辖人员应进行治安宣传和教育，一旦出现问题，则由保卫部门配合行政部门解决。

(2) 仓储企业或部门对单位外部人员的管理。主要是指对驻库员、押运员、火车调车员、提送货人员，联系业务人员、临时工以及探亲访友等人员的管理。

2. 货物管理

货物管理涉及两方面的问题：

(1) 一般货物安全管理。货物储存要分区分类，原则要求不同类型货物不能混存。货物在库储存，要有专人负责，保管员要经常检查。

（2）特殊货物安全管理。特殊货物系指稀有贵重金属材料及其成品、珠宝玉器及其他贵重工艺品、贵重药品、仪器、设备、化工危险品、特需物品等。储存此类货物除要遵循一般货物的管理制度和公安部门的管理规定外，还要根据这些货物的性质性能和特点制定专门的储存管理办法。

特殊货物安全管理的主要内容是：

① 设专库（柜）储存。储存场所必须要符合防盗、防火、防爆、防破坏等条件。根据情况可以安装防盗门、监视器、报警器等装置。外部人员严禁进入库房。

② 保管特殊货物要指定有业务技术专长的人员负责，并必须是两人以上，一人无收发权。

③ 要坚持严格的审批、收发、退货、交接、登账制度，预防在储存、运输、装卸、堆码、出入库等流转过程中发生丢失或错收错发事故。

④ 特殊货物要有特殊的保管措施；要经常进行盘点和检查，绝对保证账物相符。

⑤ 对过期失效和报废的易燃、易爆、剧毒、腐蚀、污染、放射性等货物，要按照公安部门和环保部门有关规定进行处理和销毁，不得随意处置。

3. 仓库治安检查制度

仓储企业或部门的治安检查，通常与防火安全检查同步进行。一般大型仓库要求执行四级安全检查制度，而一般中小型仓库也应该执行三级检查。

仓库检查的形式有内部自查；上级检查下级；外部抽查（公安部门、消防部门、街道联防等对企业检查）；内外部联合检查等多种形式。

仓库检查时间有经常性检查；定期检查，临时抽查（上级对下级、外部对内部临时确定的检查）；节假日检查（指在国庆、春节、新年、“五一”等节假日到来之前进行的检查）。

凡是安全检查都要做好记录。发现问题和隐患要及时向上级报告，并要认真研究，积极采取措施解决，预防事态扩大或事故发生。

4. 治安防范责任制和奖惩制度

根据单位治安工作的需要，各级部门和人员都应建立治安防范责任制，并进行相应的考核。各级治安防范责任制的内容大致包括以下几个方面：治安工作范围、职责任务、工作标准、规范要求、工作程序、考核办法、奖惩规定等。

乱纪行为的人员，要给予批评教育、经济处罚、行政处分直至报公安部门给予刑事处分。具体奖惩标准和办法应视具体情节，并结合本单位情况而定，但要贯彻精神鼓励与物质奖励相结合，批评教育和经济惩罚相结合的原则。

四、库场的技术安全管理

库场技术的安全管理主要是针对以下环节所应采取的有关措施。

1. 防雷

仓库主管应在每年雷雨季节来临之前应对防雷措施进行全面检查。主要应检查的有：

（1）建筑物维修或改造后是否改变了防雷装置的保护情况；

（2）有无因挖土方、铺设管线或种植树木而挖断避雷器接地装置；

(3) 避雷器各处明装导体有无开焊、锈蚀后截面过小而导致损坏折断等情况；

(4) 避雷器接闪器有无因接受雷击而熔化或折断；

(5) 避雷器瓷套有无裂缝、碰伤、污染、烧伤等；

(6) 避雷器引下线要求距地 2 m、一段的绝缘保护处理有无破坏；

(7) 避雷器支持物是否牢固，有无歪斜、松动；

(8) 避雷器引下线与支持物的固定是否可靠；

(9) 避雷器断接卡子有无接触不良；

(10) 避雷器木结构接闪器支柱或支架有无腐蚀；

(11) 避雷器接地装置周围土壤有无沉陷；

(12) 测量全部接地装置的流散电流。

2. 防静电

爆炸物和油品应采取防静电措施。防静电应设懂有关技术的专人管理，并配备必要的检测仪器，发现问题及时采取措施。库场每年应对防静电设施进行 1 ~ 2 次的全面检查，测试应当在干燥的气候条件下进行所有防静电设施都应保持干净，防止化学腐蚀、油垢玷污和机械碰撞损坏。

3. 电气设备安全管理

按火灾和爆炸危险场所分级确定对电气设备和线路的管理。库房及其他场所应在工作结束后切断电源。

电气设备除经常性检查外，仓库主管每年至少应当进行两次绝缘检查，发现问题及时修理。要防止配电线路短路、过载等情况的发生，禁止使用不合格的保险装置，禁止私接电器，凡有爆炸品的仓库不准使用碘钨灯和日光灯。吸湿机在开机时，机身应离堆垛 1 m 以上，排风口不得朝向堆垛，并应有专人看守，做到人走机停。

五、仓库卫生管理

仓库卫生管理对于仓库的高效运作有很大影响。仓库的卫生管理包括整理、整顿、清扫、清洁、素养五项内容。这种现场管理方法的目的在于通过整理、整顿、清扫、清洁和素养来保持良好的环境卫生，从而实现管理水平的提高，来保证设备的可靠运行及产品质量的可靠。以达到创造出一个有规律的、干净的、能目视管理的、高效高质的作业场所。

仓库卫生管理的具体内容是：

(1) 整理。将工作场所内的物品分类，区分要与不要的物品，并把不要的物品坚决清理掉，它是提高生产效率的开始。其目的是为了腾出更大的空间，防止物品混用、误用，创造一个干净的工作场所。

(2) 整顿。将必要的物品以容易找到的方式放置于固定场所，并做好适当的标志，最大限度内消除寻找。

(3) 清扫。工作场所，设备彻底清扫干净，使工作场所保持一个干净、宽敞、明亮的环境，使不足、缺点凸显出来。其目的是维护生产安全，减少工业灾害，保证品质。

(4) 清洁。经常性的做整理、整顿、清扫工作，并对以上三项活动进行定期与不定期的监督检查，使现场保持干净整洁。

(5) 素养。每个员工都养成遵章守纪的良好工作习惯，并且积极主动，富有团队合作精神。

典型案例

大连港散粮码头公司

大连港散粮码头公司隶属于大连港集团有限公司，由大窑湾和甘井子两个作业区组成，大窑湾作业区作为国际性深水枢纽港，与经济技术开发区和国际物流园毗邻。

甘井子作业区与吉林粮油运销总公司、中央储备粮大连直属库相邻，铁路、公路四通八达，集输运极为便利。现已成为东北三省和内蒙古地区粮食进出口的主要集散地。主要从事散粮转运业务，同时兼顾水泥、煤炭、钢材、杂货等转运业务，年设计通过能力1 000万 t。

公司现有生产泊位7个，其中8万t（吨）级泊位1个、5万t级泊位2个、2万t级泊位2个，3 000 t级泊位1个。现有仓容52.5万t散粮筒仓，其中33.5万 m^3 大豆、玉米筒仓，为广大粮食贸易商提供完善的期货仓储服务。现有高标准前后方堆场41万 m^2，粮食堆存能力27万t。3条铁路集疏运专业线路，为散粮周转提供配套服务。公司现有L18型散粮专用车500辆，通过续购、合资合作等可形成1 800辆散粮车的运力。

实　训

制定散粮筒仓防火防爆实施细则

实训目的

通过制定散粮筒仓防火防爆实施细则，了解和熟悉散粮筒仓防火防爆的要求。

实训内容

参照《交通部港口散粮筒仓防火防爆安全管理规程（试行）》，制定散粮筒仓防火防爆实施细则。

实训课时

4课时

实训要求

（1）下载《交通部港口散粮筒仓防火防爆安全管理规程（试行）》；

（2）制定散粮筒仓防火防爆实施细则。

检查标准

根据《交通部港口散粮筒仓防火防爆安全管理规程（试行）》，检查实施细则的制定情况是否符合要求。

自·测·练·习

一、单项选择题

1. 仓库的专业化程度主要影响因素有________。

A. 库存货物的种类　B. 仓库规模　C. 仓库的建筑类型　D. 仓库的功能

2. 氧化剂起火应采用________扑救。

A. 泡沫　B. 雾状水　C. 粉剂　D. 黄沙

3. 仓储数量是指为保证生产或流通顺利进行并可正常供应所需的________。

A. 数量　B. 定额　C. 指标　D. 参数

4. 仓储结构是指仓储设施的结构和数量的________。

A. 结构　B. 构造　C. 组成　D. 布局

5. 凡有爆炸品的仓库不准使用碘钨灯和________。

A. 紫光灯　B. 日光灯　C. 白炽灯　D. 防爆灯

二、多项选择题

1. 仓储管理的基本要素包括________。

A. 仓储结构　B. 仓储数量　C. 仓储时间

D. 仓储费用　E. 仓储等级

2. 从仓库安全需要考虑，必须：________。

A. 防燃烧　B. 防爆炸　C. 防盗

D. 防毒害　E. 防腐蚀

3. 常用的储存策略有：________。

A. 定量订购制策略　B. 永续盘点制策略　C. 连续监控制策略

D. 间隔监控制策略　E. 定期订购制策略

4. 进行储位指派时，应考虑下列特殊要求：________。

A. 易燃物品的储存　B. 易被盗物品的储存　C. 易腐烂的物品的储存

D. 易污损物品的储存　E. 一般物品的储存

5. 二氧化碳灭火器对扑灭下列物品引起的小范围火灾最适宜：________。

A. 电气　B. 精密仪器　C. 电子设备

D. 珍贵文件　E. 书籍

三、是非题（正确的打“√”，错误的打“×”）

1. 爆炸物和油品应采取防静电措施。（　）

2. 库存周转率对于仓库的库存管理具有非常重要的意义。（　）

3. 仓库卫生管理对于仓库的高效运作有很大影响。（　）

4. 毒害性物品失火，一般可用大量水扑救。（　）

5. 仓储作业应遵循高效、低耗的原则，充分利用仓储设备、先进的仓储技术、高效的管理手段，提高仓储利用率，降低成本，保持连续、稳定的仓储作业。（　）

四、思考题

1. 仓储管理的主要任务是什么？

2. 仓储管理的基本要素是什么？
3. 仓储管理中储位策略如何确定？
4. 仓储管理的内容主要有哪些？
5. 仓储安全管理主要涉及哪些方面？

第七章

特殊仓储管理

学习目标

◎知识目标

了解特殊仓储管理涉及的内容；了解冷库管理的内容；了解粮库管理的内容；了解油库管理的内容；了解危险品仓库管理的内容。

◎能力目标

熟悉和掌握冷库管理的要求和方法；熟悉和掌握粮库管理的要求和方法；熟悉和掌握油库管理的要求和方法；熟悉和掌握危险品仓库管理的要求和方法。

第一节　冷库管理

一、冷库的种类

冷库是采用机械制冷方法，创造特定温度和相对湿度的条件，加工和储存食品、工业原料、生物制品以及医药等物品的保温仓库。冷库起着促进农副业生产、调剂市场季节供应、配合完成出口任务的作用。冷库结构复杂，造价高，技术性较强。因此，冷库的使用、维修、管理必须认真执行有关规章制度，建立健全岗位责任制，做到优质、安全、卫生、低消耗。

1. 按用途分类的冷库

冷库按用途分类的种类主要有保鲜库、气调保鲜库、冷藏库、速冻库等。

（1）保鲜库。保鲜库（2～5 ℃）主要用于储藏果蔬、蛋类、药材、保鲜干燥等。保鲜库的投入使用是现代水果蔬菜保鲜储藏的主要途径。保鲜储藏是为了抑制微生物繁殖和酶的活性，延长水果蔬菜保存期的一种方式。水果蔬菜的保鲜温度范围 0～15 ℃，保鲜储藏可以降低病源菌的发生率和果实的腐烂率，还可以减缓果品的呼吸代谢过程，从而达到阻止衰败，延长储藏期的目的。现代冷冻机械的出现，使保鲜技术可以在快速冻结以后再进行，大大提高了保鲜储藏水果蔬菜的品质。

（2）气调保鲜库。气调保鲜库气调储藏，简称“CA”储藏，是一种先进的水果蔬菜保鲜储藏新方法。气调储藏实质是在保鲜基础上增加气体成分调节，通过对储藏环境中温度、湿度、二氧化碳、氧浓度和乙烯浓度等条件的控制，抑制果蔬呼吸作用，延缓新陈代谢过程，较之普遍保鲜能更好地保持果蔬的鲜度和物品性，延长储藏期和销售货架期。

气调储藏能够最大程度地达到果蔬储藏最适宜的条件，其效果如下：

① 抑制呼吸作用，减少有机物质的消耗，保持果蔬优良风味和芳香气味。

② 抑制水分蒸发，保持果蔬新鲜度。

③ 抑制病源菌的滋生繁殖，控制某些生理病害的发生，降低果实腐烂率。

④ 抑制某些后熟酶的活性，抑制乙烯产生，延缓后熟和衰老过程，长期保持果实硬度，有较长的货架期。

⑤ 果蔬在低氧环境中储藏，可以抑制霉菌的生长及病虫害的产生。

（3）冷藏库。冷藏库（－18～－15 ℃）主要用于储藏肉类、水产品及适合该温度范围的产品。冷藏库，是把需要冷藏和冻结的食品放在低温下作短期或长期储存的固定空间。一般来说冷藏是将有此需求的食品，为了保持它要求的温度保质储存。当温度降至－15 ℃以下时，食品冻结率较高，微生物和酶类基本上停止活动、生长，氧化作用也非常缓慢，因此食品可以储存较长时间，并有较好的冷藏质量。此外，冷藏食品还要求库内温度要相对稳定，温度过大的波动将会引起食物的腐烂变质。

（4）速冻库。速冻库（－35 ℃±2 ℃）主要用于速冻食品及工业，等特殊用途。所谓快冻结，是指食品迅速通过其最大冰晶生成区，当平均温度达到－18 ℃时而迅速冻结的方法。食品在冻结过程中会发生各种各样的变化，如物理变化（体积、导热性、比热、干耗变化等）、化学变化（蛋白质变性、色变等）、细胞组织变化以及生物和微生物的变化等。快速冻结食品的特点是最大限度地保持了食品原有的营养价值和色香味。也就是说，在冻结过程中必须保证使食品所发生的上述变化达到最大的可逆性。

快速冻结食品具有以下优点：

① 避免在细胞之间生成大的冰晶体；

② 减少细胞内水分的外析，解冻时汁液流失少；

③ 细胞组织内部浓缩溶质、食品组织、胶体以及各种成分相互接触的时间显著缩短，浓缩的危害性下降到最低程度；

④ 将食品迅速降低到微生物生长活动温度之下，有利于抵制微生物的增长及其生化反应；

⑤ 食品在冻结设备中停留时间短，有利于提高设备的利用率和连续性生产；大多数食品在温度降低到 -1 ℃时开始结冰，在 -5 ~ -1 ℃大部分冰晶生成，这个阶段叫做最高冰晶生成阶段。快速冻结可以使此阶段的冻结时间大大缩短，可以最快速度排除这部分热量，这对提高速冻食品的质量具有重要意义。

2. 按作业性质分类的冷库

按作业性质分类的冷库主要有：

（1）生产性冷库。生产性冷库配有相应的屠宰、加工车间和冻结车间，主要建在距货源产地较近的地区。

（2）中转性冷库。中转性冷库以储存经冷冻加工的食品为主，一般也有相应的屠宰、加工和冻结车间，主要建在口岸和交通方便的大中城市。

（3）综合性冷库。综合性冷库（见图 7 - 1）拥有较大的库容量，并有一定的冷却和冻结能力。它能起到生产性冷库和中转性冷库的双重作用，是我国目前普遍应用的一种类型。

图 7 - 1 综合性冷库

3. 按规模分类的冷库

根据冷库的规模可分大、中、小三种类型，储藏量在 5 000 t 以上的为大型冷库，储藏量在 500 ~ 5 000 t 的为中型冷库，储藏量在 500 t 以下的为小型冷库。

二、冷库管理的要求

1. 冷库的作业要求

冷库的作业要求是：

（1）对冷库的卫生要求。冷库应具有可供物品随时进出的条件，并要具备经常打扫、清洁、消毒、晾干的条件。冷库的外室、走廊、月台及附属车间等场所，都要符合卫生要求。冷库还应具有通风设备，以随时除去库内异味。冷库内的运输设备（如电梯设备）及所有衡量器（如地秤、吊秤等）都要经有关单位检查，保证完好、准确，并应具有完备的消防设备。

（2）对冷库内运输工具的要求。冷藏库中的设备工具和一切用具都要符合卫生要求。所有手拉车都要保持干净，并将运输肉和鱼的手拉车区分开来，要定期对运输工具消毒。

（3）对入库食品的要求。凡进入冷库保藏的食品必须新鲜、清洁，经过检查合格，如鱼类要冲洗干净，按种类和大小装盘，肉类及副产品要求修割干净、无毛、无血、无污染。食品冻结前必须进行冷却和冻缩工序，在冻结中不得有热货进库。食品在冷却过程中，库房温度保持在 0～1 ℃。当肉体内温度（指猪大腿肌肉厚处温度）达 0～4 ℃时冷却即完成。食品冻结时，库温应保持设计要求的最低温度，当肉体内温度不高于冷藏间 3 ℃时，冻结即告完成，例如冻结物冻藏间温度在 −18 ℃，食品冻结后温度必须在 −15 ℃以下。

（4）食品入库前的准备工作。在食品到达前，应当做好一切准备工作。食品到达后必须根据发货单和卫生检查证，双方在冷库月台上进行交接验收，并立即组织入库。在入库过程中，对带有强烈挥发性气体、腥味的食品和要求不同储藏温度的食品，以及需经处理的食品应用专库储藏，不得混放，以免相互感染或串味。已经腐烂变质、散发臭味、肉色发绿的肉类、鱼类，经过雨淋或水浸过的鲜蛋，用盐腌或盐水浸泡没有密封的食品，流汤、流水的食品及有臭味的食品不得入库。

（5）严格掌握库房的温、湿度。根据食品的自然属性和所需要的温、湿度选择库房，并力求保持库房温、湿度的稳定。对冻结物冷藏间的温度要保持 −18 ℃。库温只允许在短时间内有小的波动，在正常情况下温度波动不得超过 1 ℃。在大批冷藏食品进库、出库过程中，一昼夜升温不得超过 4 ℃。冷却物冷藏间在通常情况下，库房温度升降幅度不得超过 ±0.5 ℃，在进出库时冷库温度升高不得超过 3 ℃。

2. 冷库的合理使用和管理

冷库应按设计要求充分发挥冻结、冷藏能力，确保安全生产，保证产品质量，维护好冷库建筑结构。应设立专门机构和人员来管理冷库，责任落实到人。每一座库房，每扇库房门，每件设备工具，都要有人负责。

冷库是用隔热材料建筑的低温密封性库，具有怕潮、怕热气、怕跑冷气的特性，因此要把好冷、霜、水、门、灯这五关。

物品保管和卫生管理冷库要加强物品保管和卫生检疫工作，重视物品养护，保证质量，注意卫生，减少消耗损失。库内要求无污垢、无霉菌、无异味、无鼠害、无冰霜杂物，并有专职卫生检疫人员检查出入库物品。肉及肉制品在进入冷库时必须盖有卫生检疫印章或持有其他质量检验证件。

对库存物品要认真掌握其储藏安全期限，执行先进先出制度，经常进行定期或不定期的食品质量检查，并做好标记。每月进行一次物品排队。如果食品将要超过储藏期，或者发现有霉烂变质现象时，应及时处理。

冷库的合理使用和管理的要求如下：

（1）穿堂和库房的墙、地面、门、顶棚等都不得有冰、霜、水。

（2）库内排管和冷风机要及时进行冲霜、扫霜，以提高制冷效能。冲霜时，要及时清除冰、霜、水，要注意安全，做到速度快，要防止冷风机水盘内和库内积水、积冰。

（3）库内禁做多水性作业。

（4）没有经过冻结的热物品不准直接入低温冷藏库，以保证物品质量，防止带进热气，损坏冷库。

（5）要严格管理冷库门。物品出入库时，要随时关门。库门要求开启灵活，关闭严密。如有损坏要及时维修，防止跑冷气。凡接触外界空气的门均应设空气幕，减少冷热空气对流。库门内外要设有信号装置。

3. 冷库的合理利用

冷库必须注意合理使用仓容，提高库房利用率。要不断总结改进物品堆垛方法，安全、合理安排货位和堆存高度，在楼板允许负荷下，提高每立方米的堆垛数量，并要求堆垛牢固整齐，便于盘点、检查和进出仓。货垛与墙壁和排管应保持以下的距离：距低温库顶棚0. 2 m，距高温库顶棚 0. 3 m，距顶排管下侧 0. 3 m，距顶排管横侧 0. 2 m，距无排管的墙 0. 2 m，距墙排管外侧 0. 4 m，距风道喷风口中心（下侧）0. 3 m，距冷风机周围 1. 5 m。

库内要留有合理的走道，便于操作，保证安全。库内操作要防止运输工具碰撞库门、电梯门、柱子、墙壁、排管和制冷系统管道等作业设备，在易受碰撞处，应加保护装置。库内电气线路要经常维护，防止漏电，出库房要随时关灯。

第二节 粮库管理

一、粮库结构

1. 普通粮库

普通粮库是指根据粮食储存要求设计建造的普通仓库。一般普通粮库可以堆存袋粮或散粮。普通粮库（见图 7 –2）在作业上存在的问题主要是容量较小，劳动强度大，机械化程度低，作业效率低，谷物损耗大，粉尘污染大，以及储存能力小等。因此，普通粮库不能适应粮食的规模储存要求，以及机械作业的要求。特别在散粮储存的方式上，目前多采用圆筒机械化粮仓。

2. 圆筒机械化粮仓

圆筒机械化粮仓使用机械进行粮谷装卸、干燥、净除及保管等作业的大型散粮仓库，适用于散粮的储存。

圆筒机械化粮仓（见图 7 –3）主要由工作楼（塔）及储粮室两部分所组成。工作楼为多层钢筋混凝土结构，其中安装各种装置供粮谷装卸、净除、分类、干燥、计量及集中控制用。储粮室也是钢筋混凝土结构，由若干排筒仓联成，供保存粮谷用。筒仓形式有圆形、多边形与方形等，常见为圆形。机械化粮仓的主要设备有装卸用的吸粮机、粮谷水平移动用的带式输送机、向上提升用的垂直提升机、接料斗，以及除尘、干燥、计量、集中控制的装置等。机械化粮仓的优点是储存量大，装卸车船效率高，能加速车胎周转，劳动强度低。但建造费用较大，专用性强。

图 7－2　普通粮库

图 7－3　圆筒机械化粮仓

二、粮库的管理

粮食管理应依据《中央储备粮管理条例》依法进行管理。

1. 粮库的管理目标

粮库管理的总体目标是账实相符、质量良好、储存安全，储得进、调得动、用得上。粮库管理必须做到“一符”、“三专”“四落实”。“一符”是指“账实相符”；“三专”是指“专仓储存、专人保管、专账记载”；“四落实”是指“数量落实、质量落实、品种落实、地点落实”。

2. 粮库管理的主要内容

粮库管理的主要内容有：库点管理、出入库管理、账卡牌管理、安全保管、质量管理、离任交接管理、风险管理。

3. 粮食的出入库管理

国家储备粮必须存放于专门仓房，不得与非储备粮混存于同一粮库。对推陈储新时的出入库手续，根据粮食行政主管部门下达的轮换计划办理。

粮食出入库管理的主要内容有：

（1）账卡牌管理。粮库要做到仓外有专牌，仓内有专卡，储粮有专账。账卡牌的格式按国家储备粮样式制作。

《储备粮油专卡》一式四份，库内（囤、垛、罐上）挂一份，储粮单位、保管员各掌握一份，粮食行政主管部门保存一份。专卡要根据仓房调整、推陈储新、定期检测的情况及时记录和变更。变更后旧卡要由承储单位存档备查。

（2）粮食的安全保管。储备粮必须储存于质量完好的标准仓房，不得用简易仓房或露天储存。要配备符合国家标准或行业规定、质量完好的储运机械设备和粮情、品质检测设备仪器。

正常保管的粮食要全部采用“三低”（低温、低氧、低药量）、谷物制冷机、机械通风和粮情电子检测等科学保粮技术。

仓储管理要常年达到“一符四无”标准。储存期间，保管员要严格按照《粮油储藏技术规范》和“三检一化”制度的要求，定期检查粮温、水分、害虫等情况，认真做好粮情检测记录，发现问题及时向储备科长和粮库主任汇报，粮库主任要在粮情检查记录本上签署意见。

粮食行政主管部门负责每年的库存清查、粮油安全普查和年终的“一符四无”粮仓检查评比以及承储资格的年审考核工作。

(3) 粮食的质量管理。储备粮收购入库必须符合以下标准：国家标准中等以上的新粮，并符合粮食卫生标准正常储存期间要始终保持粮食品质良好，损失损耗不超规定标准，并由补贴费用补足损失损耗数量。

储备粮入库（收购、调入、进口、推陈储新）后，即对其质量等级和品质控制指标进行全面化验，将检测结果和生产年度等原始数据准确填入《储备粮油专卡》，储存期间，每半年要做一次质量等级和品质控制指标的全面检测，并详细填写《储备粮油专卡》，储备粮油出库（调出、出口、销售）时，也要有全面检测。

承储单位经检测，对于品质指标接近储备粮油品质控制指标的，要提前向粮食行政主管部门报告。粮食行政主管部门在接到报告后要尽快研究并提出处理意见，经批准后组织实施。

(4) 离任交接管理。各级粮库存管理人员，都要在离任时对库存进行交接。交接内容：账卡和实物。交接手续包括清查账目、清查实物。对清查出的账实差数查明原因、分清责任，并按有关规定查处发现的问题。有关离任交接情况要上报粮食行政主管部门备案。

(5) 风险管理。储备粮承储单位应在预测各种管理风险的基础上，积极主动对库存储备粮进行财产保险或采取其他防范措施。在发生各种灾害、危及储备粮油安全时，储粮单位必须全力抢险，尽最大努力保护和抢救储备粮油。

第三节 油库管理

1. 油库的组成

油库是由许多油罐组成的库区。油品按种类分别储存在不同的油罐内。油罐的形式按建筑形式分为地下式、半地下式及地上式油罐；按建造材料分为金属油罐及非金属油罐。

油库等级划分如下：

(1) 一级油库。一级油库总容量 50 000 m^3 及以上。

(2) 二级油库。二级油库总容量 10 000～50 000 m^3 以下。

(3) 三级油库。三级油库总容量 2 500～10 000 m^3 以下。

(4) 四级油库。四级油库总容量 500～2 500 m^3 以下。

2. 油罐的种类

油罐的种类主要有：

(1) 地下式油罐。油罐内最高液面低于附近地面最低标高 0.2 m 者。

(2) 半地下式油罐。油罐底埋入地下深度不小于罐高的一半，且罐内的波面不高于附近地面最低标高 2 m 者。

(3) 地上式油罐。油罐底的地面等于或高于附近地面最低标高者，以及油罐的埋入深度小于其高度之半者。

(4) 金属油罐。金属油罐是应用最广泛的储油容器。它具有安全可靠、耐用、不渗漏、施工方便、适宜储存各种油品等优点。

目前使用的金属油罐主要有拱顶油罐（见图7－4）、浮顶油罐（见图7－5）。

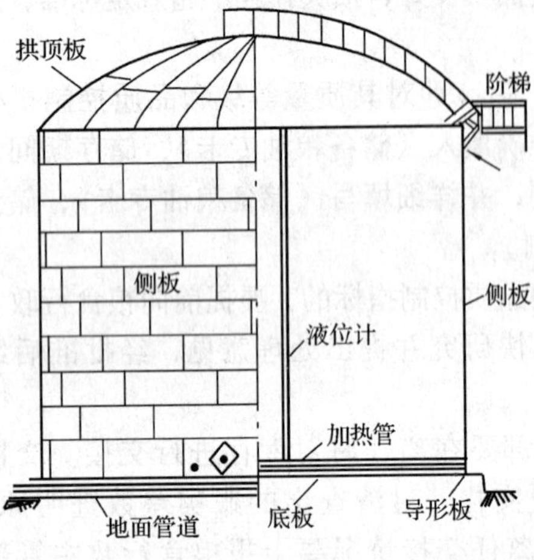

图7－4　拱顶油罐

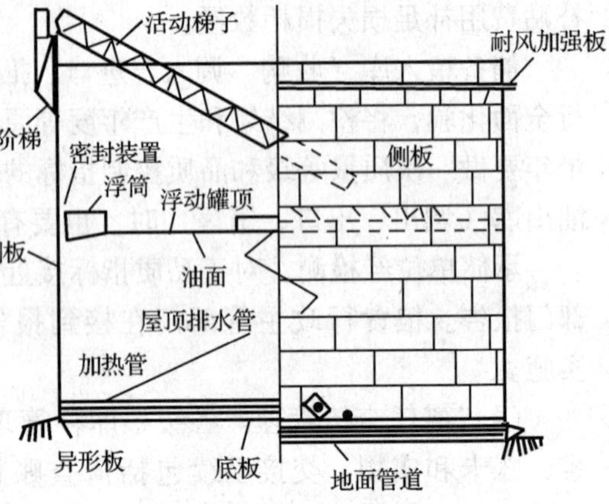

图7－5　浮顶油罐

拱顶油罐被广泛采用，用于储存除液化气以外的各种原料油、成品油等。拱顶本身是承重结构，罐内没有珩架和立柱，结构比较简单，钢材用量较少，承压能力也较高。

浮顶油罐的特点是顶盖直接放在油面上，随油品收发上下浮动，因此除了顶盖和罐壁之间的部分环形空间外，几乎全部消灭了气体空间，从而大大减少了油品的蒸发损耗。这种油罐广泛应用于储存原油。它的建造容积一般都在5 000 m^3 以上。目前大的原油浮顶罐容积已达150 000 m^3。

为了便于生产管理，保证安全，油罐应设置温度、液位等控制仪表及报警装置。为了保证油罐正常工作，应设置必要的附件，这些附件主要有梯子、栏杆、入孔、透光孔、量油孔、进出油短管、机械呼吸阀、液压阀、放水低阀、防火泡沫箱等。为了保证安全，油管还装有静电接地装置。大容积地面油罐还装有避雷针。

3. 油库的管理

油库管理的内容主要有：

(1) 安全管理。每月对油库进行一次定期安全检查，对检查中发现的问题，要分类排队，限期整改。油库要建立要求明确的出入库管理制度，出入库管理制度中主要包括：禁止一切人员因私事入库、住库，临时工人库必须佩戴证章，因公入库人员必须进行登记，严禁携带火柴、打火机、香烟及其他易燃易爆物品入库，各种汽车入库必须有防火帽、静电接地装置、灭火器材等项内容。

(2) 严格明火管理。库内电焊、气焊、化验等常用固定明火点，要加强管理，并不得擅自移位。在非固定点进行明火作业时，油库必须提出用火理由、地点、项目、工作量、施工人员、安全防范措施等。在油罐区、桶装油品储存区、轻油装卸作业区的用火要报经当地有关领导部门或消防部门批准；在其他场地的明火作业，要经过油库管理部门同意。油罐区的防火堤及防火堤以内，不准种植树木和其他作物。油库与周围其他单位、建筑物的安全距离，油库内部建筑的安全间距和明火作业点与其他建筑的安全距离，要符合《石油库设计规范》的规定。

（3）油库的“六防”规定。油库的“六防”规定是指油库的防汛防洪、防台风、防胀、防山火、防地震、防雷。

（4）油库防静电规定。对金属油罐，按周长计算每 30 m 要设一组静电接地装置，但周长不足 60 m 的油罐，静电接地装置不得少于两组，电阻值不得大于 10 Ω。油库中其他部位的防静电和防雷共用接地装置的电阻不得大于 100 Ω。接地装置技术要求符合有关规定。

（5）油罐汽车、火车、船舶装油规定。油罐汽车必须保持有效的静电接地胶带。在装油前先接好静电接地线。使用非导电胶管输油时，要用导线烙胶管两端的金属法兰进行跨接。油罐火车装油，必须将栈桥、鹤管、管道、槽车进行等电位连接。船舶装油时，要使作业管线的金属管口与油船的进油口保持金属接触，并用导线与岸上金属管进行跨接。

（6）油库的灌油和输油作业。采用装油鹤管输油时，要下伸到接近油罐、船仓底部间距不高于 200 mm 处（油船有输油管达到仓底者除外），严禁喷溅式进油（包括油罐输油）。套筒式鹤管，套筒间要进行金属跨接。严禁用塑料桶灌装汽油。灌油、输油的速度控制在 1 m/s之内，在出油口被浸没以后加大流速，但最高流速不得超过6 m/s。

（7）油库的计量、取样作业。油库都必须配备待有合格证的专职计量人员，二级以上油库要设置计量机构。接卸轻质油品静置时间，小于 15 m^3 的油罐汽车静置时间 2 min，15～50 m^3油罐火、汽车及储罐静置时间 3 min，50～5 000 m^3的储罐静置时间 10 min，大于 5 000 m^3的储罐静置时间 30 min 后才能进行计量。输油作业过程中进行测油高时，为防止静电放电，金属量油尺一端要和油罐跨接或用带木锤的绝缘皮尺测量油罐空间。取样筒、温度计的系绳须是铜链或棉麻绳，不得使用含有化纤材料的制品，不得使用化纤纱头。

（8）油库的消防管理。消防人员要悉消防设施的分布情况和灭火作战方案，熟练掌握消防设备、器材的操作技术和灭火要领，做好防火、灭火工作。地上小油罐库的罐区，必须配置的消防设施。油品收发作业区和桶装储存区必须设置消防器材。消防水池要经常存满水，池内不得有水草杂物。地下供水管线要常年允水，主干线阀门常开，地下管线每隔2～3 年要局部挖开检查，每半年冲洗一次管线。寒冷地区冬季放空管线水时，要保证 5 min 内将水送到最远油罐。

每天巡回检查消火栓，每月作一次消火栓出水试验。距消火栓 1.5 m 范围内，严禁堆放杂物。

（9）事故管理规定。各级油库发生事故，必须立即组织抢救，并按照规定向上级单位报告。油库发生的事故，要根据查不清事故原因不放过，当事人和职工受不到教育不放过，安全措施不落实不放过的原则，进行严肃处理。

（10）油库业务管理。油品入库接到发货方的启运通知和运输部门的车、船到达预报后，要及时做好接收准备。主管人员必须亲自检查准备工作情况，并到现场指挥。油品卸收完毕后，要及时办理入库手续，做好登记、统计工作。油品出库，必须根据发货凭证，检查发出油品的质量和数量。车、船到达前做好装运准备。车、船到达后，要检查车、船体技术状况、包装容器的完好和洁净程度，符合要求者，及时装运。

（11）油品质量管理。油库必须配备持有合格证的化验人员，二级以上油库要设置化验室。仓储部门要经常了解各作业环节油品质量的维护情况和存在的问题，采取措施加以改进。含硫量高、添加剂含量大、性质很不稳定的油品，如金工油、刹车油等，应尽量缩短储存期。油品化验周期：桶装油品6个月，罐装油品3个月。因储存条件变化，对油品质量有疑议时。要随时化验检质。油罐清洗周期：轻油、重柴油、润滑油罐不得超过3~5年，如发现油罐底部含水、杂多，影响油品质量时，随时进行清洗。

（12）设备管理。各级油库必须设有专职或兼职设备管理人员，负责设备运行管理，督促做好运行记录，按照规定定时定期提出小修、中修和大修计划，并监督实施。二级以上油库应有设备管理机构。

第四节　危险品仓库管理

一、危险货物的种类

凡具有燃烧、爆炸、腐蚀、毒害以及放射性等性质，在运输、装卸和保管过程中，如果处理不当可能会引起人身伤亡或财产毁损的物质或物品，统称为危险货物。

《国际海上运输危险货物规则》将危险货物分为九大类：即爆炸品；气体；易燃液体；易燃固体、易自燃物质和遇水放出易燃气体的物质；氧化物质（氧化剂）和有机过氧化物；有毒的（毒性的）物质和感染性物质；放射性物质；腐蚀性物质；杂类危险物质。

1. 第1类——爆炸品

爆炸品包括爆炸性物质、爆炸性物品以及为产生爆炸或烟火效果而制造的物质和物品。

所谓爆炸性物质是指通过其本身的化学反应产生气体，其温度、压力和速度能对周围环境造成破坏的某一固态或液态物质或一些物质混合物。

爆炸品按其危险性，又细分为六小项：

（1）具有整体爆炸危险（即实际上同时影响全部货物的爆炸）的物质和物品；

（2）具有喷射危险，但无整体爆炸危险的物质和物品；

（3）具有燃烧危险和较小爆炸危险，或者兼有此两种危险，但无整体爆炸危险的物质和物品；

（4）无重大危险的物质和物品；

（5）具有整体操作危险但极不敏感的物质；

（6）无整体爆炸危险性且极不敏感的物质。

爆炸品按其配装情况，又细分为十二小类。爆炸品如在一起能安全地积载或运输而不会明显增加事故率或在一定量的情况下不会明显增大事故后果，可以认为是“相容的”或“可配装的”。根据这一标准，本类质物又可分成十二个配装类，用英文字母A、L（不包括I）和S表示。爆炸品的配装应按其配装表（见表7-1）。

爆炸品的危险特性：爆炸性、燃烧性、毒性、窒息性等。

表 7－1 爆炸品配装表

配装类	A	B	C	D	E	F	G	H	J	K	L	S
A	×											
B		×										×
C			×	×	×		×[1]					×
D			×	×	×		×[1]					×
E			×	×	×		×[1]					×
F						×						×
G			×[1]	×[1]	×[1]		×					×
H								×				×
J									×			×
K										×		×
L											×[2]	
S		×	×	×	×	×	×	×	×	×		×

“×”表示可以在同一舱室、可移动弹药箱、货物集装箱或车辆中积载的相应配装类的货物。

注：1. 配装类 G 的物品（除烟火及需要特殊积载的物品外）只要同一舱室、可移动弹药箱、货物集装箱或车辆内没有爆炸性物质，可以与配装类 C、D 和 E 的物品一起积载。

2. 托运的配装类 L 的货物只能与同一类型的配装类 L 的货物一起积载。

2. 第 2 类——气体

本类包括永久性气体（指在环境温度下不能液化的气体）、液化气体（指在环境温度下经加压能成为液体的气体）、可溶气体（包括经加压后溶解在溶剂中的气体）及深度冷却的永久性气体（指在低温下加低压液化的气体）。

气体按其危险性可分为：

（1）易燃气体。这类气体自容器中逸出与空气混合，当其浓度达到爆炸极限时，如被点燃，能引起爆炸及火灾。

（2）非易燃气体。这类气体中有的本身不能燃烧，但能助燃，一旦和易燃物品接触，极易引起火灾。有的非易燃气体有窒息性，若处理不当，会引起人畜窒息。

（3）有毒气体。这些气体毒性很强，若吸入人体内，能引起中毒。有些有毒气体还有易燃、腐蚀、氧化等特性。

气体的危险特性：易燃性、爆炸性、窒息性、麻醉性、毒性、污染性等。

3. 第 3 类——易燃液体

易燃液体包括在闭杯试验 61 ℃（相当于开杯试验 65.6 ℃）以下时放出易燃蒸气的液体或液体混合物，或含有处于溶液中呈悬浮状态固体的液体（如油漆、清漆等）。

易燃液体按其闪点的大小分为三小项：

（1）低闪点类液体。闭杯闪点低于 －18 ℃的液体。

（2）中闪点类液体。闭杯闪点为 －18 ～23 ℃（不包括 23 ℃）的液体。

（3）高闪点类液体。闭杯闪点为 23 ～61 ℃（包括 61 ℃）的液体。

易燃液体的危险特性：挥发性、易燃性、爆炸性、麻醉性、毒害性、易积聚静电性、污染性。

4. 第 4 类——易燃固体、易自燃物质和遇水放出易燃气体的物质

本类是指除了划为爆炸品以外的，在运输情况下易于燃烧或者可能引起火灾的物质。

本类危险货物可分为以下三小项：

（1）易燃固体；

（2）易自燃物质；

（3）遇湿危险物质。

易燃固体的危险特性：易燃固体燃点低，对热、摩擦、撞击及强氧化剂作用较为敏感，易于被外部火源所点燃，燃烧迅速。

易自燃物质的危险特性：本类物质无论是固体还是液体都具有自然地发热及着火的共同特性。这类物质自燃点低，受外界热源的影响或本身发生生物化学变化，热量积聚而使其温度升高引起燃烧。

遇湿危险物质的特性：本类物质遇水发生剧烈的反应，放出易燃气体共产生一定热量。当热量使该气体的温度达到自燃点时或遇到明火时会立即燃烧甚至爆炸。

5. 第 5 类——氧化物质（氧化剂）和有机过氧化物

本类危险货物可分为以下两小项：

（1）氧化物质。氧化物质是一种化学性质比较活泼的，在无机化合物中含有高价态原子结构的物质，其本身未必燃烧，但通常因放出氧气能引起或促使其他物质燃烧。大多数氧化剂和液体酸类会发生剧烈反应，散发有毒气体。有些氧化剂具有毒性或腐蚀性，或被确定为海洋污染物。

（2）有机过氧化物。有机过氧化物是指其物质分子结构极不稳定，易于自行分解的物质。

有机过氧化物的危险特性：具有强氧化性，对摩擦、碰撞或热都极为敏感，易于分解，并放出易燃气体。受外界作用或反应时释放大量热量，迅速燃烧；燃烧又产生更高的热量，形成爆炸性反应或分解。有机过氧化物还具有腐蚀性和一定的毒性或能分解放出有毒气体，对人员有毒害作用。

6. 第 6 类——有毒的（毒性的）物质和感染性物质

本类危险货物可分为以下两小项：

（1）有毒的（毒性的）物质。它是指被吞咽、吸入或与皮肤接触易于造成死亡，重伤害或损害人体健康的物质。

（2）感染性物质。它是指含有微生物或它们的毒素，会引起或有可能引起人或动物疾病的物质。

有毒的（毒性的）物质的危险特性：几乎所有有毒的物质遇火时或受热分解时会散发出毒性气体。有些有毒的物质还具有易燃性。很多本类物质被认为是海洋污染物。

感染性物质的危险特性：主要是对人体或动物都有危害性的影响。

7. 第 7 类——放射性物质

本类包括自发地放射出大量放射线，其放射性比活度大于 70 kBp/kg 的物质。

在《国际海上运输危险货物规则》中，放射性物质放出射线量的大小用放射性活度、放射性比活度、辐射水平［单位为毫希沃特/小时（msv/h）］、运输指数（TI）来衡量。

为了确保运输安全，必须对运输指数进行有效的控制。在常规运输条件下，运输工具外部表面任何一点的辐射水平不得超过 2 msv/h，并且其 2 m 处不得超 0.1 msv/h。装在单一运输工具上的包件、集合包装、罐柜和货物集装箱的总数应以该运输工具上的运输指数总和应不超过《国际海上运输危险货物规则》“货物集装箱和运输工具的运输指数限值”表中所规定的数值。

8. 第 8 类——腐蚀性物质

本类包括在其原态时都或多或少地具有能够严重伤害生物组织，如从其包装中漏出也可损坏其他货物或运输工具的固体或液体。

腐蚀性物质是化学性质比较活泼，能与很多金属、有机物及动植物等发生化学反应，并使其遭到破坏。

腐蚀性物质的危险特性：具有很强的腐蚀性及刺激性，对人体有特别严重的伤害；对货物、金属、玻璃、陶器、容器、运输工具及其设备造成不同程度的腐蚀。腐蚀性物质中很多具有不同程度的毒性，有些能产生或挥发有毒气体而引起中毒。

9. 第 9 类——杂类危险物质

杂类危险物质具有多种的危险特性，每一杂类危险物质的特性都载于有关该物质的各个明细表中。

二、危险货物的隔离

危险货物隔离指的是为安全储存的需要，性质不相容的危险货物包件必须进行分隔。

各类危险货物相互之间的隔离，按照危险货物隔离表（见表 7 – 2）的要求，分为四个级：隔离 1 至隔离 4，即“远离”“隔离”“用一整个舱室或货舱隔离”和“用介于中间的整个舱室或货舱作纵向隔离”。

表 7 – 2　危险货物隔离表

类　别		1.1 1.2 1.5	1.3	1.4	2.1	2.2	2.3	3	4.1	4.2	4.3	5.1	5.2	6.1	6.2	7	8	9
爆炸品	1.1，1.2，1.5	•	•	•	4	2	2	4	4	4	4	4	4	2	4	2	4	×
爆炸品	1.3	•	•	•	4	2	2	4	3	3	4	4	4	2	4	2	2	×
爆炸品	1.4	•	•	•	2	1	1	2	2	2	2	2	2	×	4	2	2	×
易燃液体	2.1	4	4	2	×	×	×	2	1	2	×	2	2	×	4	2	1	×
无毒不燃气体	3.2	2	2	1	×	×	×	1	×	1	×	×	1	×	2	1	×	×
有毒气体	2.3	2	2	1	×	×	×	2	×	2	×	×	2	×	2	1	×	×
易燃液体	3	4	4	2	2	1	2	×	×	2	1	2	2	×	3	2	×	×
易燃固体	4.1	4	3	2	1	×	×	×	×	1	×	1	2	×	3	2	1	×
易自燃物质	4.2	4	3	2	2	1	2	2	1	×	1	2	2	1	3	2	1	×
遇湿时有危险的物质	4.3	4	4	2	×	×	×	1	×	1	×	2	2	×	2	2	1	×
氧化剂	5.1	4	4	2	2	×	×	2	1	2	2	×	2	1	3	1	2	×
有机过氧化物	5.2	4	4	2	2	1	2	2	2	2	2	2	×	1	3	2	2	×
毒害品	6.1	2	2	×	×	×	×	×	×	1	×	1	1	×	1	×	×	×
有感染性的物质	6.2	4	4	4	4	2	2	3	3	3	2	3	3	1	×	3	3	×
放射性物质	7	2	2	2	2	1	1	2	2	2	2	1	2	×	3	×	2	×
腐蚀品	8	4	2	2	1	×	×	×	1	1	1	2	2	×	3	2	×	×
杂类危险物质和物品	9	×	×	×	×	×	×	×	×	×	×	×	×	×	×	×	×	×

三、危险货物仓储管理

1. 危险货物仓储管理的基本要求

危险货物管理的基本要求是：

（1）储存危险物品的场所必须符合国家法律、法规和其他有关规定；

（2）危险物品必须储存在经公安部门批准设置的专门的危险化学品库中，经销部门自管仓库储存危险化学品数量必须经公安部门批准；

（3）露天堆放危险物品的必须符合防火防爆要求。爆炸物品、一级易燃物品、遇湿燃烧物品、剧毒物品不得露天堆放；

（4）储存危险物品的仓库必须配备有专业知识的技术人员，其仓库及场所应设专人管理，管理人员必须配备可靠的个人防护用品；

（5）储存的危险化学品应有明显的标志。同一区域储存两种或两种以上不同级别的危险品时，应按最高等级危险物品的性能标志；

（6）根据危险物品的危险性分区、分类、分库储存；

（7）储存危险品的建筑物、区域内严禁吸烟和使用明火。

2. 危险物品储存场所的要求

危险物品储存场所的要求是：

（1）储存危险物品的建筑不得有地下室或其他地下建筑，其耐火等级、层数、占地面积、安全疏散和防火间距应符合国家的有关规定。

（2）储存危险物品的地点及建筑结构的设置，除了应符合国家的有关规定外，还应考虑对周围环境和居民的影响。

（3）危险物品储存建筑物、场所消防用电设备应能充分满足消防用电的需要。

（4）危险物品储存区域或建筑物内输配电线路、灯具、火灾事故照明和疏散指示标志，都应符合安全要求。

（5）储存易燃、易爆危险物品的建筑，必须安装避雷设备。

（6）储存危险物品的建筑必须安装通风设备，并注意设备的防护措施。

（7）储存危险物品的建筑通排风系统应设有导除静电的接地装置。

3. 危险物品储存方式

危险物品的储存方式有：

（1）隔离储存。隔离储存是指在同一房间或同一区域内，不同的物料之间分开一定距离，非禁忌物料间用通道保持空间的隔离储存方式，储存要求应满足危险货物隔离要求。

（2）隔开储存。隔开储存是指在同一建筑或同一区域内，用隔板或墙将其禁忌物料分离开的储存方式，储存要求应满足危险货物隔离要求。

（3）分离储存。分离储存是指在不同的建筑物或远离所有建筑的外部区域内的储存方式，储存要求应满足危险货物隔离要求。

4. 危险物品储存管理

危险物品的储存管理的主要内容有：

（1）危险物品入库要检验，储存期间应定期养护，控制储存场所的温、湿度。

（2）危险物品出入库前，均应按合同检查，验收、登记后方可出入库。危险品库工作人员接收危险物品时，应按操作程序工作，以消除储存中的事故隐患。接收危险物品时，应清楚品名、编号、分子式、物理化学性质。进行入库验收，检查其包装有无水湿、雨淋或沾染其他物品，封口是否严密，有无破损漏撒；检查危险物品本身品质有无改变，必要时，应抽样检查，并做好记录；入库验收合格后方可入库，根据危险物品的危险特性，包装方式选择适当的码垛方式；装卸、搬运危险化学品时，应轻装轻卸，操作人员也应注意防护。

（3）储存危险物品必须配置相应的消防设施并配备经过培训的兼职和专职消防人员，有条件的还应安装自动监测系统、火灾报警系统和灭火喷淋系统。

（4）仓库工作人员应进行培训，经考核合格后持证上岗；装卸人员也必须进行必要的教育；消防人员除了应具有一般消防知识外，还应进行专门的专业知识培训，使其熟悉各区域储存的危险化学品种类、特性、储存地点、事故处理程序及方法。

（5）危险品库保管员除执行班前班后和风、雨、雪的前、中、后的安全检查外，还必须每3个月对库存危险品检查一次；保管员必须每日检查并记录仓库温、湿度，如达不到要求，采取通风或降潮措施；在危险品库工作，必须轻拿、轻放，防止摩擦、震动；验收、质量检查、开封包装必须在远离库房的安全地点进行，操作现场必须有专人指导，并采取相应的消防措施。

（6）危险品库工作人员必须熟悉各种危险品中毒的急救方法和消防灭火措施。

典型案例

黄岛油库事故

黄岛油库区始建于1973年，胜利油田开采出的原油由东（营）黄（岛）输油线输送到黄岛油库，再由青岛港务局油码头装船运往各地。黄岛油库原油储存能力7.6万 m^3，成品油储存能力约0.6万 m^3，是我国三大海港输油专用码头之一。

1989年8月12日9时55分，中国石油总公司管道局胜利输油公司黄岛油库发生特大火灾爆炸事故，19人死亡，100多人受伤，直接经济损失3 540万元。

1989年8月12日9时55分，2.3万 m^3 原油储量的5号混凝土油罐突然爆炸起火。到下午2时35分，青岛地区西北风，风力增至4级以上，几百米高的火焰向东南方向倾斜。燃烧了4个多小时，5号罐里的原油随着轻油馏分的蒸发燃烧，形成速度大约每小时1.5 m、温度为150～300 ℃的热波向油层下部传递。当热波传至油罐底部的水层时，罐底部的积水、原油中的乳化水以及灭火时泡沫中的水汽化，使原油猛烈沸溢，喷向空中，撒落四周地面。下午3时左右，喷溅的油火点燃了位于东南方向相距5号油罐37 m处的另一座相同结构的4号油罐顶部的泄漏油气层，引起爆炸。炸飞的4号罐顶混凝土碎块将相邻30 m处的1号、2号和3号金属油罐顶部震裂，造成油气外漏。约1 min后，5号罐喷溅的油火又先后点燃了3号、2号和1号油罐的外漏油气，引起爆燃，整个老罐区陷入一片火海。失控的外溢原油像火山喷发出的岩浆，在地面上四处流淌。大火分成三股，一部分油火翻过5号罐北侧1 m高的矮墙，进入储油规模为3万m^3全套引进日本工艺装备的新罐区的1号、2号、6号浮顶式金属罐的四周，烈焰和浓烟烧黑3号罐壁，其中2号罐壁隔热钢板很快被烧红；另一部分油火沿着地下管沟流淌，汇同输油管网外溢原油形成地下火网；还有一部分油火向北，从生产区的消防泵房一直烧到车库、化验室和锅炉房，向东从变电站一直引烧到装船泵房、计量站、加热炉。火海席卷着整个生产区，东路、北路的两路油火汇合成一路，烧过油库1号大门，沿着新港公路向位于低处的黄岛油港烧去。大火殃及青岛化工进出口黄岛分公司、航务二公司四处、黄岛商检局、管道局仓库和建港指挥部仓库等单位。下午6时左右，部分外溢原油沿着地面管沟、低洼路面流入胶州湾。大约600 t油水在胶州湾海面形成几条十几海里长，几百米宽的污染带，造成胶州湾有史以来最严重的海洋污染。

实训

制订油库消防应急预案

实训目的

通过制订油库消防应急预案，熟悉和掌握油库消防措施和方法。

实训内容

（1）制订储油罐着火预定灭火方案；

（2）制订油罐车着火预定灭火方案；

（3）制订油泵房着火预定灭火方案；

（4）制订作业场地着火预定灭火方案；

（5）制订对无法扑救的火灾预定方案。

实训课时

4课时

实训要求

根据油库性质以及消防条例，制订上述灭火方案。

检查标准

检查各灭火方案是否正确。

自·测·练·习

一、单项选择题

1. 危险品又称________危险货物，是指具有爆炸、易燃、毒害、腐蚀、放射性的物质。

A. 危险化学品　　B. 危险易燃品　　C. 易爆炸品　　D. 药品

2. 在散粮储存的方式上，目前多采用________。

A. 筒仓　　B. 粮仓　　C. 米仓　　D. 谷仓

3. 金属油罐是应用最广泛的储油________。

A. 工具　　B. 容器　　C. 盛器　　D. 方法

4. ________是一种先进的水果蔬菜保鲜储藏新方法。

A. 氧气储藏　　B. 气调储藏　　C. 低温储藏　　D. 速冻储藏

5. 危险品在________、装卸和储存过程中，容易造成人身伤亡和财产毁损而需要特别防护的货物。

A. 包装　　B. 运输　　C. 加工　　D. 配送

二、多项选择题

1. 危险物品储存方式有________。

A. 隔离储存　　B. 隔开储存　　C. 分离储存　　D. 远离储存　　E. 异地储存

2. 第 4 类危险货物可分为________。

A. 易燃固体　　B. 易自燃物质　　C. 遇湿危险物质

D. 易爆炸物质　　E. 干燥危险物质

3. 油库的六防规定是指________和防雷电。

A. 防汛防洪　　B. 防台风　　C. 防胀　　D. 防山火　　E. 防地震

4. 粮食出入库管理的主要内容有________等。

A. 账卡牌管理　　B. 粮食的安全保管　　C. 粮食的质量管理

D. 离任交接管理　　E. 风险管理

5. 对冷库作业要求主要有________。

A. 对冷库的卫生要求

B. 对冷库内运输工具的要求

C. 对入库食品的要求

D. 食品入库前的准备工作

E. 严格掌握库房的温度和湿度

三、是非题（正确的打“√”，错误的打“×”）

1. 粮库管理的总体目标是账实相符、质量良好、储存安全，储得进、调得动、用得上。（　）

2. 筒仓适用于袋装粮食的储存。（　）

3. 果蔬在低氧环境中储藏，可以抑制霉菌的生长及病虫害的产生。（　）

4. 冷库一昼夜升温不得超过 4 ℃。（　）

5. 普通粮库是指根据粮食储存要求设计建造的特殊仓库。（　）

四、思考题

1. 冷库有几种类型?
2. 冷库的作用有哪些?
3. 粮库的种类有几种?
4. 目前使用的油罐主要有几种?
5. 危险货物分为几类?

第八章

运输与配送

学习目标

◎知识目标

了解运输的概念；了解运输的作用与特点；了解运输的类型与方法；了解配送的概念和定义；了解配送的特点和作用；了解配送的类型与流程；了解配送中心的作业过程。

◎能力目标

熟悉运输的特点；熟悉运输设备的类型；掌握运输设备的选择和使用；掌握运输方法的选择；掌握配送的概念和定义；掌握配送的特点和作用；熟悉配送的类型与流程；熟悉和掌握配送中心的作业过程。

第一节 运　　输

一、运输的概念

运输是指将客户所需的物品通过运输工具以及一定的运输路线和其他设备从库场送达到客户手中的物流活动。

仓储运输可以从生产厂家直接到客户或经过批发商、零售商送到客户，也可以由仓库送至客户。仓储运输所采用的运输方式可以是公路运输、城市轨道运输、铁路运输或船舶运输，对快递则也可以采用航空运输。

如果单从运输的角度看，它是对干线运输的一种补充和完善，属于末端运输、支线运输。它以服务为目标，以尽可能满足客户要求为优先。从我国的实际出发，卡车的合理运距在 200 km 左右，而配送运输的经济里程大约在 30 km 以内。

影响运输效果的因素很多。动态因素，如车流量变化、道路施工、配送客户的变动、可供调动的车辆变动等；静态因素，如客户的分布区域、道路交通网络、车辆运行限制等。各种因素互相影响，很容易造成送货不及时、运输路径选择不当、贻误交货时间等问题。因此，对运输的有效管理极为重要，否则不仅影响运输效率和信誉，而且将直接导致配送成本的上升。为了在运输方法的选择上既实现有利于客户的便捷性、经济性，又实现有利于货物的安全性，应尽量避免不合理运输。

二、运输的特点

1. 时效性

快速及时，即确保在客户指定的时间内交货是客户最重视的因素，也是运输服务性的充分体现。影响运输时效性的因素有很多，除配送车辆故障外，所选择的运输线路不当、中途客户卸货不及时等均会造成时间上的延误，因此，必须在认真分析各种因素的前提下，用系统化的思想和原则，有效协调，综合管理，选择运输线路、运输车辆、送货人员，使每位客户在其所期望的时间能收到所期望的货物。

2. 安全性

运输的宗旨是将货物完好无损地送到目的地。影响安全性的因素有货物的装卸作业、运送过程中的机械振动和冲击及其他意外事故、客户地点及作业环境、配送人员的素质等，这些都会影响运输的安全性，因此，在运输管理中必须坚持安全性的原则。

3. 方便性

运输以服务为目标，以最大限度地满足客户要求为优先，因此，应尽可能地让顾客享受到便捷的服务，为客户提供真正意义上的便利服务。

4. 经济性

实现一定的经济利益是企业运作的基本目标，企业必须提高运输的效率，加强成本控制与管理，为客户提供优质、经济的运输服务。

三、运输的主要方式

运输的主要方式有公路运输、铁路运输、船舶运输和航空运输等。以公路运输为例，主要形式有公路整车运输、公路零担运输。

1. 公路整车运输

公路整车运输是指同一收货人、一批货物需要装运一辆3 t或3 t以上车辆的货物运输。

公路整车运输的载重量按一次配载的最大货物装载量计算。最大载重量不足车辆核定载重量时，按车辆核定载重量计算；未装足车辆核定载重量时，按车辆核定载重量核收运费。货物总重量不得超过车辆核定载重量。

公路整车运输通常采用直达运输，一般中间环节较少，送达速度快，运输成本较低。通常以整车为基本单位订立运输合同，以便充分体现整车配送运输的可靠、快速、方便、经济等特性。

整车货物运输过程由以下四个作业环节构成：

（1）运输准备作业环节。运输准备过程是指在进行运输之前所做的各项技术性准备工作，包括车型的选择、线路的组合与优化、装卸设备的配置以及运输过程的装卸工艺方案的设计等。

（2）基本运输作业环节。基本运输过程是运输生产过程中的中心环节，是指直接组织货物，从库场至客户地点完成货物空间位置移动的生产活动，包括起运点装货、车辆途中运行、终点卸货等作业环节。

（3）辅助运输作业环节。辅助运输过程是指为保证基本运输过程的正常进行而必须进行的各项辅助性生产活动。它主要包括运输车辆、装卸设备、基础设施的维护、修理作业，以及有关商务事故的预防、处理和费用的结算工作等。

（4）运输服务作业环节。运输服务过程是指贯穿于基本运输过程和辅助运输过程中的各项服务性工作，如行车燃料、润滑材料及配件的供给，配送货物的包装、储存及保险业务等。

2. 公路零担运输

公路零担运输是指几批或十几批货物需要装运一辆3 t或3 t以上车辆的货物运输。

公路零担运输的方式有直达零担运输、沿途零担运输和中转零担运输。公路零担运输应尽量组织直达零担运输。

四、运输合理化

1. 合理运输的含义

所谓合理运输，就是在实现货物从生产地至消费地转移的过程中，充分有效地运用各种运输工具的运输能力，以最少的人、财、物消耗，及时、迅速、按质、按量和安全地完成运输任务。其标志是：运输距离最短，运输环节最少，运输时间最短和运输费用最省。

2. 运输合理化的要素

运输合理化的影响因素很多，起决定性作用的有五方面的因素，称做合理运输的“五要素”。

（1）运输距离。在运输时，运输时间、运输货损、运费、车辆或船舶周转等运输的若干技术经济指标都与运距有一定的比例关系。运距长短是运输是否合理的一个最基本因素。

从宏观、微观看，缩短运输距离都会带来好处。

（2）运输环节。每增加一次运输，不但会增加起运的运费和总运费，而且必然要增加运输的附属活动，如装卸、包装等，各项技术经济指标也会因此下降。所以，减少运输环节，尤其是同类运输工具的环节，对合理运输有促进作用。

（3）运输工具。各种运输工具都有其使用的优势领域。对运输工具进行优化选择，按运输工具特点进行装卸运输作业，最大限度地发挥所用运输工具的作用，是运输合理化的重要一环。

（4）运输时间。运输是物流过程中需要花费较多时间的环节，尤其是远程运输，在全部物流时间中，运输时间占绝大部分，所以，运输时间的缩短对整个物流时间的缩短有决定性作用。此外，运输时间短，有利于运输工具的加速周转，充分发挥运力的作用，有利于货主资金的周转，有利于运输线路通过能力的提高，对运输合理化有很大贡献。

（5）运输费用。前文已言及运费在全部物流费中占很大比例，运费高低在很大程度上决定整个物流系统的竞争能力。实际上，运输费用的降低，无论对货主企业来讲，还是对物流经营企业来讲，都是运输合理化的一个重要目标。运费的判断，也是各种合理化措施是否行之有效的最终依据之一。

3. 不合理运输

不合理运输是在现有条件下可以达到的运输水平而未达到，从而造成运力浪费、运输时间增加、运费超支等问题的运输形式。

目前存在的主要不合理运输形式有：

（1）返程或起程空驶，空车无货载行驶。这可以说是不合理运输的最严重问题。在实际运输组织中，有时候必须调运空车，从管理上不能将其看成不合理运输。但是，因调运不当，货源计划不周，不采用运输社会化而形成的空驶，是不合理运输的表现。造成空驶的不合理运输主要有以下几种原因：第一，能利用社会化的运输体系而不利用，却依靠自备车送货提货，这往往出现单程重车、单程空驶的不合理运输；第二，由于工作失误或计划不周，造成货源不实，车辆空去空回，形成双程空驶；第三，由于车辆过分专用，无法搭运回程货，只能单程实车、单程回空周转。

（2）对流运输。亦称“相向运输”“交错运输”。指同一种货物或彼此间可以互相代用而又不影响管理、技术及效益的货物，在同一线路或平行线路上作相向运输。

（3）托运方式选择不当。对于货主而言，这是未选择最好托运方式，造成运力浪费及费用支出加大的一种不合理运输。例如，应选择整车而采取零担托运，应当直达而选择了中转运输，应当中转运输而选择了直达运输等，都属于这一类型的不合理运输。

4. 实现合理运输的途径

实现合理运输的主要途径有：

（1）在不增加运输设备情况下增加运输量。例如，水运中拖带竹、木等物资的运输，可利用竹、木本身的浮力，不用运输工具载运。采取拖带法运输可省去运输工具本身的动力消耗。再如将无动力驳船编成一定队形，用拖轮拖带行驶，可以获得船舶装载运量大的优点，求得合理化。

顶推运输是我国内河货运采取的一种有效方法，是将内河船舶编成一定队形，由机动船顶推前进的航行方法。其优点是航行阻力小，顶推量大，速度较快，运输成本很低。

（2）汽车挂车。汽车挂车的原理和船舶拖带、火车加挂基本相同，都是在充分利用动力能力的基础上，增加运输能力。

（3）发展社会化的运输体系。运输社会化的含义是发展运输的大生产优势，实现专业分工，打破一家一户自成运输体系的状况。

（4）开展中短距离“以公代铁”的运输。这一措施的要点是在公路运输经济里程范围内，或者经过论证超出通常平均经济里程范围内，也尽量利用公路进行运输。这种运输合理化的表现主要有两点：一是用公路分流后，对比较紧张的铁路运输可以得到一定程度的缓解，从而加大这一区段的运输通过能力；二是充分利用公路从门到门和在中途运输中速度快且灵活机动优势，实现铁路运输服务难以达到的水平。

目前，我国“以公代铁”的运输方式在杂货、日用百货运输及煤炭运输中较为普遍，一般在 200 km 以内，有时可达 700 ~ 1 000 km。

（5）尽量发展直达运输。直达运输是追求运输合理化的重要形式，其对合理化的追求要点是通过减少中转过载换载，从而提高运输速度，省却装卸费用，降低中转货损。直达的优势，尤其是在一次运输批量和用户一次需求量达到了一整车时表现最为突出。

但直达运输的合理性也是在一定条件下才会有所表现的，要根据用户的要求，从物流总体出发，作综合判断。如果从用户需要量看，批量大到一定程度，直达是合理的；批量较小时，中转是合理的。

（6）配载运输。这是充分利用运输工具载重量和容积，合理安排装载的货物，采用合理的载运方法，以求得合理化的一种运输方式。配载运输也是提高运输工具实载率的一种有效形式。

配载运输往往是轻重货物混合配载，以重质货物运输为主，同时搭载一些轻泡货物，如海运矿石、黄沙等重质货物，在舱面捎运木材、毛竹等，铁路运矿石、钢材等重物上面搭运轻泡农、副产品等。

（7）“四就”直拨运输。“四就”直拨是减少中转运输环节，力求以最少的中转次数完成运输任务的一种形式。“四就”直拨是指就厂、就站（码头）、就库、就车（船）运输，货物直接分送给用户，而无需再入库。

（8）发展特殊运输技术和运输工具。依靠科技进步是运输合理化的重要途径。例如，采用专用散装车、罐车、大型半挂车、滚装船、集装箱船等。

（9）通过流通加工使运输合理化。有不少产品，由于产品本身的形态及特性问题，很难实现运输的合理化，如果进行适当加工，就能够有效解决合理运输问题。例如，将造纸材料在产地预先加工成干纸浆、轻泡产品成组、水产品及肉类预冷冻等。

五、车辆积载

车辆积载是指车辆根据车辆货物配载计划所进行的装载过程。配送车辆积载的好坏直接影响仓库的配送质量。

由于需配送的货物的比重、体积以及包装形式各异，在装积载时，既要考虑车辆的载重量，又要考虑车辆的容积，使车辆的载重量和容积都能得到有效地利用，配送车辆配积技术要解决的主要问题就是在充分保证货物质量和数量完好的前提下，尽可能提高车辆在容积和载货两方面的装载量，以提高车辆利用率，节省运力，降低配送费用。

1. 车辆积载的原则

车辆积载的原则是根据客户的配送顺序按货物“后送先装”的顺序装车。但积载过程有时为了有效地利用空间，还应考虑货物的性质（怕震、怕压、怕撞、怕湿）、形状、体积及质量等并作出某些调整。如能根据这些选择恰当的装卸方法，并能合理地进行车辆积载工作，则可使货物在配送运输中货损、货差减少，既能保证货物完好和完全运输，又能使车辆的载重能力和容积得到充分的利用。

车辆积载时应遵循以下原则：

（1）轻重搭配的原则。车辆装货时，重不压轻，大不压小，轻货应放在重货上面，包装强度差的应放在包装强度好的上面。必须将重货置于底部，轻货置于上部，避免重货压坏轻货，并使货物重心下移，从而保证运输安全。

（2）大小搭配的原则。如到达同一地点的同一批配送货物，其包装的外部尺寸有大小，为了充分利用车厢的内容积，可采取不同尺寸大小的货物在同一层或上下层的合理搭配，以减小厢内留有的空隙。货与货之间，货与车辆之间应留有空隙并适当衬垫，防止货损。尽量做到“后送先装”。由于配送车辆大多是后开门的厢式货车，故先卸车的货物应装在车厢后部，靠近车厢门，后卸车的货物装在前部。

（3）货物性质搭配的原则。拼装在一个车厢内的货物，其化学属性、物理属性不能互相抵触。由于在交运时托运人已经包装好而承运人又不得任意开封，因此，厢内货物因性质抵触而发生损坏，由此造成承运人损失者，托运人应负赔偿责任。为了减少或避免差错，尽量把外观相近、容易混淆的货物分开装载。不将散发臭味的货物与具有吸臭性的食品混装；尽量不将散发粉尘的货物与清洁货物混装。切勿将渗水货物与易受潮货物一同存放。

（4）到达同一地点的适合配装的货物应尽可能一次积载。

（5）确定合理的堆码层次及方法。可根据车厢的尺寸、容积、货物外包装的尺寸来确定。包装不同的货物应分开装载，如板条箱货物不要与纸箱、袋装货物堆放在一起；具有尖角或其他突出物的货物应和其他货物分开装载或用木板隔离。

（6）积载时不允许超过车辆所允许的最大载重量。

（7）积载时车厢内货物重量应分布均匀。

（8）应防止车厢内货物之间碰撞、玷污。货与货之间，货与车辆之间应留有空隙并适当衬垫，防止货损；装货完毕，应在门端处采取适当的稳固措施，以防开门卸货时，货物倾倒造成货损或人身伤亡。免损伤其他货。

2. 车辆积载的工作组织

货物运输工作的目的在于不断谋求提高装卸工作质量及效率，加速车辆周转，确保物流效率。因此，除了强化硬件之外，在配积载过程要做好组织工作。

车辆积载的组织工作主要有：

（1）制订合理的配积载方案，采用“就近装卸”法或用“作业量最小”法。在进行装卸工艺方案设计时，应该综合考虑，尽量减少“二次搬运”和“临时放置”，使搬运装卸工作更合理。

（2）提高装卸作业的连续性。装卸作业应按流水作业原则进行，工序间应合理衔接，必须进行换装作业的，应尽可能采用直接换装方式。

（3）装卸地点相对集中或固定。装载、卸载地点的相对集中，便于装卸作业的机械化、自动化，可以提高装卸工作效率。

（4）力求装卸设施、工艺的标准化。为了促进物流各环节的协调，要求装卸作业各工艺阶级间的工艺装备、设施与组织管理工作相互配合，尽可能减少因装卸环节造成的货损货差。

（5）车辆的载重能力和容积要得到充分的利用，降低亏箱率。亏箱率的高低与采用的积载方法有关，所以，恰当的积载方法能使车厢内部的高度、长度、宽度都得到充分的利用。

3. 车辆积载作业

车辆积载的主要作业有：

（1）提高货物集装化或散装化作业水平。成件货物集装化、粉粒状货物散装化是提高作业效率的重要方向，所以，成件货物应尽可能集装成托盘系统、集装箱、货捆、货架、网袋等货物单元，再进行装卸作业。各种粉粒状货物应尽可能采用散装化作业，直接装入专用车、船、库。不宜大量化的粉粒状货物也可装入专用的搬盘、集装箱内，以提高货物活性指数，便于采用机械设备进行装卸作业。

（2）改善车辆货物堆积作业。车辆货物堆积作业是在具体装车时，为充分利用车厢载重量而采用的方法，一般根据所配送货物的性质和包装来确定堆积的行、列、层数及码放的规律。

（3）改善车辆货物绑扎作业。为了保证货物在配送运输过程中完好，为避免车辆到达各客户点卸货开厢时出现货物倾倒而必须进行绑扎作业。

绑扎的形式有单件捆绑、成组化捆绑、分层分行分列捆绑；绑扎的方法有平行绑扎、垂直绑扎、相互交错绑扎等。

第二节 配 送

一、配送的一般概念

根据配送的本质，可以把配送作为一种以现代送货形式来实现资源最终配置的经济活动。配送的主要经济活动是现代送货，它以现代生产力、劳动手段为支撑，依靠科技手段实现配送。因此，它不同于传统意义上的简单送货。在社会再生产过程中，配送处于接近用户的那一段流通领域。

在运送货物过程中，如果不进行分拣、配货，有一件运一件，需要一点送一点，就会大大增加运力的消耗。而配送是利用有效的分拣、配货等理货工作，使送货达到一定的规模，并利用规模优势取得较低的送货成本。

配送是将物品“以最合理方式送交用户”，目的是为了避免过分强调“按用户要求”。对于配送者来说，必须以“要求”为根据，但是不能盲目，应该追求合理性，进而指导用户实现共同受益。因为用户的要求受用户本身的局限，有时在实际中会损失自我或双方的利益。从配送最终实现的环节来看，可以把配送描述为按用户订货要求，在仓库或其他物流结点进行货物配备，并以最合理方式送交用户的过程，因此，配送包含了接近用户资源配置的全过程。

由于配送的实质是从物流结点至用户的一种特殊送货形式，它区别于一般送货。一般送货可以是一种偶然行为的送货，而配送是一种有确定组织、确定渠道，有一套装备和管理力量、技术力量、有一套制度的体制形式。同时，配送采用高科技的送货方式，如自动分拣技术、自动识别技术、GPS技术等实现现代送货过程。

配送是从用户利益出发、按用户要求进行的一种物流活动，因此，在观念上必须明确配送企业的地位是服务地位而不是主导地位，从用户利益出发，在满足用户利益基础上取得本企业的利益。配送物流活动的出发点是“用户第一，质量第一”，所以，不能利用配送损伤或控制用户，更不能利用配送作为垄断部门、行业以及市场的手段。

配送不仅是将物品以恰当的时间、恰当的方式、恰当的费用最终传递给需求者，而且将优质的服务也传递给需求者，其完成的质量及其达到的服务水准最直观且具体地反映了物流系统对需求的满意程度。

从送货的功能看，其特殊性在于配送活动中从事送货的是专职流通企业，而不是生产企业，而且，配送是“中转”型送货过程，而非一般传统意义上的直达型送货过程。一般送货是生产企业生产什么送什么，有什么送什么。而配送则是以用户为驱动源，需要什么送什么。

配送包含了某一段的装卸、包装、流通加工、保管、运输等活动，但又不是这些活动的全部或全过程。因此，配送不能简单地等同于运输和其他物流功能的全部，它应是运输与其他活动共同构成的结合体。

配送可以将货物从物流结点一直送到用户的手中、仓库、营业现场、车间乃至生产线的起点。它是一项有计划的活动，即根据客户的需要以及从事配送企业的能力，有计划地进行现代送货活动，以满足客户预定的需要。

根据中华人民共和国国家标准《物流术语》（GB/T 18354—2001），“配送”被定义为：“在经济合理区域范围内，根据用户的要求，对物品进行拣选、加工、包装、分割、组配等作业，并按时送达指定地点的物流活动”。

一般来说，配送的本质一定是根据用户的要求，在物流据点内，如仓库、仓库等，进行分拣、配货等工作，并将配好的货物适时地送交收货人的过程。它是物流中一种特殊的、综合的活动形式。配送是商流与物流紧密结合的运作过程，既包含了商流活动，也包含了物流活动中若干功能要素。

二、配送方法

配送方法应该按不同用户的需求进行选择。目前配送方法主要有以下几种。

1. 按物品的种类和数量配送

按物品的种类和数量配送的方法主要有：

（1）少品种或单品种、大批量配送。当生产企业所需的物资品种较少，或只需某个品种的物资，而需要量较大、较稳定时，可采用此种配送形式。这种配送形式由于数量大，不必与其他物资配装，通常采用整车、整船的运输方式，如煤炭、矿砂运输等。

（2）少批量、多批次配送。由于消费者的需求不断在变化；市场的供求状况也随之变化，这就促使生产企业的生产向多样化方面发展，生产的变化，引起了企业对产品需求方面的变化，在配送上也应按照用户的要求，随时改变配送物资的品种和数量，或增加配送次数。

（3）设备成套、配套配送。为满足装配企业的生产需要，按其生产进度，将装配的各种零配件、部件、成套设备定时送达生产线进行组装的一种配送形式，如汽车总装厂等。

2. 按服务对象配送

按服务对象配送的方法主要有：

（1）企业对企业的配送。企业对企业的配送发生在完全独立的企业与企业之间，或者发生在企业集团的企业与企业之间。基本上是属于供应链系统的企业之间的配送供给与配送需求。

（2）连锁配送。属于连锁商业企业的内部配送。各连锁商店经营的物品、经营方式、服务水平、价格水平相同，配送的作用是支持连锁商店经营，故这种配送称为“连锁配送”。连锁配送的主要优势是：在一个封闭系统中运行，随机因素的影响比较小，计划性比较强，因此容易实现低成本的、高效率的配送。

（3）供应配送。生产企业为控制成本而采取的一种企业的内部配送。通常由高层主管统一进行采购，实行集中库存，按车间的或者分厂的生产计划组织配送，这种方式就是现在许多企业采用的“供应配送”。

（4）企业对消费者的配送。这是在社会配送体制下的一个大开放系统中所运行的配送，虽然企业可以通过会员制、贵宾制等方式锁定一部分消费者，从而可以采用比较容易实施的近似于连锁配送的配送方式。这种配送方式对服务水平的要求很高。最典型的是模式是BtoC（B2C）电子商务相配套的配送服务。

3. 按时间和物品数量配送

按时间和物品数量配送的方法主要有：

（1）定时配送。按规定时间和时间间隔进行配送，这一类配送形式都称为定时配送。

定时配送的时间，由配送的供给与需求双方通过协议确认。每次配送的品种及数量可预先在协议中确定，实行计划配送；也可以在配送之前以商定的联络方式（如电话、传真、计算机网络等）通知配送品种及数量。

定时配送这种服务方式，由于时间确定，对用户而言，易于根据自己的经营情况，按照最理想时间进货，也易于安排接货力量（如人员、设备等）。对于配送供给企业而言，这种服务方式易于安排工作计划，有利于对多个用户实行共同配送以减少成本的投入，易于计划使用车辆和规划路线。这种配送服务方式，如果配送物品种类、数量由比较大变化，配货及车辆配装的难度则较大，会使配送运力的安排出现困难。

（2）定量配送。按事先行协议规定的数量进行配送。这种方式数量固定，备货工作有较强的计划性，则比较简单也比较容易管理。可以按托盘、集装箱及车辆的装载能力来有效地选择配送的数量，这样能够有效地利用托盘、集装箱等集装方式，也可做到整车配送，配送的效率较高。定量配送这种服务方式，由于时间不严格规定，这样可以将不同用户所需物品凑整车后进行合理配装配送，运力利用也较好。

定量配送不仅有利于配送服务供给企业的科学管理，对用户来讲，每次接货都是同等数量的货物，这有利于人力、装卸机具、储存设施的配备。

（3）定时定量配送。按照规定的配送时间和配送数量进行配送。定时定量配送兼有定时、定量两种方式优点，是一种精密的配送服务方式。这种方式计划难度较大，由于适和采用的对象不多，很难实行共同配送等配送方式，因而成本较高，在用户有特殊要求时采用，不是一种普遍适用的方式。定时定量配送方是实际应用，主要在大量而且稳定生产的汽车、家用电器、机电产品的供应物流里面取得了成功。这种方式的管理和运作，一是靠配送双方事先的一定时期的协议为依据来执行；也常常采用“看板方式”来决定配送的时间和数量。

（4）定时定路线配送。在规定的运行路线上，制定配送车辆到达的时间表，按运行时间表进行配送，用户可以按照配送企业规定的路线及规定的时间选择这种配送服务，并到指定位置及指定时间接货。

采用这种方式有利于配送企业计划安排车辆及驾驶人员，可以依次对多个用户实行共同配送，无须每次决定货物配装、配送路线、配车计划等问题，因此比较易于管理，配送成本较低。

对用户而言，可以在确定的路线、确定的时间表上进行选择，又可以有计划的安排接货力量，虽然配送路线可能与用户还有一段距离，但由于成本较低，用户也乐于接受这种服务方式。

这种方式特别适合对小商业集中区和的商业企业的配送。商业集中区域交通较为拥挤，街道又比较狭窄，难以实现配送车辆“到门”的配送，如果在某一站点将相当多商家的货物送达，然后再用小型人力车辆将货物运回，这项操作往往在非营业时间内完成，可以避免上述矛盾对配送造成的影响。

（5）即时、应急配送。完全按用户突然提出的配送要求随即进行配送方式。这是对各种配送服务进行补充和完善的一种配送方式，这种配送方式主要应对用户由于事故、灾害、生产计划的突然变化等因素所产生的突发性需求；也应对一般消费者经常出现的突发性需求。这是有很高灵活性的一种应急方式也是大型配送企业应当具备的应急能力。有了这种应急能力，就能够支持和保障配送企业的经营活动。需要提出的是，这种配送服务实际成本很高，难以用作经常性的服务方式。

4. 加工配送

加工配送是和流通加工结合，通过流通加工后进行配送。

流通加工和配送结合，使流通加工更有针对性，减少盲目性。配送企业不但可以依靠送货服务、销售经营取得收益，还可以通过流通加工增值取得收益。对于用户而言，按用户要求，通过流通加工进行配送，使配送更能贴近用户的实际需求，这种配送方式大大提高配送的服务水平，不但使用户获得了配送的好处，也获得了流通加工的好处。

第三节　输配送作业

一、送货作业

送货作业也是仓库的核心活动，是备货和理货工序的延伸。在物流运动中，常常以货物的输配送来代表送货过程。通常仓库都使用自备的车辆进行送货作业，有时也借助于社会上专业运输组织的力量，联合进行送货作业。此外，适应不同用户的需要，仓库在进行送货作业时，可以采取定时间、定路线为固定用户送货，也可以不受时间、路线的限制，机动灵活地进行送货作业。

送货作业是将拣取分类完成之货品做好出货检查，装入合适的容器，做好标志，根据车辆趟次别或厂商别等指示将物品运至出货准备区，最后装车配送。

二、输配送管理

输配送属于运输中的末端运输、支线运输。输配送是物流据点间的货物移动，是区域间的货物移动。和一般运输形态的主要区别在于，输配送是指做较短距离、较小规模、频度较高的运输形式，是一种区域内的货物移动，比如从供货企业或供货点送达商店、顾客手中的物品移动，一般使用汽车做运输工具。以流通的观念来看，输配送是指将被订购的物品，使用卡车从制造厂和生产地送到顾客手中的物流活动。

输送与配送也存在差别。若以仓库作为物流据点，由制造厂将货物送到仓库的过程叫输送，其特点是少品种、大批量、长距离的运送；而从仓库将货品送到客户手中的活动称为配送，其特点是多频率、多样少量、短距离的运送。输送较重视运输效率，以尽可能多装满载为目标；而配送则以服务为宗旨，在许可的情况下，尽可能满足客户的服务要求。

输配送与干线运输的区别是，输配送的路线选择问题是一般干线运输所没有的。干线运输的干线是唯一的运输线，而输配送的配送用户较多，一般城市交通路线又较复杂，如何组合成最佳路线，如何使配装和路线有效搭配等，是输配送的特点，也是难度较大的工作。

如何有效地管理输配送是非常重要的。如果在这方面失误，会产生种种问题。如从接受订单到出货非常费时，配送效率低下，驾驶员的工作时间不均，货品在输配送过程中损坏或丢失等。同时，最直接的影响是输配送的费用超常。在输配送的管理中，不仅要对输配送人员的工作时间、重要情况做管理，而且还要加强对车辆利用（如移动率、装载率、空驶率等）的管控。

三、输配送服务要点

输配送服务是仓库输配送作业的最终和最具体直接的服务，其服务要点有下列几点：

1. 时效性

仓库的配装出货就是要确保能在指定的时间内交货，这是考核仓库作业水平的一项重要指标（准点率）。如输配送途中因意外不能准时到达，必须立刻与总部联系，由总部采取紧急措施，确保履行合同。通常，造成没有掌握输配送时效性的原因，除司机本身问题外，不外乎所选择的配送路径、路况不佳，或中途客户点的卸货耽搁及客户未能及时配合等。因此，上述问题皆需要引起重视，经常研究，并采取积极措施予以改善。

2. 可靠性

指将货品完好无缺地送达目的地，这是对仓库的输配送差错率、货损率的考核。要达到可靠性的目标，关键在于提高配送人员的素质，这就要求配送人员做到装卸货时细心、运送过程保护货品、对客户地点及作业环境了解、输配送操作要规范。

3. 沟通性

由于输配送人员要与客户直接接触，他们代表着公司的形象，因而其表现出的态度、反应会给客户留下深刻的印象。因此，一些物流企业把卡车司机和送货人员称做是“公司的形象大使”。为此，输配送人员与客户的沟通显然是非常重要的，它有利于巩固客户的忠诚度。

4. 便利性

输配送最重要的是要为客户提供方便。因而对于客户点的送货计划应具有一定的弹性。如紧急送货、信息传递、顺道退货、辅助资源回收等。

5. 经济性

满足客户的服务需求，不仅质量要好，价格也是客户重视的要素。仓库只有通过自身运作的高效率、物流成本的控制，以经济性来抓住客户。

四、输配送作业要求

1. 提高运行效率

着重抓住“距离最短”“时间最少”和“成本最低”。具体措施为：

（1）消除交错输送。可采取减少或消除交错输送的方式，例如，将原先直接由各生产厂送至各客户的零散路线由仓库来整合与调配转送，以此缓解交通混杂，大大缩短输配送距离。

（2）利用回程车，降低卡车的空驶率和运输成本。

（3）直接运送。

2. 输配送工具的变换选用

由于输配送不是简单的“送货上门”，而是运用科学而合理的方法选择配送车辆的吨位、配载方式，确定配送路线，以达到“路程最短、吨公里数最小”的目标。例如采用笼车作为发货的集装工具，可大大节约中间装卸环节，加快运输车辆的周转。

3. 建立完善的输配送信息系统

为了提高输配送作业的效率，仓库输配送信息系统应具有以下几项功能：

（1）最佳输送手段的自动检索。按交货配送时间、车辆最大装载量、开发的订货量、件数、重量来选择一个最经济的输配送方案。

（2）配车计划的最大生成。按照货物的形状、容积、重量及车辆能力等，由计算机自动安排车辆及装载方式。

（3）配送路线的自动生成。在信息系统中输入每一开发点的位置，由计算机自动找出最便捷的路径。

4. 改善运送车辆的通信系统

把握车辆及司机的状况，传达道路信息或气象信息，掌握车辆作业状况及装载状况，传递作业指示，传达紧急信息指令，有助于提高输配送运行效率。

5. 控制出货量

尽可能控制客户出货量，使其均衡化，能有效地提高输配送效率。

6. 协同配送

所谓“协同配送”是指由多家企业共同参与只由一家运输公司承担送作业的模式。

典型案例

家乐福中国及其运输决策

成立于1959年的法国家乐福集团是大型超级市场概念的创始者，目前是欧洲第一，全球第二的跨国零售企业，也是全球国际化程度最高零售企业。家乐福于1995年进入中国市场，最早在北京和上海开设了当时规模最大的大卖场。截至2011年年底，家乐福在中国31个城市相继开设了86家商店，拥有员工4万多人。家乐福中国公司经营的商品95%来自本地，因此家乐福的供货很及时，这也是家乐福在中国经营很成功的原因之一。家乐福实行是“店长责任制”，给各店长给予极大的权力，所以各个店之间并不受太多的制约，店长能灵活决定所管理的店内的货物来源和销售模式等。由于家乐福采用的是各生产商缴纳入场费，商品也主要由各零售商自己配送，家乐福中国总公司本身调配干涉力度不大，所以各分店能根据具体情况灵活决定货物配送情况，事实证明这样做的效果目前很成功。

家乐福中国在网络设计方面主要体现为运输网络分散度高，一般流通企业都是自己建立仓库及其配送中心，而家乐福的供应商直送模式决定了它的大量仓库及配送中心事实上都是由供应商自己解决的，受家乐福集中配送的货物占极少数。这样的经营模式不但可以节省大量的建设仓库和管理费用，商品运送也较集中配送来说更方便，而且能及时供应商品或下架滞销商品，不仅对家乐福的销售，对供货商了解商品销售情况也是极有利的。在运输方式上，除了较少数需要进口或长途运送的货物使用集装箱挂车及大型货运卡车外，由于大量商品来自本地生产商，故较多采用送货车。这些送货车中有一部分是家乐福租的车，而绝大部分则是供应商自己长期为家乐福各店送货的车，家乐福自身需要车的数量不多，所以它并没有自己的运输车队，也省去了大量的运输费用，从另一方面提高了效益。在配送方面，供应商直送的模式下，商品来自多条线路，而无论各供应商还是家乐福自己的车辆都采用了“轻重配载”的策略，有效利用了车辆的各级空间，使单位货物的运输成本得以降低，进而在价格上取得主动地位。而先进的信息管理系统也能让供应商在最短时间内掌握货架上其供销售的各种商品的货物数量以及每天的销售情况，补货和退货因此而变得方便，也能让供应商与家乐福之间相互信任的，建立了长期的合作关系。

实 训

根据案例写出配送流程

实训目的

通过案例分析，写出该案例的配送流程。

实训内容

案由

神户生协连锁超市公司把配送中心选在神户西宫市鸣尾沃地区。其理由是：第一，日本关西商业经营的重心在大阪，配送中心必须能迅速调运商品；第二，根据神户生协连锁超市发展区域点多面广，尽可能利用附近的43号国道和大阻海岸公路；第三，大量车辆出入配送中心，产生较大的噪音，必须择地在准工业地域。

配送中心分为两层建筑，总建筑面积33 805 m^2，其中，用于配送作业面积27 907 m^2。配送中心东西两翼各有一条卡车坡道，单向行驶。

配送中心底层为分拣系统及发货场地、站台、储存货架及拣货作业场。上下两层站台总长460 m，拥有停靠车位147个。

配送中心根据经营商品进销的不同情况和商品ABC分析，将物流分成3条通路：

路线1（库存型物流）：指进销频繁的商品，整批采购、保管，经过拣选、配货、分拣、配送到门店和无店铺销售的送货点。

路线2（中转型物流）：通过计算机联机系统和商品信息订购的商品，整批采购、不经储存，通过配送中心进行拣选、组配和分拣，再配送到销售门店和无店铺销售点。

路线3（直送型物流）：商品从供货单位，不经过配送中心，直接组织货源送往销售店。

实训课时

4课时

实训要求

根据案例写出该配送中心的配送流程。

检查标准

对案例进行分析，写出交流报告。

自·测·练·习

一、单项选择题

1. 运输在装卸搬运的配合下，实现了物品空间位移的________。

A. 路线　　B. 策略　　C. 目的　　D. 方法

2. 客流和货流包含五个因素，即数量、距离、时间、类别和________。

A. 路径　　B. 方向　　C. 温度　　D. 包装

3. 国际货物运输主要采用________。

A. 航空运输　　B. 铁路运输　　C. 公路运输　　D. 远洋运输

4. 配送中心的配送功能属于________。

A. 一般功能　　B. 辅助功能　　C. 基础功能　　D. 核心功能

5. 配送不属于________范畴。

A. 商流　　B. 分拣　　C. 物流　　D. 搬运

二、多项选择题

1. 现代运输业的基本运输方式包括________。

A. 铁路运输　　B. 水路运输　　C. 公路运输

D. 航空运输　　E. 管道运输

2. 运输的作用主要表现有________。

A. 缩短距离

B. 增强企业竞争力、提高服务水平

C. 加快商品流通、促进经济发展

D. 保护环境

E. 创造社会效益和附加价值

3. 运输业的主要特点表现为________。

A. 运输是在流通过程中进行的

B. 运输不改变运输对象的性质

C. 合理利用运输资源

D. 不同运输方式具有关联性

E. 运输为社会提供的效用相同

4. 配送流程中的内容应包括________。

A. 搬运　　B. 装卸　　C. 装货检查

D. 运输　　E. 交货

5. 配送成熟阶段的主要特征有________。

A. 劳动手段日益先进　　B. 配送的集约化程度明显提高　　C. 采用集中库存

D. 送方式日趋多样化　　E. 卡车吨位越来越大

三、是非题（正确的打“√”，错误的打“×”）

1. 现代公路运输实质上是指汽车运输。（　　）

2. 运输中的载运工具运用必须适应重载、高速、高效、安全运输发展的需要。（　　）

3. 综合运输是指通过网络成组将铁路运输、水路运输、公路运输和航空运输等不同的货物运输系统一元化的运输方式。（　　）

4. 配送功能主要体现在送货环节上。（　　）

5. 配送中心就是批发市场。（　　）

四、思考题

1. 运输的概念是什么？

2. 公路运输主要有几种形式？

3. 配送的定义是什么？
4. 配送有几种形式？
5. 什么叫输配送？

第九章

装卸搬运

学习目标

◎知识目标

了解装卸搬运的概念；了解装卸搬运的作用与特点；了解装卸搬运的方法。

◎能力目标

熟悉装卸搬运的特点；熟悉装卸搬运设备；掌握装卸搬运设备的选择；掌握装卸搬运的方法。

第一节 装卸搬运的特点与作用

一、装卸搬运的概念

装卸搬运是指同一地域范围内进行的，以改变物品的存放状态和空间位置为主要内容和目的的活动。装卸搬运的基本功能是改变物品的存放状态和空间位置。无论在生产领域还是在流通领域，装卸搬运都是影响物流速度和物流费用的重要因素。

一般情况下，物品存放的状态和空间位置是密切相联、不可分割的。因此，人们常常用“装卸”或“搬运”来代替装卸搬运的完整意义。例如，在流通领域里，把装卸搬运活动称为“货物装卸”，而在生产领域则称为“物料搬运”。在整个物流活动中，如果强调存放状态改变时，一般用“装卸”一词反映；如果强调空间位置改变时，常用“搬运”一词反映。

装卸搬运活动在整个物流活动过程中占有很重要的位置。物流活动过程各环节之间的衔接，以及同一环节的不同活动之间的联系，都是以装卸作业把它们有机地结合起来，从而使物品在各环节、各种活动中处于连续运动或所谓的流动。装卸搬运作业已成为物流活动过程不可缺少的组成部分，成为物流运作的保障系统，从而形成装卸搬运系统。

装卸搬运的基本功能是对物品进行搬运，以改变其存放状态和空间位置。要完成这种移动，就要有移动的物品和实现这种移动所需要的人员、工作程序、设备、工具、容器、设施及其设施布置等构成的作业体系。所以，构成装卸搬运的基本内容有三项，即物品、移动和方法体系。

二、装卸搬运的特点

1. 均衡性和波动性

装卸搬运活动必须与物流运作过程的节拍保持一致。从这个意义上讲，装卸搬运基本上是均衡的、连续的、平稳的，具有节奏性。

在生产领域，由于生产活动要有连续性和比例性、力求均衡，故企业内装卸搬运相对也比较均衡。然而，物资一旦进入流通，由于受到商品产需衔接、市场机制的制约，物流量便会出现较大的波动性。某种货物的畅销和滞销、远销和近销，销售批量的大与小，围绕货物实物流量便会发生巨大变化，都会影响装卸搬运的效率。从物流活动内部观察，装卸搬运量也会出现忽高忽低的现象。由于这种运量上的差别和运速的不同，会使得物流活动出现集中到货或停滞等待的不均衡装卸搬运。

2. 稳定性和多变性

装卸搬运的稳定性主要是指生产领域的装卸搬运作业，这是与生产过程的相对稳定相联系的，特别是在大量生产的情况下更是如此，或略有变化但也具有一定的规律性。在流通领域里，由于物质产品本身的品种、形状、尺寸、质量、包装、性质等各不相同，输送工具类型又各异，再加上流通过程的随机性等，所有这些决定了装卸搬运作业的多变性。因此，对物流活动而言，装卸搬运应具有适应多变作业的能力。

3. 社会性

由于物流活动的装卸搬运作业涉及的面和因素是整个社会，因此，任何一个物流活动都可能成为收货点或发货点。所以，流通领域里所有装卸作业点的装备、设施、工艺、管理方式、作业标准都必须相互协调，这样才能发挥装卸搬运活动的整体效益。

4. 复杂性

流通过程中，由于装卸搬运与运输、存储紧密衔接，为了安全和输送的经济性原则，需要同时进行堆码、满载、加固、计量、取样、检验、分拣等作业，因此，装卸搬运作业必须具有适应这种复杂性的能力，这样才能加快物流的速度。

5. 安全性

装卸搬运作业需要人与机械、货物、其他劳动工具相结合，工作量大，情况变化多，很多作业环境复杂，这些都导致了装卸搬运作业中存在着不安全的因素和隐患。创造装卸搬运作业适宜的作业环境，改善和加强劳动保护，对任何可能导致不安全的现象都应设法根除，防患于未然。装卸搬运的安全性，一方面直接涉及人身，另一方面涉及物资。在装卸搬运中，发生机毁人亡的事故已屡见不鲜，造成货物损失的数量也要以亿元计。装卸搬运同其他物流环节相比安全系数较低，因此，也就要更加重视装卸搬运的安全生产问题。

三、装卸搬运的作用

1. 装卸搬运是物流各阶段之间相互转换的桥梁

物流的各阶段（环节、功能）的前后或同一阶段的不同活动之间，都必须进行装卸搬运作业。如运输过程结束，货物要进入仓库之前，必须有装卸搬运作业。正是装卸搬运把物的运动的各个阶段连接成为连续的“流”，使物流的概念名实相符。

装卸搬运既是伴随物流过程各环节所发生的活动，又是衔接物流各环节之间相互转换的桥梁。因此，装卸搬运的合理化，对缩短作业周期、降低作业过程的物流费用、加快物流速度等，都起着重要的作用。

2. 装卸搬运是保障物流活动各环节运作得以顺利进行的条件

装卸搬运活动本身虽不消耗原材料，不产生废弃物，不大量占用流动资金，不产生有形产品，但它的工作质量却对物流活动各环节产生很大的影响，或者作业过程不能正常进行，或者流通过程不畅。所以，装卸搬运对物流过程其他各环节所提供的服务具有劳务性质，具有提供“保障”和“服务”的功能。

装卸搬运（换装）连接各种不同的运输方式，使多式联运得以实现。通常经联合运输的货物，要经过 4 次以上的装卸搬运与换装（多则经过十几次），其费用约占运输费用的 25% 。

3. 装卸搬运已经成为生产过程的重要组成部分和保障系统

装卸搬运是物流过程中的一个重要环节，它制约着物流过程其他各项活动，是提高物流速度的关键。物流活动中装卸搬运功能发挥的程度，直接影响物流活动运作的正常进行，其工作质量的好坏，关系到物品本身的价值和使用价值。由于装卸搬运是伴随着物流过程其他各环节的一项活动，因而往往引不起人们的足够重视，但忽视了装卸搬运，轻则发生混乱，重则造成停顿。

四、装卸搬运作业组织

1. 装卸搬运作业组织原则

装卸搬运作业是装卸搬运人员借助于装卸搬运机械和工具，作用于货物的生产活动。为了更有效地完成这项工作，必须根据货物装卸搬运作业的特点，对其人力，设备等进行科学有效的组织。

装卸搬运工作应遵循以下基本原则：

（1）装卸搬运工作必须坚持质量第一的原则。装卸搬运的数量与质量是对立的统一，没有数量当然没有质量，但没有一定质量的数量也是无效的，甚至是有害的。因此，在装卸搬运作业时，必须在确保作业对象完好无损的前提下追求数量。

（2）实现装卸搬运的合理化。搬运作业必须注重提高效率，充分发挥现有装卸搬运设备和人员的作用，不断提高装卸搬运的机械化水平。为此，必须实现装卸搬运的合理化。

（3）遵循搬运效率化原则。

搬运效率化主要有以下原则：

① 单位装载化原则。尽可能将搬运物集中整理为托盘或集装箱的方式，在搬运途中不至于倒塌，且可以提高直线及搬运效率的方法。

② 设备应经常使用原则。机械设备因需投资相当的资金，因此必须使成本高的机械设备时常保持移动状态，避免机械设备利用率过低的情形发生。

③ 搬运平衡原则。搬运系统中若有瓶颈发生，则会影响其作业效率。所以，在搬运系统上必须考虑作业线的平衡，才能发挥应有的效率。

④ 现场布置原则。若作业现场布置合理，可以使搬运效率提高，避免不必要的曲折迂回的虚功。

⑤ 机械化原则。将人工作业改为机械化作业，同时尽量将机械设备改为自动化，则可以提高搬运效率。

⑥ 标准化原则。作业方法、设备及尺寸等的标准化，可以使各单位或各公司之间的搬运设备通用化、作业单纯化，因此可以得到很好的效果。

⑦ 安全原则。工作环境的安全性越高，则其生产力也会越高。

⑧ 流程原则。连续的搬运流程就是最经济的流程。

⑨ 水平直线原则。直线的搬运流程的搬运距离是最短的。布置水平的搬运可以使搬运距离最短、设备最省及成本最低，但是水平的布置有时会增加交错搬运的机会，所以必须针对实际的条件而加以调整。

⑩ 弹性原则。搬运机械设备的利用范围越大，则其效率越高。以叉车为例，叉车除了可以装卸托盘货物外，还可以更换货叉等附属设备来操作其他各种货物，使其操作功能更为广泛；因此，搬运设备的价值是考虑共同性及弹性的比例。

⑪ 搬运简单原则。必须避免过度包装，防止不必要的容积及重量的增加而影响运费及装卸费用的增加。

⑫ 最小操作原则。尽可能降低不必要的装卸或搬运，并减少重复操作或暂时放置等作业。

⑬ 活性原则。物品流动的难易程度称为物品的“活性”，可用“活性指数”来表示。

各类物品根据其存放状态的不同，其活性指数不同（见表9－1）。在物流过程中，应使物品的活性指数逐步提高，称为“活化”。

表9－1 物品流动的活性指数

物品的存放状态	活性指数	物品的存放状态	活性指数
就地堆放	0	装载在可移动设备上（如台车）	3
置于集装容器中	1	处于移动状态（如传送带传送）	4
置于支垫设备上（如托盘）	2		

⑭ 空间活用原则。对于场所的活用，不仅是要利用平面的空间，而且还要考虑立体的空间。

⑮ 降低死重率原则。货物的死重（即无用的包装、容器等）比例越少越好。

⑯ 重力利用原则。在搬运货物时，尽可能使用利用重力的设备。

⑰ 预防保养原则。实施预防保养，可使机械设备经常处于最佳状态。

⑱ 废弃原则。旧设备或使用率低的设备必须淘汰。

（4）装卸搬运作业时必须注意安全。在物资装卸搬运作业过程中经常存在着一些不安全的因素，只有高度重视安全生产问题，根除任何导致不安全的隐患，才能保证装卸搬运工作的安全进行。

（5）装卸搬运作业要讲究经济效益。由于装卸搬运工作要占用较多的设备、人员及费用，因此，在组织装卸搬运作业时，要注意人力、物力、财力的节约使用，达到以较少的消耗（包括活劳动和物化劳动），在规定时间内保质保量地完成装卸搬运。

2. 装卸搬运作业组织形式

装卸搬运作业的劳动组织就是按照一定的原则，将有关的人员和设备以一定的方式组合起来，形成一个有机的整体。它大致上可分为两种基本形式，即专业型劳动组织和综合型劳动组织。

装卸搬运作业组织形式主要有：

（1）专业型劳动组织。专业型劳动组织按工种划分班组，作业任务单纯明确，作业专业化，有利于提高作业的熟练程度和装卸搬运的劳动效率，并能促进作业质量的提高；每个班组的作业内容较固定，可配备专用装卸搬运设备，这样既便于设备的管理，又有利于提高设备利用率，还能促进装卸搬运作业机械化。但由于物资的入出库需要几个作业班组协同完成，工序间，环节间的衔接不易密切，容易出现不协调或脱节现象，不利于组织一次性作业；当装卸搬运作业量不均衡时，或当各工序或环节间进度不一致时，不便于开展班组间的合作，装卸搬运作业能力会因某个薄弱环节的影响而下降。

（2）综合型劳动组织。综合型劳动组织，是将分工不同的各种人员和功能不同的设备共同组合成一个班组，对装卸搬运活动的全过程均由一个班组承包到底，全面负责。

综合型劳动组织由于在一个班组内承担某一项入、出库的全过程，有利于各环节和工序之间的衔接配合，便于组织一次性作业；当入出库任务比较集中时，可集中调配人员和设备，有利于提高装卸搬运的综合作业能力。但由于在一个作业班组内配备不同工种的人员和设备，不便于设备的维护管理，也不易在短期内提高工人的技术熟练程度；由于每个作业班组的人员和设备是相对固定的，当作业内容变化时，不能及时调整，而影响了作业效率。

3. 装卸搬运作业组织的任务

装卸搬运作业组织是以完成装卸任务为目的，并以提高装卸设备的生产率、装卸质量和降低装卸搬运作业成本为中心的技术组织活动。它包括下列内容：

（1）确定装卸任务量。根据物流计划，经济合同，装卸作业不均衡的程度，装卸次数，装卸时限等，来确定作业现场年度、季度、月、旬、日平均装卸任务量。装卸任务量有事先确定的因素，也有临时变动的可能。因此，要合理地运用装卸设备，就必须把计划任务量与实际装卸作业量两者之间的差距缩小到最低水平。同时，装卸作业组织工作还要把装卸作业物品对象的品种、数量、规格、质量指标以及搬运距离尽可能地做出详细的规划。

（2）合理地规划装卸方式和装卸作业过程。装卸作业过程是指对整个装卸作业过程中装卸、搬运、作业的连续性进行合理的安排，以减少运距和装卸次数。

装卸作业现场的平面布置是直接关系到装卸、搬运距离的关键因素。装卸机械要与货场长度、货位面积等互相协调。要有足够的场地集结货场，并满足装卸机械工作的要求。场内的道路布置要为装卸、搬运创造良好的条件，有利于加速货物的周转。使装卸按运距达到最小平面布置是减少装卸搬运距离的最理想的方法。

提高装卸作业的连续性应尽可能做到：作业现场装卸机械合理衔接；不同的装卸作业在相互联结使用时，力求使它们的装卸速度相等或接近；充分发挥装卸调度人员的作用；一旦发生装卸作业停滞状态，立即采取有力的补救措施。

（3）选择装卸搬运设备。根据装卸任务和装卸设备的生产率，确定装卸搬运设备需用的台数和技术待征。根据装卸任务、装卸设备生产率和需用台数，编制装卸作业进度计划。它通常包括装卸搬运设备的作业时间表、作业顺序、负荷情况等详细内容。

五、装卸搬运合理化

装卸搬运合理化是指以尽可能少的人力和物力消耗，高质量、高效率地完成仓库的装卸搬运任务，保证供应任务的完成。装卸搬运合理化，是针对装卸不合理而言。

装卸搬运作业除了遵循装卸搬运原则外、还要求装卸搬运合理化。装卸搬运合理化的内容包括以下几个方面。

1. 提高货物装卸搬运的灵活性与可运性

提高货物装卸搬运的灵活性与可运性是装卸搬运合理化的一项重要内容。在装卸搬运中应考虑装卸搬运的灵活性问题，要求装卸搬运作业必须为下一环节的物流活动提供方便，即所谓的“活化”。因此，不断提高活化的程度是装卸搬运灵活性的重要标志。

装卸搬运的可运性是指装卸搬运的难易程度。影响装卸搬运难易程度的因素主要有：物品的外型尺寸；物品的密度或笨重程度；物品形状；损伤物品、设备或人员的可能性；物品所处的状态；物品的价值和使用价值等。装卸搬运物料的可运性可用物品马格数值的大小来量度。

2. 利用重力作用，减少能量消耗

在装卸搬运时应尽可能消除货物重力的不利影响；同时，尽可能利用重力进行装卸搬运，以减轻劳动力和其他能量的消耗。消除重力影响的简单例子，是在进行人力装卸时“持物不步行”，即货物的重量由台车、传送带等负担，人的力量只用于使载货车辆水平移动。利用重力装卸的实例很多，如将槽或无动力的小型传送带倾斜安装在货车、卡车或站台

上进行货物装卸，使货物依靠本身重量完成装卸搬运作业。

3. 合理选择装卸搬运机械

装卸搬运机械化是提高装卸效率的重要环节。装卸机械化程度一般分为三个级别。第一级是用简单的装卸器具；第二级是使用专用的高效率机具；第三级是依靠电脑控制实行自动化、无人化操作。以哪一个级别为目标实现装卸机械化，不仅要从是否经济合理来考虑，而且还要从加快物流速度、减轻劳动强度和保证人与物的安全等方面来考虑。

另一方面，装卸搬运机械的选择必须根据装卸搬运的物品的性质来决定。对以箱、袋或集合包装的物品可以采用叉车、吊车、货车装卸，散装粉粒体物品可使用传送带装卸，散装液体物可以直接向装运设备或储存设备装取。

4. 合理选择装卸搬运方式

在装卸搬运过程中，必须根据货物的种类、性质、形状、重量来确定装卸搬运方式。在装卸时对货物的处理大体有三种方式：第一是“分块处理”，即按普通包装对货物逐个进行装卸；第二是“散装处理”，即对粉粒状货物不加小包装而进行的原样装卸；第三是“单元组合处理”，即货物以托盘、集装箱为单位进行组合后的装卸。实现单元组合，可以充分利用机械进行操作，其优点是：操作单位大，作业效率高；能提高物流“活性”；操作单位大小一致，易于实现标准化；装卸不触及货物，对物品有保护作用。但这种装卸搬运方式并不是对所有货物都适用的。

5. 改进装卸搬运作业方法

装卸搬运是物流过程中重要的一环。合理分解装卸搬运活动，对于改进装卸搬运各项作业、提高装卸搬运效率有着重要的意义。例如，采用直线搬运，减少货物搬运次数，使货物搬运距离最短；避免装卸搬运流程的“对流”“迂回”现象；防止人力和装卸搬运设备的停滞现象，合理选用装卸机具、设备等。在改进作业方法上，尽量采用现代化管理方法和手段，如排队论的应用、网络技术的应用、人—机系统等，实现装卸搬运的连贯、顺畅、均衡。

六、装卸搬运系统设施的布置

装卸搬运设施布置与搬运效率是分不开的，不同的布置，搬运的起点和终点之间的距离是不一样的，而移动距离又是选择搬运方法的主要因素。在根据现有的布置制定搬运方案时，距离是已经确定的，然而有时为了搬运的合理化，在可能的条件下，也可以改变布置。因此，在设计方案时，往往要对装卸搬运系统的布置进行分析。

设施布置的设计有四项基本内容：设施布置、物流过程的动线布置、物料搬运分析和移动路线布置。

1. 设施布置

装卸搬运系统设施布置类型有：

（1）按设施固定位置布置。产品（或物料）尺寸比较大，数量比较少，工艺过程比较简单的，可按固定位置布置。其搬运的特点是：主要物料及主要零件尺寸庞大或者非常笨重，不经常搬动。

（2）按工艺过程布置（按功能）。产品（或物料）比较多样化，数量中等或少量，工艺过程占主导地位或费用昂贵的，可按工艺过程布置。其搬运的特点通常是机动灵活的；如果是固定位置的，则要求通用性强，适应性好，而且是间断工作的。

（3）按产品布置（流水生产）。产品（或物料）比较标准化，数量较多，工艺过程较简单的，可按产品布置。搬运特点通常是固定的、直线的或直接的，而且相对来讲是连续性的。

2. 物流过程的动线布置

所谓动线是指物品位移过程运动路线。常遇到的物流过程的动线布置类型有三种：直线形（或直通形）、L形和U形（见图9-1）。直线形模式是物品一端进、另一端出。这种布置最简单，搬运也最简单。

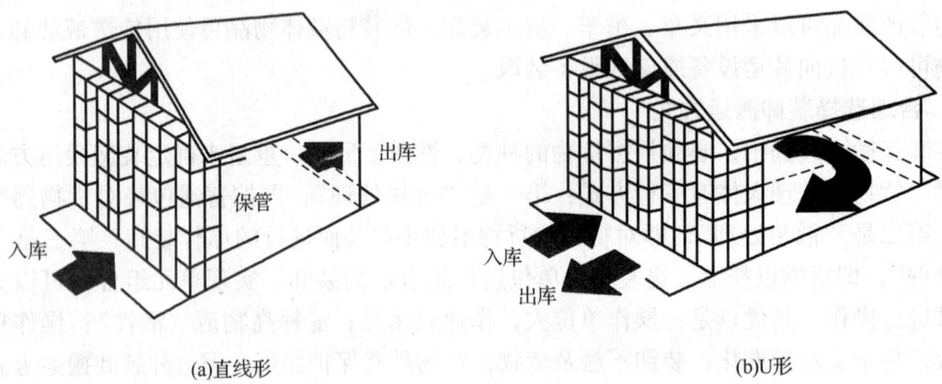

图9-1　物流过程的动线布置类型

在物流过程的动线布置中，L形和U形较多见，通常是因为受外界搬运设施以及搬运方法、面积利用、运转管理费用等因素的影响。实际上，大多数布置都是采用上述三种动线的组合形式。

3. 物料搬运分析

物料搬运分析对物料布置的基本要求是：

（1）每项移动的起点和终点（提取和放下的地点）具体位置在哪里；

（2）哪些路线及路线上有哪些物料搬运方法是在规划之前已经确定了的，或大体上做出了规定的；

（3）物料运进运出和穿过的每个作业区所涉及的建筑物特点是什么样的（包括地面负荷），房屋高度、柱子间距、屋架支承强度、室内还是室外、有无采暖、有无灰尘等；

（4）物料运进运出的每个作业区内进行什么工作，作业区内部已有的（或大体规划的）安排或大概是什么样的布置。

当进行某个区域的搬运分析时，应该先取得或先准备好这个区域的布置草图、蓝图或规划图；如果是分析一个厂区内若干建筑物之间的搬运活动，那就应该取得厂区布置图。总之，当最后确定搬运方法时，选择的方案必须是建立在物料搬运作业与具体布置相结合的基础之上的。

4. 移动路线布置

用标注起点和终点的方法来表明每条路线。起点和终点是用符号、字母或数码来标注的，也就是用一种“符号语言”，简单明了地描述每条路线。最终绘出能确切表明每条路线起讫点的布置图。

移动路线布置图的内容包括：

（1）距离。每条路线的长度就是从起点到终点的距离，常用单位是米、千米。距离往往是指两点间的直线距离，垂直距离（如楼层之间）可换算成当量距离。属于哪种距离应在布置图上注明。

（2）路线。路线的具体情况有以下几种：

① 直接程度和直线程度：水平，倾斜，垂直，直线，曲线，曲折；

② 拥挤程度：有无临时的或长期的阻碍，良好的铺砌路面，需要维修的路面，泥泞道路；

③ 气候与环境：室内，室外，冷库，空调区，清洁卫生区，洁净房间，易爆区；

④ 起讫点的工作情况和组织情况：取货和卸货地点的数量和分布，起点和终点的具体布置，起点和终点的组织管理情况等。

当然，路线和设备、设施的布置有密切的关系。不同的布置形式，其物料搬运的路线是不同的，路线的决定要充分考虑布置的情况。

（3）物流（或搬运活动）。物流（或搬运活动）应考虑以下几种情况：

① 物流量。指单位时间内在一条路线上移动的物料数量，一般用每小时多少吨或每天多少吨来表示。

② 物流条件。包括数量（每次搬运的件数、批量大小、搬运的频繁性，每个时期的数量，以及这些情况的规律性）、管理（指控制各项搬运活动的规章制度，以及它们的稳定性）、时间条件（对搬运快慢或缓急程度的要求及规律等）。

第二节　装卸搬运的方法

一、装卸搬运作业的分类

1. 按作业场所不同进行分类

按作业场所不同进行分类的作业方式有：

（1）铁路装卸。它是指在铁路车站进行的装卸搬运作业。包括铁路站台和车厢内货物的装卸；铁路仓库和理货场的堆码拆取、分拣、配货、中转等作业，以及装卸时进行的加固作业、清扫车辆、揭盖篷布、移动车辆、检斤计量等辅助作业。

（2）港口装卸。它是指在港口进行的各种装卸搬运作业，包括码头前沿的装卸船作业，前沿与后方间的搬运作业，码头堆场作业，港口仓库的拆码垛作业，分拣理货作业，码头后方的铁路车辆和汽车的装卸作业，以及清舱、平舱、扫车、破供、配料、计量、分装、取样等辅助作业。

（3）库场装卸。它是指在仓库、堆场、仓储或物流中心所进行的装卸搬运作业。

2. 根据装卸搬运物品的属性进行分类

根据装卸搬运物品的属性进行分类的作业方式有：

（1）成组物品的装卸搬运。目前，为提高装卸搬运效率，单件包装物品虽为了方便装卸搬运作业，通常采用成组方式形成装卸搬运单元。对这些装卸搬运单元的装卸搬运作业，称为成组装卸搬运。

（2）重大件货物装卸搬运。在流通过程中将单件重量超过4 t的货物称为重大件货物。重大件货物装卸搬运一般需制定特殊的装卸搬运程序进行装卸搬运。

（3）散装物品的装卸搬运。散装货物本身是在物流过程中处于无固定的形态，如煤炭、水泥、粮食等。因此，对这些散装物品的装卸搬运一般采用连续装卸搬运作业方式进行装卸搬运。

（4）流体物品的装卸搬运。流体物品是指气态或液态物品。气体货物一般为压缩气体即液化气。气态（液化气）或液态物品可以采用瓶装、桶装或罐车或罐体集装箱进行装卸搬运作业。气态（液化气）或液态物品通常为危险品。

（5）危险品的装卸搬运。危险品是指《国际海运货物规则》所列明的物品。这些物品在装卸搬运过程中有特殊的安全要求，如果装卸搬运不慎，随时都有发生重大事故的危险。因此，对其的装卸搬运作业有特殊要求，严格操作程序，确保装卸搬运作业的安全。

3. 按装卸搬运作业的特点进行分类

按装卸搬运作业的特点进行分类的作业方式有：

（1）堆垛拆垛作业。堆垛拆垛又称堆拆码作业。它包括堆放作业、拆垛作业、高垛作业和高垛取货作业。根据堆垛拆垛作业的场地不同，又分为车厢、船舱内、仓库内和堆场的堆垛拆垛作业等。

（2）分拣配货作业。它是将货物按品种、到站、货主等不同特征进行分类的作业并且按去向、品类构成等一定的原则，将已分类的货场集合车辆、汽本、集装箱、托盘等装货单元的作业。

（3）搬运移动作业。为了进行上述各项作业而发生的，以进行这些作业为主要目的的搬运移动作业。它包括水平、垂直、斜行等几种搬运移动作业以及由它们几种形式组成为一体的作业，显然这属于改变空间位置的作业。

除此之外，装卸搬运作业还可按物流设施属性分为自用和公用物流设施的装卸搬运；可按货物形态分为单个物品的装卸搬运、集装货物装卸搬运和散装货物的装卸搬运；可按输送设备的不同分为卡车装卸、货车装卸、船舶装卸和飞机运输的装卸；可按装卸机械分为传送带装卸、吊车装卸、叉车装卸和各种装载机装卸等。

二、装卸搬运作业的方法

装卸搬运作业的方法可按作业方式、作业对象、作业手段、设备作业原理等进行分类。

1. 按作业方式分类的装卸搬运作业的方法

按作业方式分类的装卸搬运作业方法主要有：

（1）吊装吊卸法（垂直装卸法）。主要是使用各种起重机械来改变货物的铅垂方向的位置为主要特征的方法，如装卸船和装卸车作业过程等。

（2）滚装滚卸法（水平装卸法）。是以改变货物的水平方向的位置为主要特征的方法。如集装箱滚装船的集装箱滚装滚卸作业和各种轮式或履带式车辆的开上开下作业以及用叉车进行集装箱内货物的装卸水平装卸等。

2. 按作业对象分类的装卸搬运作业的方法

按作业对象分类的装卸搬运作业方法主要有：

（1）单件作业。可采用人力或机械如叉车进行单件作业。目前对重大件货物也主要采单件作业方法。

（2）集装作业。指先将单件货物集零成组进行装卸搬运的方法。如集装箱装卸搬运作业、托盘装卸搬运作业、货捆装卸搬运作业、网络装卸搬运作业等。

（3）散装作业。指对煤炭、矿石、粮食、化肥等块、粒、粉状货物，采用重力（通过筒仓、溜槽等方法）、倾翻法（铁路的翻车机）、机械法（抓斗等）、气力输送（用风机在管道内形成气流，应用动能、压差来输送）等方法进行装卸搬运。

另外，按装卸设备作业原理分，有间歇作业法（如起重机等）和连续作业法（如连续输送机等）；按作业手段和组织水平分有人工作业、机械作业、综合机械化作业等。

第三节 装卸搬运设备、设施及选择

一、装卸搬运设备和设施

装卸搬运设备是进行装卸搬运活动的物质技术基础，它的技术水平是装卸搬运作业现代化的重要标志之一，是提高装卸搬运技术水平的重要保证。装卸搬运的运用组织是发挥装卸搬运设备功能的重要条件，也是其经济管理的重要内容。

流通过程中商流、物流的分离，是流通过程各环节专业化程度提高的必然结果；特别是物流过程的输送、保管的大型化、专业化，促进了装卸搬运业的发展。同时，装卸搬运业的发展，对装卸搬运合理化提出了新的要求，首先表现在装卸搬运工具的更新。

装卸搬运设备按用途可分为起重机、连续输送机、叉车（见表9－2）等。

表9－2 各主要类型叉车及用途

叉车主要类型	叉 车 特 点	应 用 环 境
内燃平衡重式叉车	直叉平衡重式叉车简称为平衡重式叉车，按照动力装置分为电瓶叉车和内燃叉车。以内燃机为动力的叉车，具有功率大、运行速度快、装卸效率高、使用寿命长、对路面的适应性强以及能进行多种作业的优点	广泛应用于各工矿企业、车站、码头和仓库 平衡重式叉车中电瓶叉车、柴油机叉车、汽油机叉车是目前使用最广泛的类型
蓄电池叉车	以蓄电池为动力的叉车具有结构简单、维修方便、操作容易、运行平稳、无废气污染、无噪声等优点，因此应用也比较广泛。蓄电池叉车的功率小、运行速度慢、外形尺寸小	适用于车间内的搬运作业。蓄电池叉车对路面的适应性差，尤其电气系统多为非防爆结构，故不宜在易燃、易爆的场所作业，因而使用范围受限制
侧面式叉车	以内燃机为动力，货叉布置在车体的侧面，这种叉车的货叉不仅能做升降运动，还可以横向伸缩，并且在车体前后设置两个平台，以便稳妥地放置货物。这种叉车的稳定性较好	适于长体货物（如圆木、钢筋、型材等）的搬运和堆垛
跨车	利用车体与车轮之间的空间来抱和搬运，跨车的特点是装卸动作快，甚至可以不停车装卸；缺点是空车行驶重心高，稳定性差。跨车的起升高度较小，所以不能做码垛作业	适用于诸如圆木、钢材等长体货物的叉车

续上表

叉车主要类型	叉车特点	应用环境
插腿式叉车	结构特点是两条臂状插腿伸出在车体前方，插腿前端装有小直径的车轮，高度很小。作业时将货叉连同腿一起插入货物底部，然后使货叉起升。被举升的货物，由于其重心位于两条插腿所包围的底面积之内，因此叉车的稳定性好	特别适用于在通道窄小的场地或仓库内部进行装卸、搬运和码垛作业
前移式叉车	按照货叉移动的方式不同，有门架前移式和货叉前移式两种。是插腿式叉车的一种变形，在叉车的前方也有呈臂状伸出的两条插腿，插腿前端装有支重轮。门架前移式叉车的货叉借助于伸缩机构单独前伸，而门架不动，货叉可以在叉车纵向前后移动。叉货或卸货时货叉伸出，卸货后或移动时货叉收回到接近车体的中间位置	叉车的行驶稳定性好，但是行驶速度较低，主要用于室内作业

除上述三类装卸搬运机械外，还有无人搬运车及工业机器人等先进的搬运机械。

二、装卸搬运机械的合理选择

不同类的货物，不同的装卸搬运场所，所需要的装卸搬运机械不尽相同。合理选择装卸搬运机械，无论在降低装卸搬运费用上，还是在提高装卸搬运效率上，都有着重要的意义。

1. 选择装卸搬运机械的基本原则

装卸搬运机械的选择，应本着经济合理、提高效率、降低费用的总要求。在装卸搬运机械的选择上，具体应遵循以下几项基本原则：

（1）应根据不同类物品的装卸搬运特征和要求，合理选择具有相应技术特性的装卸搬运设备。各种货物的单件规格、物理化学性能、包装情况、装卸搬运的难易程度等，都是影响装卸搬运机械选择的因素。因此，应从作业安全和效率出发，选择适合的装卸搬运机械设备。

（2）应根据物流过程输送和储存作业的特点，合理选择装卸搬运机械设备。货物在输送过程中，不同的运输方式具有不同的作业特点。因此，在选择装卸搬运机械时，应根据不同运输方式的作业特点选择与之相适应的装卸搬运机械设备。同样，货物在储运中也有其相应的作业特点，诸如储存物品各类规格各异、作业类别较多、进出数量难以控制、装卸搬运次数较多和方向多变等。因此，为适应储存作业的特点，在选用机械作业时尽可能选择活动范围大、通用性强、机动灵活的装卸搬运机械。

（3）根据运输和储存的具体条件和作业的需要，在正确估计和评价装卸搬运的使用效益的基础上，合理选择装卸搬运机械。也就是说，在选择机械设备时一定要坚持技术经济的可行性分析，这样使设备的选择建立在科学的基础上，以达到充分利用机械设备和提高作业效率。

2. 装卸搬运机械的合理选择

根据装卸搬运机械选择的基本原则，装卸搬运机械的选择应按货物重量、货物移动状态和移动距离的进行选择。

典型案例

叉车属具的使用意义

叉车属具和传统意义上使用叉车货叉叉取货物托盘进行搬运和堆垛相比，专用的属具应用能够大大提高叉车的使用效率，降低运营成本。专用的叉车属具可实现对货物的夹抱、旋转（顺/逆时针）、侧移、推/拉、翻转（向前/向后）、分开/靠拢（调整货叉间距）、伸缩等功能，这是普通叉车货叉所无法完成的动作。

叉车专用属具的应用所体现出的意义可以概括为以下几点：

（1）生产效率高，运行成本低。机械化搬运比传统的人力搬运作业时间短，同时降低了劳动力的支出和成本，提高了工作效率。在同一个搬运循环中，叉车的动作次数明显降低，叉车相应的轮胎、传动齿轮、油耗等也相应降低，运行成本也相应减小。

（2）操作安全可靠，降低了事故率。由专业叉车属具制造商设计和生产的针对不同行业工况的属具均设计有安全装置，在异常情况时所夹（或叉）的货物不易滑落，如夹类属具的保压装置（承载货物时，油管爆裂，液压系统保持压力，货物不会滑落）；侧移类属具的末端缓冲装置等，降低了事故率。

（3）货物损耗小。借助于属具特有的夹持、侧移、旋转等功能，货物可以更安全地被运送或堆高或装卸，进而将货物损耗程度降到最低。属具的使用也同时降低了托盘的使用频率（如无托盘搬运作业），其相应的采购和维修成本也得到减小。

实　训

案 例 分 析

实训目的

通过填制《国际货运代理企业备案表》，了解国际货运代理企业的基本信息，熟悉国际货运代理企业《备案表》的填制过程。

实训内容

根据科学研究的结论，人力装卸搬运作业中，采用不同装卸搬运方式和不同移动重物方式，其合理使用体力的效果不同。分析图 9 -2 的搬运小件物品时的各种方式。

实训课时

4 课时

实训要求

根据图9 -2所示内容，分析搬运小件物品时的状况，分析不同搬运类型下最省力的方式和最费力得力的方式，并写出分析报告。

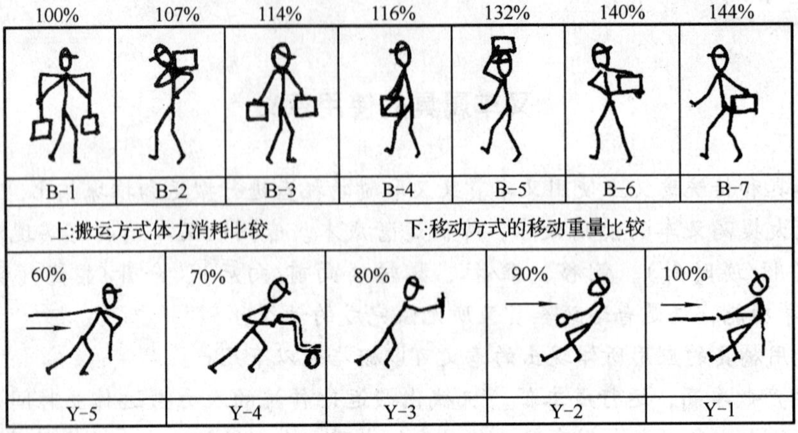

图9－2　搬运小件物品时的各种方式

检查标准

检查分析结果的准确性和报告完成的情况。

自·测·练·习

一、单项选择题

1. 装卸搬运的基本功能是________物品的存放状态和空间位置。

   A. 改变　　B. 调整　　C. 更新　　D. 移动

2. 装卸搬运活动必须与物流运作过程的节拍保持________。

   A. 相向　　B. 不同　　C. 反向　　D. 一致

3. 物品流动的难易程度称为物品的________。

   A. “效率”　　B. “活性”　　C. “搬运”　　D. “装卸”

4. 不属于搬运效率化原则的是________。

   A. 机械化原则　　B. 标准化原则　　C. 速度原则　　D. 安全原则

5. 物品处于处于移动状态（如传送带传送）的“活性指数”为________。

   A. 1　　B. 2　　C. 3　　D. 4

二、多项选择题

1. 构成装卸搬运的基本内容是：________。

   A. 物品　　B. 移动　　C. 方法体系
   D. 方针政策　　E. 资金投入

2. 装卸搬运的特点有：________。

   A. 均衡性和波动性　　B. 稳定性和多变性　　C. 社会性
   D. 复杂性　　E. 装卸搬运对安全性要求高

3. 不属于搬运平衡原则的是：________。

A. 流程原则　　B. 选择先进设备原则　　C. 最小操作原则

D. 现场布置原则　　E. 更新设备原则

4. 下列属于装卸搬运合理化的是：________。

A. 提高货物装卸搬运的灵活性与可运性

B. 利用重力作用，减少能量消耗

C. 合理选择装卸搬运机械

D. 合理选择装卸搬运方式

E. 改进装卸搬运作业方法

5. 装卸搬运作业的类型有：________。

A. 成组物品的装卸搬运

B. 重大件货物装卸搬

C. 散装物品的装卸搬运

D. 流体物品的装卸搬运

E. 危险品的装卸搬运

三、是非题（正确的打“√”，错误的打“×”）

1. 装卸搬运是指同一地域范围内进行的，以改变物品的存放状态和空间位置为主要内容和目的的活动。（　）

2. 装卸搬运设备是进行装卸搬运活动的物质技术基础，它的技术水平是装卸搬运作业现代化的重要标志之一，是提高装卸搬运技术水平的重要保证。（　）

3. 叉车可用于物料的装卸、堆垛和短距离运输，一般都与托盘配合使用。（　）

4. 选择装卸搬运机械应考虑其设备投资额、运营费用和装卸作业成本，应使这些因素与作业效率相符。（　）

5. 门式起重机属于专用起重机械。（　）

四、思考题

1. 什么叫装卸？什么叫搬运？

2. 装卸搬运有哪些作用？

3. 装卸搬运有哪些特点？

4. 装卸搬运应遵守哪些原则？

5. 什么叫“活性”？物品搬运的“活性”如何衡量？

第十章

库存控制

学习目标

◎知识目标

了解和熟悉库存控制的内容及方法。

◎能力目标

熟悉和掌握库存控制的意义和库存控制的目的；掌握库存计划、库存控制技术以及降低库存的措施等。

第一节　库存控制的意义和目的

一、库存控制概述

1. 库存控制的意义

库存具有调节生产与销售的作用，不适当的库存管理往往造成有形或无形的极大损失。尤其对于流通速度极快、但客户订货无法事前掌握的仓库，库存控制更加不易，其重要性也就更不容忽视。而所谓库存控制是希望将货品的库存量保持在适当的标准之内，以免过多造成资金积压、增加保管困难或过少导致浪费仓容、供不应求的情况。

因此，库存控制具有两项重大意义：一为确保库存能配合销售情况，交货需求以提供客户满意的服务；二为设立库存控制基准，以最经济的订购方式与控制方法来提供营运所需的供货。

2. 库存控制的目的

进行库存控制的目的是：

（1）减少超额库存投资。保持合理的库存量，减少库存投资，如此可灵活运用资金（固定资金减少），并使营运资金的结构保持平衡。

（2）降低库存成本。保有合理库存可减少由库存所引起的持有成本、订购成本、缺货成本等，降低库存成本。

（3）保护财产。防止有形资产被窃，且使库存的价值在账簿上能有正确的记录，以达到财务保护的目的。

（4）防止迟延及缺货，使进货与库存取得全面平衡。

（5）减少呆滞货物发生，使库存因变形、变质、陈腐所产生的损失减至最少。

前三者属于财务合理化的需要，后两者的目的是作业合理化。

3. 库存控制的关键问题

库存控制的关键问题主要有：

（1）订购点的问题。所谓订购点，是指库存量降至某一数量时，应即刻订购补充的点或界限。一旦订购点抓得过早，则将使库存增加，相对增加了货品的库存成本及空间占用成本，如果订购点抓得太晚，则将造成缺货，甚至流失客户、影响信誉。因而订购点的掌握非常重要。

（2）订购量的问题。所谓订购量是指库存量已达请购点时，决定订购补充的数量，按此数量订购，方能配合最高库存量与最低库存量的基准。一旦订购量过多，则货品的库存成本增加，若订购量太少，货品会有供应断档的可能，且订购次数必然增加，亦提高了订购成本的花费。

（3）库存基准的问题。库存基准包括最低库存量和最高库存量：

① 最低库存量。它是指管理者在衡量企业本身特性、需求后，所订购货品库存数量因维持的最低界限。最低库存量又分为理想最低库存量和实际最低库存量两种。

理想最低库存量：又称购置时间使用量，是指从开始请购货物到将货物送达仓库的采购周期时间，也就是采购期间尚未进货时的货品需求量，这是企业需维持的临界库存，一旦货品库存量低于此界限，会有缺货、停产的危险。

实际最低库存量：既然理想最低库存量是一种临界库存量，因而为了保险起见，许多业者多会在理想最低库存量外再设定一个准备的“安全库存量”，以防供应不及发生缺货，这就是实际最低库存量，实际最低库存量也称最低库存量，为安全库存量与理想最低库存量的总和。

② 最高库存量。为了防止库存过多、浪费资金，各种货品均应限定其可能的最高库存水平，也就是货品库存数量的最高界限，以作为内部警戒的一个指标。

因而，对一个不容易准确预测也不容易控制库存的仓库，最好制订最高库存量和最低库存量，并在电脑中设定，一旦电脑发现库存低于库存下限，则发出警讯，提醒有关管理人员及时采购；若一旦发现货品库存量大于库存上限，则也要发出警讯，提醒管理人员“库存量过多”，应加强销售或采取其他促销折价的活动。

二、库存控制决策

通常，库存控制决策是建立在需求预测基础上的。要解决库存控制的关键点问题，并作出最佳的库存决策时，就必须先设法对物品的需求情况、订购性质及限制因素加以了解确认。库存控制决策应考虑的因素有：成预期总销售量、未来的销售情况、时间趋势、季节变动、用户购买力等。

由需求预测确定需求状况后，应根据需求状况再考虑订购性质（订购时机、购置时间），以及财务状况、供应商问题、仓库空间容量等限制因素等，并据此作出库存决策。

三、库存控制的分析

库存具有调节生产与销售的作用，不适当的库存往往造成有形或无形的极大损失。对于流通速度极快、但客户订货无法事前掌握的库存应加以分析与预测，以确保库存能配合销售情况，交货需求以提供客户满意的服务；在此基础上以库存控制为基准，以最经济的订购方要解决库存控制的关键问题，作出最佳的库存决策时，就必须先设法对货物的需求情况、订购性质及限制因素加以分析。

1. 需求情况分析

对需求情况而言，在今天以市场导向的经营方式下，库存控制决策的拟定仍是以需求状况为最重要的考虑因素。

货物的需求状况可分为三种：

（1）固定或确知的情况：未来的需求为已知。

（2）具有风险的情况：对未来的需求只知其大略的发生概况。

（3）不确定的情况：低于来来的需求情况全然不知。

尤其是流通业的景气与否，与经济的大气候是否景气有很大关系，而且许多产品周期也容易受流行趋势的影响。然而在需求量不易确定的情况下，许多企业长期购进过多的存货而滞销呆放，造成仓库效益不佳，对此即应先由正确的需求预测来控制，而后再凭经验加以修正。

2. 库存控制预测

通常，需求预测应考虑下列因素：

（1）根据目前订单需要量来预测，即根据各区业务员或营业所的估计，予以汇总而成预期总销售量。

（2）直接由过去的实际用量预测未来的销售情况。

（3）将过去的用量加上时间趋势、季节变动和其他因素等调整而得。

（4）根据客户购买力分析。

（5）根据全国商业或政治趋势资料分析。

（6）进行市场调查。

由需求预测确定需求状况后，管理者根据需求状况再考虑订购性质（订购时机、购置时间）及其他像财务状况、供应商问题、仓库空间容量等限制因素，作出存货决策。然后再依存货决策制订一套存货的管理标准，以此标准来对实际库存量情况控制管理；最后再由控制结果来修正原先的存货决策。

四、库存计划

1. 库存计划生成与确认

库存计划是由商家的订单或销售发货单确认后直接生成待分配的库存计划，通过对销售订单或采购订单的勾兑，将商家的进货和发货联系起来，从而完成库存计划实施。

对库存计划进行确认，是指直接根据记录生成销售发货单或采购进货单，同时给对应的销售订单、采购订单和库存计划进行标记。

根据已确认的具体订单，通过库存计划管理系统传输给仓储作业的有关部门确认并接口。

2. 库存计划制订的步骤

库存计划的制订不仅仅是为了满足客户的要求，而且应该能够对客户的各项业务起到有效的支撑作用，起到帮助客户创造利润的目的，也就是我们所说的发掘“第三利润源泉”，最终使客户和物流企业同时受益，达到“双赢”的效果。

库存计划制订的步骤是：

（1）确定库存计划的目的。物流业务的经营运作是以满足客户需求为导向的，并且需要与企业自身拥有的资源、运作能力相匹配。但是，往往由于企业受到自身的能力和资源的限制，对满足客户需求的多变性、复杂性有一定难度。这就要求企业在制订库存计划时必须考虑制订库存计划的目的。通常库存业务不仅是为了满足短期实效性要求，同时也要满足相对长期的稳定性要求；库存业务是服务于临时性特定顾客还是服务于长期固定客户，都会以不同的作业目的进行制订的，因此，就需要有不同的库存计划作支撑。

（2）搜集相关数据资料。不了解客户的需求，就无法满足客户需求，因此搜集整理服务对象的相关数据资料是提高库存服务水平的关键。库存的主要标的是货物，如原材料、零部件、半成品、产成品等。就长期固定客户而言，对该货物近年来的需求量以及淡季和旺季的需求量变化等相关统计数据是制订库存计划时必不可少的第一手数据资料。另外，了解当年销售计划、生产计划、流通渠道的规模以及变化情况、库存的数量、规模、运输费用、仓储费用、管理费用等数据也是十分必要的。例如，如果不了解客户淡旺季需求差异的变化，对于突然增加的库存任务，是无法积极有效应对的。因此，对相关数据资料的收集并作相应的分析是制订库存计划的关键，是提高仓储服务质量的关键。

(3) 整理库存计划的要素。库存计划要素是指：客户、货物、货位、环境、地点、时间、质量等。在制订库存计划时应对这些内容作深入了解并加以分析整理。

(4) 制订初步库存计划。在完成上述三个步骤之后，结合自身能力以及客户需求，便可以初步确定库存计划。正确地编制库存计划，对于加强库存控制，保证需求，降低库存成本，加速资金周转有着重要的作用。

第二节 库存控制技术

现代库存管理的任务是通过适量的库存达到合理的供应，实现总成本最低的目标。其关键性的突破在于放弃了“保证供应”，允许缺货，利用总成本最低来进行决策。

库存管理要遵循“经济性原则”，管理成本不能超过由此带来的库存成本节约。库存管理者需要在库存成本和客户服务水平之间寻找平衡点，百分之百的客户服务水平往往不是最佳选择，企业总是寻找维持系统完整运行所需的最小库存或达到“满意”的客户服务水平基础上的最低库存。

常用的库存控制的方法主要有 ABC 分类控制法、经济批量控制法、定期库存控制法和定量库存控制法等。

一、ABC 分类控制法

ABC 分类控制法又称重点管理法、ABC 分析法或 20—80 法则。该方法是根据巴雷特曲线所揭示的“关键的少数和次要的多数”的规律在管理中加以应用的。

A 类货物是资金占用量比例最高的库存，这类货物数量可能只占库存总数的 20% 以下，但它们的资金占用量比例却占到资金总数的 80% 以上。

B 类货物的资金占用量比例和数量占库存总数比例介于 A 类货物和 C 类货物之间。

C 类货物的资金占用量比例一般只占到资金总数的 20% 以下，但数量可能约占库存总数的 80% 以上。

通常把企业需用品种繁多的物料，按其重要程度、消耗数量、价值大小、资金占用等情况，将库存货物按资金占用量比例和占库存总数比例分为 A、B、C 三类货物。

对 A 类物料实行重点管理，对 B 类物料实行一般管理，对 C 类物料实行次要管理。上述三类物料在库存控制和管理中的重要程度不同。

A 类物料最重要，应严加控制，一般宜采用定期库存控制法，尽量缩短订货间隔期；B 类物料较重要，可适当控制，一般宜采用定量库存控制法，即当库存量降到订购点时订购；C 类物料重要程度一般，可适当放宽控制，一般半年或一年订购一次。这样就能简化物料管理工作，做到既能保证生产需要，又占用最少的费用，从而使企业获得良好的经济效益。

案例：

某仓库产品共有 20 个类别，它们的全年销售情况如表 10－1 所示。表中第（1）栏是产品代码，第（2）栏为产品全年销售额由大到小的排列顺序，第（5）栏是产品的全年销售额。

表 10-1 ABC 分析表

(1) 产品代码	(2) 顺序	(3) 顺序百分比 (%)	(4) 销售金额 (元)	(5) 销售金额累计 (元)	(6) 销售金额累计 百分比(%)	(7) 分类
1002	1	5	1 680 400	1 680 400	35	A
1119	2	10	1 202 256	2 882 656	60	A
2019	3	15	839 317	3 721 973	77	A
1019	4	20	485 726	4 207 699	87	B
0005	5	25	139 589	4 347 288	90	B
2116	6	30	98 605	4 445 893	92	B
0015	7	35	76 286	4 522 179	94	B
0105	8	40	46 202	4 568 381	95	B
3016	9	45	43 835	4 612 216	95	B
1116	10	50	38 660	4 650 876	96	C
1010	11	55	27 192	4 678 068	97	C
0880	12	60	18 856	4 696 924	97	C
0715	13	65	16 304	4 713 228	98	C
0625	14	70	10 256	4 723 484	98	C
0304	15	75	89 331	4 812 815	99	C
3913	16	80	7 817	4 820 632	100	C
3221	17	85	4 240	4 824 872	100	C
2310	18	90	2 807	4 827 679	100	C
0458	19	95	2 503	4 830 182	100	C
1092	20	100	2 015	4 832 197	100	C

ABC 分析的一般步骤如下：

首先，在表中第（3）栏中计算顺序百分比，在第（5）栏中计算全年销售额累计，在第（6）中计算销售额累计百分比。

其次，根据计算结果，以第（3）栏顺序百分比为横坐标，以第（6）栏销售累计百分比为纵坐标，将各产品的数值在图中点出，并将各点联成曲线，这个曲线就是 ABC 曲线（见图 10-1），又称巴雷特曲线。

最后，作 ABC 结果分析，如表 10-2 所示。

表 10-2 ABC 结果分析

分类	顺 序	结 果	包括产品代码	分类	顺 序	结 果	包括产品代码
A	1、2、3	产品百分比 15% 销售金额百分比 77%	1002、1119、2019	C	10~20	产品百分比 55% 销售金额百分比 5%	1116、1010、0880、0715、0625、0304、3913、3221、2310 0458、1092
B	4~9	产品百分比 30% 销售金额百分比 18%	1019、0005、2116、0015、0105、3016				

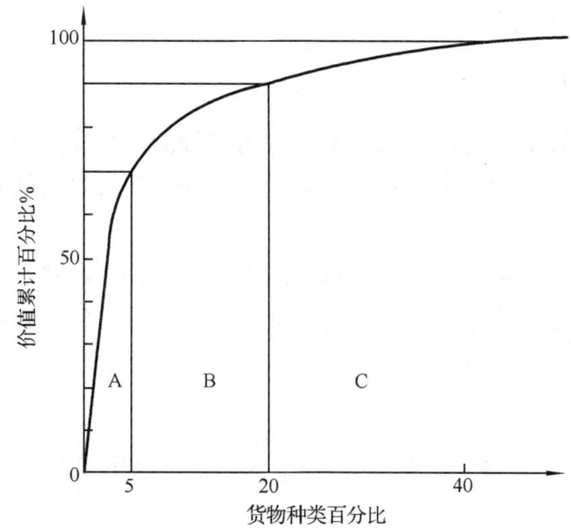

图 10－1　ABC 曲线

二、经济批量控制法

经济批量控制法是侧重从企业本身经济效益来综合分析物料订购和库存保管费用的一种科学方法。

确定条件下的经济批量法的假设条件是：只涉及一种货品、年需求量已知、需求比例是一个合理的常数、订货提前期不变、各批量单独运送接收、没有数量折扣。

经济批量控制法研究的是物料订购费用和保管费用、订购次数和订购数量之间的关系。企业在一定时间内对所需物料的订购次数少，用于订购的费用就少，而每次订购批量就大，支出的保管费用就多。相反，订购次数多，订购费用也多，而每次订购批量小，从而保管费用也少。这里主要是研究在保证企业生产需要的条件下，使订购费用和保管费用之和最小的订购批量，即为经济批量。

经济批量的计算可按下式：

$$经济批量=\sqrt{\frac{2\times 每次订货费用\times 物料年需用量}{单位物料年保管费用}}$$

案例：

某厂某种物料的年需用量为 4 500 kg，每次订购费用为 20 元，该种物料单价为 8 元，年保管费用率为年平均存储值的 25%。将上例数据代入公式，即得

$$经济批量=\sqrt{\frac{2\times 每次订货费用\times 物料年需用量}{单位物料年保管费用}}=\sqrt{\frac{2\times 20\times 4\ 500}{8\times 0.25}}=300\ (\text{kg})$$

三、定期库存控制法

定期库存控制法是以固定盘点和订购周期为基础的一种库存量控制方法。它按规定时间检查存量并随即提出订购，补充至库存储备定额。物料订购时间是预先固定的，每次订购批量是可变的。订购周期指提出订货到该批物料入库为止所需时间；订购间隔期指相邻两次订购日之间的时间间隔；现有库存量指提出订购时盘点的库存量；已订购未交量指已订购，能

在下次订购前到货的数量。

四、定量库存控制法

定量库存控制法是以固定订购点和订购批量为基础的一种库存控制方法。这就是说，当实际库存量降至订购点时提出订购，每次订购数量相同，而订购时间不固定，由物料需用量的变化决定。

定量库存控制法还有一种简单形式，称为双堆法或分存控制法。这种方法是先将库存物料分成两堆，先用第一堆，当第一堆用完时，立即组织采购订货，在第二批物料进厂前，继续使用第二堆物料，这样第二堆物料就是订购点。

第三节　降低库存的措施

一、降低库存水平的策略

不同类型库存的库存量在企业的经营过程不是一成不变的，通过对库存相关素的科学分析，我们可以不断改进相应库存控制和管理方法，降低库存水平，库存规模更进一步趋于适当化。表 10－3 列示了不同类型库存降低库存水平的策略。

表 10－3　不同类型库存降低库存水平的策略

库存类型	采取策略	具体措施
安全库存	预测与控制库存产生的原因	改善需求预测工作 准确分析需求量与需求时间 加强过程控制 增加设备与人员的柔性 采取供应链管理模式
周转库存	在需要的时候供应与生产	与供应商和客户建立合作伙伴关系，采取供应链管理模式 降低订货费用 生产采取 JIT 方式
在途库存	缩短运输时间	加强运输过程控制 加大运输能力
相关需求库存	用物料需求计划理论解决相关需求库存问题	运行 MRP 提高 BOM 的准确率 提高库存记录的准确率

二、“零库存”

以仓库存储形式的某种或某些物品的储存数量为零称为零库存。零库存并不等于不要库存，对某一经营主体而言，只是以另一种形式进行储存。

为满足生产和消费的连续性，一个好的库存策略不应该是为准备应付某种情况，而应是为了准时供货，因此可以采用“零库存”管理方式。

三、供应商管理库存

供应商管理库存（VMI）通常可以理解为企业的原材料库存由供应商管理，当企业需要时，由供应商组织运送。VMI 把库存及其仓储管理转移给了供应商，因此选择一个有效率、有效益和可信赖的供应商是非常重要的。

典型案例

美国某药品和杂货零售商的混合仓储管理模式

美国某药品和杂货零售商成功实现其并购计划之后销售额急剧上升，需要扩大分拨系统以满足需要。一种设计是利用 6 个仓库供应全美约 1 000 家分店。公司既往的物流战略是全部使用自有仓库和车辆为各分店提供高水平的服务，因而此次公司计划投入 700 万美元新建一个仓库，用来缓解仓储不足的问题。新仓库主要供应匹兹堡附近的市场，通过配置最先进的搬运、存储设备和进行流程控制降低成本。管理层已经同意了这一战略，且已经开始寻找修建新仓库的地点。

实　训

库存控制知识的巩固

实训目的

进一步掌握经济批量控制法和 ABC 分类控制法。

实训内容

由教师布置经济批量控制法和 ABC 分类控制法新的案例，通过案例分析，进一步掌握经济批量控制法和 ABC 分类控制法的相关理论和作业方法。

实训课时

6 学时（其中经济批量控制法 3 学时、ABC 分类控制法 3 学时）

实训要求

通过演练，能够熟练掌握经济批量控制法和 ABC 分类控制法的作业方法。

检查标准

（1）按格式要求完成作业；

（2）教师批改作业。

自·测·练·习

一、单项选择题

1. A类物料最重要，应________。

A. 严加控制　　B. 重点控制　　C. 适度控制　　D. 灵活控制

2. ABC分类控制法是根据巴雷特曲线所揭示的________规律在库存管理中的应用。

A. 关键的少数和次要的多数　　B. 关键的多数和次要的少数

C. 主要的少数和次要的多数　　D. 次要的少数和主要的多数

3. 为了防止库存过多、浪费资金，各种货品均应限定其可能的最高库存水平，也就是货品库存数量的最高界限，以作为内部警戒的一个________指标。

A. 装载量　　B. 数量　　C. 重量　　D. 流程

4. 以仓库存储形式的某种或某些物品的储存数量为零称为________。

A. 零库存　　B. 独立库存　　C. 分离库存　　D. 游离库存

5. 定量库存控制法是以固定订购点和订购批量为基础的一种库存控制方法。这就是说，当实际库存量降至订购点时提出订购，每次订购数量相同，而订购时间________。

A. 固定　　B. 不固定　　C. 随机　　D. 活动

二、多项选择题

1. 库存控制的目的是：________。

A. 减少超额库存投资　　B. 降低库存成本　　C. 保护财产

D. 减少呆滞货物发生　　E. 防止迟延及缺货

2. 库存控制预测应考虑下面的因素是：________、进行市场调查等。

A. 根据目前订单需要量来预测，即根据各区业务员或营业所的估计，予以汇总而成预期总销售量

B. 直接由过去的实际用量预测未来的销售情况

C. 将过去的用量加上时间趋势、季节变动和其他因素等调整而得

D. 根据客户购买力分析

E. 根据全国商业或政治趋势资料分析

3. 库存控制的关键问题是：________。

A. 订购点的问题　　B. 订购量的问题　　C. 库存基准的问题

D. 成本问题　　E. 效率问题

4. 从订货周期看影响库存的因素有________。

A. 运输时间　　B. 订单处理手段　　C. 订货方法

D. 订单处理的周期　　E. 订单处理场所

5. 库存控制的关键问题是________。

A. 订购点的问题　　B. 资金问题　　C. 订购量的问题

D. 社会运力问题　　E. 库存基准的问题

三、是非题（正确的打“√”，错误的打“×”）

1. ABC分类控制法又称重点管理法、ABC分析法或20-80法则。该方法是根据定量库

存所揭示的“关键的少数和次要的多数”的规律在库存管理对库存量进行控制的应用。（ ）

2. 经济批量控制法研究的是物料订购费用和保管费用、订购次数和订购数量之间的关系。（ ）

3. 定期库存控制法是以固定盘点和订购周期为基础的一种库存量控制方法。（ ）

4. VMI 称为供应商管理库存。（ ）

5. 以仓库存储形式的某种或某些物品的储存数量为零称为零库存。（ ）

四、思考题

1. 库存控制的意义是什么？
2. 库存控制的目的是什么？
3. 库存货位编制方法有几种？如何编制？
4. 库存控制的方法有几种？
5. 降低库存的措施有哪些？

第十一章

仓储经营

学习目标

◎知识目标

了解仓储经营的内容；了解仓储合同的内容；了解仓单的作用和内容；了解仓储成本的定价方法。

◎能力目标

熟悉仓储合同的订立过程和仓储合同条款；熟悉仓单的作业和仓单订立条款；熟悉仓储成本的定价方法。

第一节 仓储经营

一、仓储经营的意义

仓储经营是指通过仓库对物资进行储存和保管。仓储是物品流通的重要环节之一，也是物流活动的重要支柱。在社会分工和专业化生产条件下，为保证社会再生产过程的顺利进行，必须储存一定量的物资，以满足一定时间内社会生和消费的需要。因此，开展仓储经营具有十分重要的意义。

1. 搞好仓储经营是实现社会再生产过程顺利进行的必要条件

物品由生产地向消费地转移，是依靠仓储活动来实现的。可见，仓储活动的意义正是由于生产与消费在空间、时间以及品种、数量等方面存在着矛盾而引起的。通过搞好仓储经营活动，发挥仓储活动连接生产与消费的纽带和桥梁作用借以克服众多的相互分离又相互联系的生产者之间、生产者与消费者之间在物品生产与消费地理上的分离，衔接物品生产与消费时间上的不一致，以及调节物品生产与消费在方式上的差异，可使社会简单再生产和扩大再生产能在建立一定的物品资源的基础上，保证社会再生产的顺利进行。

2. 搞好仓储经营是保持物资原有使用价值和合理地使用物资的重要手段

任何一种物资，当它生产出来以后至消费之前，由于其本身的性质、所处的条件，以及自然的、经济的及技术等因素，都可能使物资使用价值在数量上减少、质量上降低，如果不创造必要的保护条件，就不可避免地使物资造成损害。因此，必须进行科学管理，加强物资的养护，搞好仓储经营活动，以保护好处于暂时停滞状态的物资的使用价值。同时，在仓储经营活动中，要努力做到流向合理，加快物资流转速度，注意物资的合理分配，不断提高工作效率，使有限的物资能及时发挥最大的效用。

3. 搞好仓储经营，是加快资金周转、提高经济效益的有效途径

在仓储经营活动中，为了保证物资的使用价值在时空上的顺利转移，必然要消耗一定的物化劳动和活劳动。尽管这些合理费用的支出是必要的，但由于它们不能创造使用价值，因而，在保证物资使用价值得到有效的保护，有利于社会再生产顺利进行的前提下，费用支出得越少越好。那么，搞好仓储经营活动，就可以减少物资在仓储过程中的物质耗损和劳动消耗，就可以加速物资的流通和资金的周转，从而节省费用支出，降低物流成本，提高企业和社会的经济效益。

二、仓储经营组织的建立

仓储经营组织应从公有制下的部门仓储管理系统转变为适应市场经济发展的物流系统。仓储经营组织就是按照预定的目标，将仓库作业人员与仓库储存手段有效地结合起来，完成仓库作业过程各环节的职责，为物品流通提供良好的储存劳务。

1. 空间组织

仓储作业过程的空间组织是指正确确定仓储作业的路线，保证物品在空间上的最短运动路线和仓库空间的有效利用。作业过程的空间组织主要通过仓储作业场地的合理布置和作业班组的合理划分来实现，即在划分生产过程中，应根据物资仓储的特点，使储存物资在生产过程中径直前进，避免往返运转。为此，一方面要合理地划分作业班组；另一方面，要保证仓储设施的合理布局。作业班组的设置主要应根据仓库的吞吐规模、储存物品的类别和生产流程的特点等因素而建立，一般多按照专业化形式设置班组。

2. 时间组织

仓储作业过程的时间组织是指通过各个环节作业时间的合理安排和衔接，保证作业的连续进行。前者要求时间的最大节省，后者要求作业的连续进行，尽可能消除或减少作业过程中的停顿或等待时间。物品仓储作业的时间，主要取决于供货合同的规定，但仓储活动的各个环节是否合理，同样也影响着时间，特别是急需物品，各道工序的结合方式直接影响作业时间。而在工序时间上的结合方式又与机械化程度、设备能力、工人技术水平有关。因此，仓储作业过程的时间组织应综合考虑各方面的条件和可能。

第二节 仓储合同

一、仓储合同的法律特征

《中华人民共和国合同法》第三百八十一条将仓储合同定义为："仓储合同是保管人储存存货人交付的仓储物，存货人支付仓储费的合同。"仓储合同是一种特殊的保管合同，所以又称为仓储保管合同。

1. 仓储合同的保管方须是专门经营仓储保管业的人

仓储保管方须有为他人保管物品的仓库设施，并且经工商机关核准经营仓储保管业务，未经核准经营仓储保管业务者，不得订立仓储合同。

2. 仓储合同为诺成性合同

诺成性合同又称为"不要式合同"，指只要合同双方当事人就合同的主要条款达成一致，合同即告成立。

3. 仓储合同是有偿合同

仓储合同的订立形式在法律上没有明确的规定，合同既可以采用书面形式，亦可采用口头形式。仓储合同中规定，保管人有义务在合同确立后为存货人的物品提供保管，同时规定，存货人要对保管人仓储保管服务支付报酬。所以，在仓储合同中，双方当事人均负有义务，且义务是对应的，具有明显的等价性。

4. 仓储合同的仓储物为动产

存货人交付保管的货物必须是动产，只有动产才能为保管人所控制并能进入保管人的仓库和为其提供仓储保管服务。保管物必须具有合法性，不得为非法财产。

二、仓储合同的当事人

仓储合同的当事人双方分别为存货人和保管人。

存货人是指将仓储物交付仓储的一方。存货人必须是具有将仓储物交付仓储的处分权的人，可以是仓储物的所有人，也可以是只有仓储权利的占有人（如承运人），或者是受让仓储物但未实际占有仓储物的虚拟所有人，或者有权处分人（如法院、行政机关）等，可以是法人、非法人单位、事业单位、个体经营户、国家机关、公民等。

保管人为仓储货物的保管一方。根据合同法的规定，保管人必须有仓储设备和具备专门从事仓储保管业务的资格。也就是说，保管人必须拥有仓储保管设备和设施，如仓库、场地、装卸搬运设施、消防设备等基本条件。从事特殊保管的，还要有特殊保管的条件要求。设施和设备无论是保管人自有的，还是租赁的，保管人必须具有有效的经营使用权。同时，保管人从事仓储经营必须具有经营资格，进行工商登记，获得工商营业执照。保管人可以是独立的企业法人、企业的分支机构，或者个体工商户、合伙经营者、其他组织等，可以是专门从事仓储业务的仓储经营者，也可以是贸易货栈、车站、码头的兼营机构，从事配送经营的配送机构等。

三、仓储合同的标的

合同标的是指合同当事人权利和义务所共同指向的对象。仓储合同虽然约定的是仓储物的保管事项，但合同的标的却是仓储保管行为，包括仓储物、仓储空间和仓储时间等。保管人提供保管空间和时间保管仓储物，存货人提供仓储物并为使用保管人的仓储行为支付仓储费。

四、仓储合同的订立

1. 订立的原则

仓储合同的订立，是存货人与保管人之间依据双方当事人意思而实施的能够引起权利与义务关系发生的民事法律行为。

仓储合同的订立原则主要有：

（1）平等原则。即作为仓储合同的当事人双方的法律地位一律平等。无论是存货人还是保管人，双方均享有独立的法律人格，独立地表达自己的意思，双方是在平等基础上的利益互换。

（2）等价有偿原则。等价有偿原则是要求仓储合同的双方当事人依据价值规律来进行利益的选择，禁止无偿划拨、调拨仓储物，也禁止强迫保管人或存货人接受不平等的利益交换。

（3）自愿与协商一致的原则。自愿意味着让存货人与保管人完全地依照自己的知识、判断去追求自己最大的利益。协商一致是在自愿基础上寻求意思表示一致，寻求利益的结合点。存货人与保管人协商一致的约定，具有与法律同等的约束力。仓储合同的订立只有在协商一致的基础上，才能最充分地体现出双方的利益，从而保证双方能依约定履行合同。

2. 仓储合同的订立过程

仓储合同订立过程涉及的主要内容是：

（1）要约。所谓要约，就是一方当事人向另一方当事人发出的以订立合同为目的而提出的合同条件。要约是特定的合同当事人所为的意思表示，它以具体的、足以使合同成立的主要条件为内容，向要约人希望与之缔结合同的相对人发出，且表明对方一经承诺即受约束。在仓储合同中，一般来说，要约的内容至少应当包括以下内容：标的物数量、质量、仓储费用。即使没有具体的数量、质量和仓储费用的表述，也应当通过具体的方式来确定这些内容。根据仓储合同的特点和现实环境，一般来说，仓储合同的要约最好以书面形式发出，特别是大批货物的储存与保管，更应订立仓储合同。在实践中，如果是长期的固定的货物储存，一般存货人与保管人都应当签订长期仓储合同；在分期分批储存时，应再填写标准格式的仓单，办理具体的仓储手续。

（2）承诺。承诺是受要约人完全同意要约内容的意思表示。承诺必须是在要约的有效期限内作为，并与要约的内容完全一致。除受要约人之外的任何第三人所作的承诺都不是法律上的承诺，而仅仅是一项要约，就像迟到的承诺只是要约一样。受要约人对要约内容的任何扩充、限制或者其他变更，都只能构成一项新要约，而非有效的承诺。

在仓储合同中，承诺最具法律意义，保管人一经承诺，仓储合同即告成立，且同时生效。也就是说，仓储合同是诺成合同，合同的成立与生效同时发生，该效力的发生基于一个有效的承诺。

五、仓储合同条款

1. 仓储合同的条款

仓储合同的主要条款，是存货人与保管人双方协商一致而订立的，规定双方所享有的主要权利和承担的主要义务的条款，是合同的内容。仓储合同的主要条款是检验合同的合法性、有效性的重要依据。

仓储合同的条款包括：

（1）双方当事人名称。

（2）仓储物的品名、品种、规格。

（3）仓储物的数量、质量和包装。

（4）仓储物验收的内容、标准、方法、时间、资料。

（5）仓储物保管条件和要求。

（6）仓储物入库和出库的手续、时间、地点、运输方式。

（7）仓储物的损耗标准和损耗处理。

（8）计费项目、标准和结算方式。

（9）保管期限。

（10）变更和解除合同的期限。

（11）争议的解决方式。

（12）违约责任。

2. 仓储合同主要条款的具体内容

仓储合同的主要条款有：

（1）仓储物的品名或品类、数量、质量、包装。一般来说，仓储合同的标的物是特定物或者是特定化了的货物。存货人将仓储物交付于保管人，而在合同期限届满时，保管人须以保管之原物返还于存货人。因此，在仓储合同中，明确地标明仓储物的品名或品类十分必要。仓储的数量、质量及包装，其法律意义也是十分明确的。因此，准确地在仓储合同中表述这些内容也是非常重要的。货物的数量应使用标准的计量单位，而且计量单位应精确到最小的计量单位，应注意，对计量单位要防止有不同理解，产生歧义。仓储物的质量应当使用国家或有关部门规定的质量标准，也可以使用经过批准的企业标准，还可以使用行业标准，上述质量标准均可以由存货人与保管人在仓储合同中约定，而在没有质量标准时，双方当事人可自行约定质量标准。

（2）仓储物验收的内容、标准、方法、时间。仓储合同需要由存货人将所存的货物交付给保管人，为了防止将来发生纠纷，保管人应当对仓储物进行验收。保管人正常的验收项目为：仓储物的品种、规格、数量、外包装状况，以及无需开箱、拆开而直观可见可辨的质量情况。包装内的货物品名、规格、数量，以外包装或货物上的标记为准；外包装或货物上无标记的，以供货方提供的验收资料为准。散装货物按国家有关规定或合同规定验收。

货物验收期限，是指自货物和验收资料全部送达保管人之日起，至验收报告送出之日止。货物验收期限的日期均以运输或邮政部门的戳记或送达的签收日期为准。超过验收期限所造成的实际损失，由保管人负责。如果未能按照合同约定或者法律法规规定的项目、方法和期限验收仓储物或验收仓储物不准确，保管人应当负责因此而造成的损失。存货人未能提供验收资料或提供资料不齐全、不及时，所造成的验收差错及贻误索赔期由存货人负责。

（3）仓储条件和要求。仓储物在仓库储存期间，由于各种货物的自然属性不同，对仓库的外界条件和内部环境的要求也不尽相同。因此，合同双方当事人应根据货物性质、要求的不同，在合同中明确规定保管条件。保管人如因仓库条件所限，不能达到存货人要求，则不能接受货物。对某些比较特殊的货物，如危险物品、易腐货物等，保管人保管时，应当有专门的仓库、设备，并配备有专业技术知识的人负责管理。必要时，存货人应向保管人提供货物储存、保管、运输等方面的技术资料，防止发生货物毁损、仓库毁损和人身伤亡事故。存货人在交存特殊货物时，应当明确告知保管人货物的有关保管条件、保管要求。否则，保管人可以拒绝接收存货人所交付的危险货物。

（4）仓储物的损耗标准。仓储物的损耗标准是指货物在储存过程中，由于自然原因（如干燥、风化、散失、挥发、黏结等）和货物本身的性质等原因，不可避免地要发生一定数量的减少、破损，因此，合同双方当事人应事先商定一定的货物自然减量标准和破损率等，并在合同中订明。损耗标准应当根据储存时间的长短来确定。特别要注意易腐货物的损耗标准应该高于一般货物的损耗标准。

（5）仓储物进出库手续、时间、地点、运输方式。仓储物入库是指货物运进仓库时所进行的清点、检验等接收工作。货物入库的方式多种多样，既可以由存货人送货到库，也可以由供货单位或运输部门送货到库，保管人也可以到供货单位、车站、码头等处接货入库。因此，当事人双方应在合同中约定仓储物应入库方式。一般来说，在仓储合同没有特别约定的情况下，由存货人自己送货入库。

仓储合同的当事人双方还应在合同中约定出库时间。当事人对储存期间没有约定或者约定不明确的，存货人可以随时提取仓储物；保管人也可以随时要求存货人提取仓储物，但应给予必要的准备时间。

（6）计费项目、标准和结算方式。计费项目包括保管费、转仓费、出入库装卸搬运费、车皮、站台、专用线占有费、包装整理费、物品养护费等。此条款除应明确上述费用由哪一方承担外，还应明确各种费用的计算标准、支付方式、支付时间、地点、开户银行、账号等。

（7）违约责任。仓储合同中可以从货物入库、货物验收、货物保管、货物包装、货物出库等方面明确双方当事人的责任，同时应规定违反合同时应承担的违约责任。承担的违约责任有支付违约金、损害赔偿以及采取其他补救措施等。

六、仓储合同的格式

1. 合同书

合同书是仓储合同的最常用格式。合同书由合同名称、合同编号、合同条款、当事人签署四部分组成。合同书必须形式完整，内容全面，有利于合同的履行及争议的处理。

2. 确认书

在采取口头、传真、电文等形式商定合同时，为了明确合同条款和表达合同订立，常常采用一方向另一方签发确认书的方法确定合同。由于确认书仅由发出确认书的一方签署，因此，确认书与完整的合同书不同，一般双方还要签订正式合同书。

3. 格式合同

一些公共仓储单位（如码头、车站）一般采用格式仓储合同。格式合同是由一方事先拟定，并在工商管理部门备案的单方确定的合同，在订立合同时只是由保管人填写仓储物、保管期、仓储费等变动事项后直接签发给存货人签订，不进行条款协商。

4. 仓储合同范本

下列为一份钢材仓储合同范本。

钢材仓储保管合同

合同编号：

合同签约地：

甲方：　　　签约时间：

乙方：×××××有限公司

根据《中华人民共和国合同法》，本着平等依法，互利互惠的原则，双方友好协商，就甲方的钢材装卸、入库仓储保管、出库等事宜达成如下协议。

一、入库管理

1. 钢材入库前，甲方需提前三天向乙方预报运输钢材船舶的船号，提前一天预报运输钢材车辆的车号，并详细提供钢材的品名、规格、数量（件/吨）、外包装等。以便乙方安排码头和仓库（场地）作业。

2. 钢材入库验收。乙方根据甲方随货同行的运单对已到港的钢材的品名、规格、数量（件/吨）进行验收。

3. 乙方对甲方入库的钢材每批次以抽检的方式进行数量检验，如抽检数量短缺、少支、散捆或有严重弯曲、变形等异状情况时，及时编制货运记录并经承运人（车、船）签字确认，随后电告和书面通知甲方，以便甲方向有关方进行索赔，乙方对抽检有问题的该批钢材不承担责任。

4. 乙方在对甲方钢材入库验收过程中发现无标牌时，及时编制货运记录，并经承运人签字确认，随后电告或书面通知甲方。该批无标牌钢材的重量由乙方在入库三日后称重并将重量结果报甲方。乙方不承担钢材的重量责任。

5. 乙方验收完毕后，在入库单中注明验收结果，并将入库清单及时传真给甲方。

二、仓储管理

1. 乙方对甲方的钢材单独列账，分类保管，对已入库场的钢材按实际的发货单位、品名、规格、数量、入库日期、仓库保管人录入管理系统。

2. 保管约定，普通钢材的堆放根据乙方现有的露天库场堆放成标准垛。如甲方钢材有特殊仓储要求，另行协议。

3. 查库对账，乙方定于每月26日将甲方库存对账清单传真给甲方，并保证账实相符。

三、出库管理

1. 甲方尽可能提前一天向乙方发出提货通知。并由提货人向乙方提供钢材运输工具的车船号、品名、数量。

2. 出库约定：乙方收到甲方发货通知（见样本），须对其有效期及与样本的一致性进行核对，若发货通知为传真件还须核对专线传真号码：＿＿＿＿＿＿＿＿，同时乙方还需与专线电话：＿＿＿＿＿＿专人：＿＿＿＿，进行电话核对发货通知的真实性；验明提货单上提货人的身份情况，并收妥仓库费用后，方可给提货人办理提货手续。

3. 甲方钢材按件入库，乙方按件出库。

4. 甲方钢材出库需过磅时，乙方按标准收取过磅费。

5. 甲方在乙方的库存货价，必须大于甲方所欠乙方的装卸、仓储、运输等费用，甲方在没有结清所欠乙方的费用且库存货物小于或等于所欠乙方费用时，乙方有权不按甲方发货通知单发货。甲方在乙方没有库存货物的，必须做到货清费清。

四、委托运输

1. 如甲方委托乙方代为运输（甲方提供委托书），乙方将运输工具的车船号经专线传真号传真给甲方，经甲、乙双方专人核实后，乙方按甲方委托要求的货物品名、规格、数量运送至目的地。

2. 乙方港口至甲方船厂车运＿＿＿＿元/吨，船运＿＿＿＿元/吨。

五、费用结算标准和结算方式

1. 乙方收费标准：

装卸包干费（1）25元/吨，其中船—库场15元/吨；库场—车10元/吨。

（2）30元/吨，其中船—库场15元/吨；库场—船15元/吨。

（3）车船直取15元/吨。

（4）转户费5元/吨（转户费由转入单位承担）。

（5）过磅费1元/吨。

（6）仓储费 免30天，超过30天每天每吨按0.25元/吨计费。

2. 以每月25日为止的当月总出库量为结算依据，一月一结。乙方向甲方出具正式发票。

六、违约责任

乙方未能按上述合同条款约定履行，乙方赔偿甲方全额损失，同时按国家规定承担违约金赔偿。

甲方未能按上述合同条款约定履行，应赔偿因此而给乙方造成装卸作业和仓储等方面的经济损失，同时按国家规定赔偿违约金。

七、争议解决、合同效期

其他未尽事宜，另行协商解决。协商不成，诉讼解决，以履约方所在地为诉讼地点，败诉方承担对方的律师费用。本合同自双方签字盖章之日起生效，有效期一年。本合同一式四份，甲、乙双方各执两份。

甲方：	乙方：
签字/日期：2012 年　月　日	签字/日期：2012 年　月　日
地址：	地址：
邮编：	邮编：
电话：	电话：
开户银行：	开户银行：
账号：	账号：

第三节　仓　单

一、仓单的概念

所谓仓单，就是指仓储保管人在收到仓储物时向存货人签发的表明已经收到一定数量的仓储物，并以此来代表相应的财产所有权利的法律文书。

《中华人民共和国合同法》第三百八十五条规定："存货人交付仓储物时，保管人应当给付仓单"。

仓储合同成立后，存货人依据合同的约定将仓储物交付保管人。仓储物的转移并不发生其所有权的转移。因此，为了标明存货人对仓储物的所有权，保管人应当付给存货人必要的权利证明凭证。凭此证明，存货人可以表明自己是仓储物的所有人，保管人必须返还仓储物给存货人。该凭证即为仓单。

二、仓单的性质

1. 仓单是代表一定的财产所有权利的法律文书

保管人收到存货人交付的仓储物，验收之后即出具仓单，如果存货人没有依据仓储合同的约定交付仓储物，保管人是不会给付仓单的。存货人所持的仓单应证明：虽然货物已经交付给了保管人，但这种交付并不涉及财产权利的转移，交付仓储物只是为了求得妥善的储存与保管，仓储物的所有权依然掌握在自己的手中，自己可以所有权人的身份自由处分仓储物。因此，在仓储期限届满时，存货人或者仓单持有人也就当然可以仓单作为凭证提取仓储物。正是因为在仓单上记载了存货人对仓储物的所有者权利，存货人才有权在合同期满时向保管人提出要求提取自己特定的与自己存入时完全一致的原物。

2. 仓单是提货凭证

仓单既是存货人已经交付仓储物的凭证，又是存货人或者仓单持有人提取仓储物的凭证。保管人一旦签发仓单，不管仓单是否由存货人持有，持单人都可以凭借仓单而请求保管人给付仓储物，保管人不能以仓单持有人不是存货人本人为由拒绝给付仓储物。仓单持有人向保管人出示仓单后，有权受领仓储物。仓单持有人在领取仓储物后，应当将仓单交回保管人。

3. 仓单是有价证券

仓单在经过存货人的背书和保管人的签署后可以转让，任何持有仓单的人都可以依据仓单上所记载的权利而要求仓储保管人给付仓储物。因此，仓单在实际上又是一种以给付仓储物为标的的有价证券。仓单上所记载的事项，实际上就是当事人权利义务关系的反映。保管人只以仓单为准，决定当事人的权利义务，而不管持单人是否为存货人，仓单的转移随之而发生仓储物的所有权转移。

三、仓单的填制

1. 仓单的内容

仓单的内容主要有：

（1）人的名称或者姓名和住所。

（2）物的品种、数量、质量、包装、件数和标记。

（3）仓储物的损耗标准。

（4）储存场所。

（5）储存时间。

（6）仓储费。

（7）保险金额、期间以及保险人的名称。

（8）填发人、填发地和填发日期。

2. 仓单填制的内容

仓单填制的内容主要有：

（1）存货人的名称或者姓名和住所。这是仓单的首项载明事项。名称或者姓名是确定合同权利义务承受主体的重要依据。仓单作为一种法律凭证，它所载明的名称或者姓名，应当是存货人的标准名称或者姓名，即存货人应当以其在工商行政管理机关登记注册的名称或者以由国家公安机关颁发的有效身份证件上所确定的名称作为其在仓单上记载的名称或姓名。因此，这也客观地要求存货人在与保管人订立仓储合同时，一定要使用自己的标准名称或姓名，杜绝使用简称或别名，以免造成仓储合同所载名称或姓名与仓单所载之名称或姓名不相一致，引起不必要的纠纷。在民法上，住所也有着重要的法律意义，它是确定诉讼管辖、债务履行以及法律文书送达等方面的重要依据。如果存货人是法人或者其他经济组织，仓单应当以其在工商行政管理机关登记注册的住所为记载之住所；如果存货人是公民个人，则仓单应当以其户籍所在地或者经常居住地为记载之依据。准确载明存货人的住所，对于保管人履行合同义务也非常重要，保管人得依此住所而履行有关义务。

（2）仓储物的品种、数量、质量、包装、件数和标记。仓储物的品种、数量、质量、包装、件数和标记，构成了对仓储物的特定化，是保管人保证原物返还的基础。因此，有关仓储物的上述事项记载，必须是绝对准确的。保管人在接收存货人交付的仓储物时，应当认真验收，详细准确地将上述事项记载在仓单上。仓储物的名称应当使用标准名称，避免因使用简称或者别称而可能产生的歧义理解，造成解释上的困难，仓储物的质量、包装等也要明确标明。仓储物的数量应当使用法定标准计量单位，件数要核准，标记要清晰明了。总之，上述记载事项应当能够表明持单人收取的仓储物与存货人交付的仓储物具有同一性。

（3）仓储物的损耗标准。仓储物损耗标准是指货物在储存运输过程中，由于其本身的自然性质和自然因素（如干燥、风化、散失、挥发、黏结等），或由于度量衡的误差等原因，不可避免地要发生的一定数量的货物之减少、破损或计量误差。仓单应当明确标明仓储物的损耗标准，依主管部门的规定或者双方的合理约定，以免在日后仓储物交还之时发生不必要的纠纷。

（4）储存场所。所谓储存场所，是指保管人储存仓储物的地方。仓单上应当明确载明储存场所，以便存货人或者仓单持有人能够及时、准确地在储存期限届满时提取仓储物。仓储物的储存场所往往即为仓储物的交付地点，因此，它又与交付时间的确定等有着紧密联系。一旦发生纠纷，则在确定诉讼管辖等方面有重要作用。所以，储存场所应当是仓单中的必要条款。

（5）储存期间。储存期间由保管人与存货人在签订仓储合同时就作出约定。一方面，储存期间是保管人履行保管义务的起止时间；另一方面，储存期间又是存货人或者仓单持有人是否按时提取仓储物的一个界限。根据我国《合同法》规定，如果存货人或者仓单持有人逾期提取仓储物，保管人得加收仓储费。因此，仓单上应明确记载储存期间。

（6）仓储费。所谓仓储费，是指保管人因其保管行为而获得的报酬。仓储业作为一种商业经营业务，保管人为存货人储存仓储物，提供储存、保管服务，其目的就是为了收取仓储费。同样，存货人想获得保管人提供的储存、保管服务，必须支付相应的仓储费。仓储费的数额、支付方式、支付地点、支付时间等，显然应当在仓单上给予明确记载。

（7）仓储物的保险事项记载。仓储业务是商业行为，存货人进行的往往是营利性经营，各种风险均应仔细考虑。如果存货人在交付仓储物时，已经就仓储物投了财产保险，那么，存货人应当将保险金额、保险期间以及保险人的名称告知保管人，由保管人将有关情况记载于仓单之上。

（8）填发人、填发地和填发日期。仓单由保管人签发，保管人在签发仓单时，应当将自己的名称或者姓名记载在仓单上这是确定保管人承担义务的重要依据之一。一般而言，仓单的填发地应为存货人交付仓储物的地点，对确定诉讼管辖同样具有重要的法律意义。仓单的填发日期实际上就是储存期间的开始时间，对确定保管人履行储存保管义务期限甚为关键。

第四节 仓储成本控制

一、仓储费用的构成

仓储管理费是指发生在仓储期间整体成本的总和。仓储管理费直接表示了仓储的成本，是仓储成本核算、成本管理、仓储费定价的依据。仓储管理费由一定时期的仓储经营的资金费用、保管费、搬运费、耗损费、保险费、税费等构成。

仓储费用是仓储管理的一个重要经济指标。企业的仓库一般可以分为原材料库和半成品、产成品库两类。为了管理的需要，必须了解各类仓储费用的构成情况。

1. 订货费

订货费是指为补充库存，办理一次订货发生的有关费用，包括订货过程中发生的订购手续费、联络通信费、人工核对费、差旅费、货物检查费、入库验收费等。当生产企业自行组织生产时，订货费相当于组织一次生产所必需的工具安装、设备调整、试车、材料安排等费用。订货费一般说来与订购或生产的数量无关或基本无关。

在确定订货费时，对具体问题要具体分析，但必须注意不能将搬运费、管理费等平均分摊到每一件货物上去，这样，就使订货费和一次订购的数量有关了。

在年消耗量固定不变的情况下，一次订货量越大，订货次数就越少，每年所花费的总订货费就越少。因此，从订货费角度看，订货批量越大越好。

2. 保管费

一般是指每储存物资单位时间所需花费的费用。这一项费用中，只计入与库存物资数量成正比的部分，凡与储存物资数量无关的不变费用不计算在内。有时仓储费还经常用每储存1元物资单位时间所支付的费用来表示，称为保管费率。

保管费包括储存物资所占用资金的利息、物资的储存损耗、陈旧和跌价损失、储存物资的保险费、仓库建筑物及设备的修理折旧费和保险费、储存物资的保养费、库内搬运设备的动力费、搬运工人的工资等。在以上保管费成分中，利息支出所占比重较大。由于订货量越大，平均库存量就越大，从而储存费支出越大。因此，从储存费角度看，订货批量越大越不好。

3. 缺货损失费

它一般是指由于中断供应影响生产造成的损失赔偿费，包括生产停工待料，或者采取应急措施而支付的额外费用，以及影响利润、信誉和损失费等。衡量缺货损失费有两种方式，当缺货费与缺货数量的多少和缺货时间的长度成正比时，一般以缺货一件为期一年（付货时间延期一年），造成的损失赔偿费来表示；另一种是缺货费仅与缺货数量有关而与缺货时间长短无关，这时以缺货一件造成的损失赔偿费来表示。

由于缺货损失费涉及到丧失信誉带来的损失，所以它比储存费、订货费更难于准确确定，有时一旦发生缺货，所造成的损失是无法弥补的。对不同的部门、不同的物资，缺货费的确定有不同的标准，要根据具体要求分析计算，将缺货造成的损失数量化。

仓库绝对不缺货，从理论上讲是可以的，但在实际中是不可能的，实际中为保证不缺货而保持过大的储存量也是不经济的。当缺货损失费难于确定时，一般以用户需求得到及时满足的百分比大小来衡量储存系统的服务质量，称为服务水平。

从缺货损失费角度考虑，储存量越大，缺货的可能性就越小，因而缺货损失费也就越少。

4. 其他仓储管理费

其他仓储管理费包括仓储管理费、库存费率、单位资金库存费率等。

二、仓储成本的构成

仓储成本是因一段时间内储存物品而导致的，大致与所持有的平均库存量成正比。仓储经营中的成本是由投入仓储生产中的种种要素的成本和费用所构成的。这些要素包括：人员工资和福利费、固定资产折旧、能源费、耗损材料费、设备维修费、劳动保护安全费、资金利息、保险、管理费用、外部协作费及税费等。仓储成本可以分为固定成本和变动成本。固定成本是指不随储量发生变化的固定投入；变动成本则是随着储量的增加而增加的成本支出。仓储成本又可以分为四种：存储空间成本、资金占用成本、存货服务成本和存货风险成本。

1. 存储空间成本

存储空间成本是因占用储存建筑内立体空间所支付的费用。如果是租借的空间，储存费用一般按一定时间内储存物品的重量来计算。如果是自有仓库或合同仓库，则存储空间成本取决于运营成本，这些运营成本都是与储存空间相关的（如供暖和照明）；同时还取决于与存储量相联系的固定成本，如建筑和存储设施成本。

2. 资金占用成本

资金占用成本指库存占用资金的成本。一般而言，资金占用成本可占到总库存成本的80%左右，它同时也是各项库存持有成本中最不确定、最具主观性的一项。这主要是由于库存是短期资产和长期资产的混合，有些存货仅为满足季节性的需求服务，而另一些存货则是为长期需求而持有的。

3. 存货服务成本

存货服务成本是指为库存物品提供的各项服务成本（如信息服务）。存货服务成本与服务水平正相关。保险和税收也构成库存持有成本的一部分，他们的水平基本上取决于持有的库存量。保险作为一种保护措施，帮助企业预防火灾、风暴或偷窃所带来的损失。仓储的税收包括仓储营业税或者企业所得税在仓储中的分摊。

4. 存货风险成本

存货风险成本是指与物品变质、短少（被盗）、损坏或报废相关的费用。在仓储保管过程中，存货会被污染、损坏、腐烂、被盗或由于其他原因不适于或不能用于销售。与之相关的成本可用产品价值的直接损失来估算，也可用重新生产产品或从备用仓库供货的成本来估算。此外，仓库未履行合同的违约金、赔偿金也构成库存的风险成本。

三、仓储成本分析

通过仓储成本分析，把库存控制到最佳数量，尽量少用人力、物力、财力，把库存管理好、获取最大的供给保障，这是企业降低成本、提高经济效益的重要手段。

进行仓储成本分析的目的主要有：

1. 保证供给程度最高的目标

保证供给程度最高的目标使企业有很多的销售机会，会带来效益。相比之下，压低库存的意义不大。这就特别强调库存对其经营、生产活动的保证，而不强调库存本身的成本。在企业通过增加生产以扩大经营时，常常选择这种控制目标。

2. 不容许缺货

多数企业由于技术、工艺条件限定，不容许停产，则必须以不缺货为控制目标，才能起到不停产的保证作用。企业的一些重大决策必须以供货为保证与其他企业履行合同。否则，在受到索赔等危险时，也可制定不容许缺货的控制目标。

3. 库存成本达到最低

在当今激烈的竞争环境中，企业要想求得生存与发展，就需要通过降低库存成本以降低成本、增加赢利。要通过对仓储成本的分析和不同经营方案的比较，选择成本最低、收益最大的方案制订经营计划，开展经营。

四、仓储定价

1. 平均成本定价法

如果既想得出真实的存货值，又要得出真实成本，就需要用到平均成本法。这种方法并不需要说明哪个单位先出或后出，只需确定每项物品在某一时期内的平均成本，就可以确定所收取的仓储费用。其中有三种可以使用的平均数：算术平均数、加权平均数、移动平均数，这三种平均数都可以在定期库存系统中使用，但只有移动平均数最适合连续库存系统。各种平均数都适合定期库存系统，因为在该系统中，成本都是在该时期结束之后才进行分配的。根据平均成本法，在该时期内获得的所有同类物品的成本都要加以平均，以求出期末存货价值。在成本增加或减少的时期内，平均成本法可以矫正增加或减少部分；当出现上涨或下跌的趋势时，平均成本法比其他存货流动法反映得更为平缓。平均成本法虽然简便，但此种单位成本不可能等于任一真实的数字，并且不能清晰地显示出价格的变化。

应指出的是，无论加权平均数还是移动平均数，都有针对相同成本的真实平均数。算术平均数会导致成本的少量失真。

2. 市场价格定价法

市场价格定价法是仓储企业根据市场行情和自身发展策略的需要而制定的一种仓储费用收取的方法。仓储市场定价是仓储产品供求双方都可以接受的价格，这种供求关系和供求价格是市场经济的灵魂，被誉为市场经济中看不见的手。

仓储市场的需求是指在一定时期内，在一定的价格条件下全社会对仓储产品的总体需求量。仓储需求是社会对物资需求的派生需求，经济增长，物质丰富，物流活跃，对仓储的需求总量会增加，但仓储总量仍然受到仓储本身成本的影响：仓储费低时，仓储量增大；仓储费增高，仓储物对仓储费的承受能力减弱，仓储总量减少。

仓储市场供给是指在一定时期内，在一定的价格条件下整体仓储业所能向市场提供的仓储产品的总量。随着价格的上升，仓储行业愿意提供的仓储能力越大；在价格低廉时，一些成本较高的仓库收不抵支时，企业宁愿减少供给。因此，仓储供给能力是随着价格的上升而增加的。

处在同一个市场的仓储需求和供给，必然要达到平衡，即处于供给量等于需求量的状态。那么，在相同的数量所对应的价格，就是供给需求平衡时的市场价格。

3. 价格策略

价格策略是指仓储企业在进行产品定价时所采取的方式。价格策略的目的是为了提高企业市场竞争能力，在产品交换中获得更多的利益，使损失降低到最少。选择不同价格方法，取决于多种因素，其中包括组织类型、经济前景预期、行业的实际情况、税法以及其他规章制度。仓储企业要根据本身实际情况，选择不同的费用收取方法。

仓储的价格策略有：

（1）分类定价。是指对不同的仓储物采取不同的定价，形成不同类别的仓储的价差。对仓储物的分类可以采用不同劳动投入的分类，也可采用不同价值的分类。

（2）竞争价格。是指采取积极的竞争策略时的定价。一般而言，该价格定得较低，采取部分让利的措施，使价格具有相对的竞争力。

（3）追随价格。也称为被动竞争价格，完全按照市场中具有优势的仓储经营企业的价格定价，避免引起价格竞争。

（4）价格歧视。是指对不同的消费者采取不同定价的方式。有根据每个委托人的支付能力进行定价的一级价格歧视，有按照不同仓储量进行定价的二级价格歧视，有对不同的客户群采取不同价格的三级价格歧视。采取价格歧视一般需要有一定的条件：仓储企业具有一定的垄断能力，能够将市场进行划分，不同市场的客户具有不同的价格承受能力。

典型案例

事实仓储合同中无单放货的赔偿责任

2007 年 4 月 28 日，宝冶公司和德圣公司签订仓储合同，将钢材交德圣公司保管，凭宝冶公司签发的提货单发货。合同有效期限从 2007 年 4 月 27 日至 2007 年 12 月 31 日止。合同期满后，宝冶公司尚有 3 643 t 钢材存放于德圣公司仓库。2008 年 3 月 12 日，德圣公司向宝冶公司出具 3 643 t 库存钢材清单。

2007 年 9 月 19 日，宝冶公司和华夏冷轧公司签订买卖合同，将存放于德圣公司仓库的 3 643 t 钢材出售给华夏冷轧公司，总价款 1 555 万元。华夏冷轧公司已预付货款 310 万元，余款 1 245 万元一个月内付清。交货方式为华夏冷轧公司自提，仓库保管费用由华夏冷轧公司自理。

2008 年 4 月 15 日，华夏冷轧公司在未持有宝冶公司提货单的情况下，从德圣公司仓库径行提取宝冶公司的全部库存钢材 3 643 t。华夏冷轧公司后向宝冶公司出具分期偿还钢材尾款 1 245 万元的承诺书，表示于 2008 年 6 月 30 日前付清全部款项。

宝冶公司后提起诉讼，要求德圣公司支付钢材款，华夏冷轧公司承担连带清偿责任。诉讼中，宝冶公司明确其是基于仓储合同主张权利。

实 训

模拟仓储合同的制订

实训目的

掌握仓储合同订立的过程。

实训内容

根据仓储企业与用户达成物品储存的约定，订立仓储合同。

实训课时

4 课时

实训要求

(1) 结合案例，回顾仓储合同的订立涉及哪些内容，熟悉当事人的权利和义务；

(2) 结合案例，认识在制订仓储合同时，合同内容应如何制订；

(3) 结合企业的仓储业务，模拟订立一份仓储合同。

检查标准

评判模拟仓储合同订立是否正确。

自·测·练·习

一、单项选择题

1. 仓单在实际上又是一种以给付仓储物为标的的________。

A. 有价证券　B. 股票　C. 支票　D. 抵押物

2. 仓单持有人向保管人出示仓单后，有权受领________。

A. 物品　B. 仓储物　C. 货币　D. 衍生物

3. 合同标的是指合同当事人权利和义务所共同指向的________。

A. 标的　B. 储物　C. 对象　D. 货物

4. 仓单是代表一定的财产所有权利的________。

A. 合同　B. 标书　C. 法律文书　D. 传真

5. 仓储合同的仓储物为________。

A. 报酬　B. 利息　C. 不动产　D. 动产

二、多项选择题

1. 订立的原则是：________。

A. 平等原则　B. 等价有偿原则　C. 自愿原则　D. 协商一致原则

E. 公正原则

2. 仓储合同主要条款的具体内容包括仓储物的________。

A. 品类　　B. 数量　　C. 质量　　D. 包装
E. 颜色

3. 违反合同时应承担的违约责任。承担的违约责任有________。
A. 支付违约金　　B. 损害赔偿　　C. 其他补救措施
D. 扣押仓储物　　E. 回扣

4. 仓储费用主要包括________。
A. 订货费　　B. 保管费　　C. 缺货损失费
D. 其他仓储管理费　　E. 服务费

5. 仓储成本可以分为：________。
A. 存储空间成本　　B. 资金占用成本　　C. 存货服务成本
D. 存货风险成本　　E. 装卸成本

三、是非题（正确的打"√"，错误的打"×"）

1. 仓储经营是指通过仓库对物资进行储存和保管。（　）
2. 仓储作业过程的空间组织是指正确确定仓储作业的路线，保证物品在空间上的最短运动路线和仓库空间的有效利用。（　）
3. 仓储作业过程的时间组织是指通过各个环节作业时间的合理安排和衔接，保证作业的连续进行。（　）
4. 仓储合同是一种特殊的保管合同。（　）
5. 市场价格定价法是仓储企业根据市场行情和自身发展策略的需要而制定的一种仓储费用收取的方法。（　）

四、思考题

1. 仓储经营涉及哪些方面的内容？
2. 仓储合同的法律特征是什么？
3. 仓储合同的特性是什么？
4. 仓储合同的主要条款有哪些？
5. 什么叫仓单？

第十二章

仓储事故处理

学习目标

◎知识目标

了解仓储事故产生的原因；了解仓储事故的分类和责任的划分；了解仓储事故的处理过程和方法。

◎能力目标

熟悉仓储事故的分类；熟悉事故的责任划分；熟悉仓储事故的处理过程和方法。

第一节　仓储事故分类和责任划分

一、仓储事故概述

1. 仓储事故分类

对仓储事故进行分类的目的是为了便于对事故进行分析、统计和处理。

仓储事故的类型可分为以下几种：

（1）按事故性质分类：可分为货差事故和货损事故。

（2）按事故责任分类：可分为责任事故和非责任事故。

（3）按事故经济损失分类：可分为重大事故、大事故和一般事故。

2. 仓储事故的责任划分

（1）属于仓库部门的事故。属于仓库责任的仓储事故有：

① 仓库在对外办妥交接手续后，发现纯属内部工作而发生的货差；

② 仓库由于货主单位开出的单证字迹不清或错单而造成的货差；

③ 纯属仓库内部工作的过失而发生的货损。

（2）属于运输部门的事故。属于运输部门的事故可按发货方、收货方和中转方来认定。

属于发货方责任的运输事故有：

① 由于货物包装、标志等方面的原因造成的事故；

② 由于货物组配不当，铁路整车运费超过零担，以及不符合交通运输部门的规章制度所造成的事故；

③ 对待运货物保管不善所造成的事故；

④ 铁路整车发运后，未及时向收货方或中转方发出预报所造成的事故；

⑤ 事先未征得中转方或收货方同意，擅自将货物发运至中转方或收货方所造成的事故；

⑥ 铁路专用线装车发运货物，到达后确非铁路方的过失所造成的事故；

⑦ 应保险的货物而未投保或投保金额不足的货物受损所造成的事故；

⑧ 其他由发货方责任或违约所造成的事故。

属于收货方责任的运输事故有：

① 货物到达，在接到交通运输部门通知后，未及时办理提货手续所造成的事故；

② 整车到达（收到预报后），未及时派人监卸、会同铁路启封所造成的事故；

③ 在接受到达货物时，因当场未取得短缺损坏证明（包括交通运输部门货运记录）所造成的事故；

④ 到达货物在办妥交接手续后，又发现短缺等所造成的事故；

⑤ 未按规定期限办理查询、保险查勘和索赔手续而丧失索赔权所造成的事故；

⑥ 因其他收货方责任或违约所造成的事故。

属于中转方责任的运输事故有：

① 对中转货物破来破转（指包装破损）；

② 未按中转协议规定手续办理所造成的事故。

二、仓储事故原因分析

分析造成仓储事故原因的目的，主要是能从中吸取教训，提高仓储的工作质量。

1. 造成仓储事故的原因分析

造成仓储事故的主要原因有：

（1）进仓错收。主要是货物入库时不执行点验制度，作业现场混乱；验收记录不齐全；内外交接手续不完善或对验收中发现的问题处理不当。

（2）出仓错发。主要是凭印象发货，货物移位不作记录；发货后不销卡、不“动碰”；货物出库“把关”不严，放松复核；待运货物、卡车装货及放行时，缺少专人负责。

（3）保管溢短。主要是在库货物的数量管理混乱，货垛标量不完整；卡、货不相符；盘点制度流于形式。

（4）货物变质。主要没有实行分区分类管理，违反“三一致”的要求；保管员缺乏一般养护知识，不能鉴别货物异状；货位选择不当，货垛与建筑物及照明设备没有留足必要距离；温湿度管理办法不认真执行；久储、异状货物缺乏相应的防治和催请处理措施。

（5）品类互串。主要是对各类货物不同的品类不认真区分；进仓、加货和移位货物错并、混堆或以进代出等。

（6）货物受损。主要是货垛超重，堆垛不稳，操作不当，货物装卸时甩、抛、推、钩等，堆垛时不按包装标志规定办事。

2. 造成运输事故的原因分析

造成运输事故的主要原因有：

（1）短件。由于发货方的原因造成货物短缺的原因：

（2）工厂少送或仓库少发。可查对工厂发货单据的存根联，或查阅发货仓库的发货记录和对库存的实物盘点。

（3）卡车送货错送货位。可查询当日送货车辆的交接单签收记录。请送货卡车工人和司机共同回忆当天送货情况。

（4）月台或码头收货错误。可向同一天同一车所并装的其他地区的货位查询有否多收。

（5）装车时错装件数。装车时错搬邻近货位上的待运货物装入车内，则可向原装车货位邻近的左右货位地区查询，可询问该地区收货单位，有否多收货物。

（6）在月台或码头仓库留配待运时被盗。在月台或码头仓库留配待运时被盗应将现场情况如实向企业保卫部门和所在地区的公安机关反映备案，要求保卫部门和公安部门进行侦破。

（7）货物在列车运行途中坠落，发生货物件数短缺。由于发货单位装载不明捆扎不固，致使所装货物在运行途中坠落，除收货单位迅即向到站申请沿途各车站协查外，发货人也应请发站铁路公安部门，向该车途经各车站查询。

（8）待运期间原调拨单丢失。待运期间原调拨单丢失应到原货位上进行翻桩倒垛，凭手存调拨单与货物逐件核对，将有货无单的货物挑拣出来，再请供货单位补开调拨单。

（9）随货同行单据丢失。如果随货同行的货运单到达到站后，在卸车时找无着，收货人除应仔细在货物箱子铁腰上找寻，或在已卸下的货物堆中找寻，如仍无着落，应即向原发货人申请补寄一份，以便核对进库。

3. 收货方造成货物短缺事故的原因分析

收货方造成货物短缺事故的主要原因有：

(1) 到达后卸车时丢失。可查卸车记录和卸车后的收货；保管环节。

(2) 从月台搬进仓库时丢失。可查阅收货人短途驳运记录及短驳与收货仓库间的交接或进库账册。

(3) 中转环节上转错。可查阅原拼车的其他收货单位是否有多收。

(4) 收货人在货物进库时搞错件数。先查核同品种货物仓库的堆垛数，或同一大类货物库存堆垛数，或者同品种不同产地的货物进出库动态。

4. 破损事故原因分析

破损事故的原因主要有：

(1) 货物包装不良。因货物包装不良造成货损，应向经营该类货物的供货单位协商解决，一般应由生产厂或供货单位承担责任。

(2) 装载不良。因装车船时未按装卸操作规程办事以致造成货损，首先应分析是否装车船时不慎所造成，还是卸车时不慎造成货损。查清情况应由造成货损的责任方负责。

5. 其他事故的原因分析

产生其他事故的原因主要有：

(1) 霉烂变质。货物霉烂变质可向发站（港）查询原装车船在本次装运前曾否装过酸类等物品。

(2) 湿损。湿损可查阅所盖篷布的记录，并查询篷布质量及苫盖方法是否合理。

第二节　仓储事故处理

一、仓储事故处理的原则

仓储事故处理应根据实事求是，公平合理的原则，以严肃认真的态度，在经过实际调查，落实责任后，迅速采取措施。处理时，必须采取造成事故的原因不清不放过；未吸取事故教训不放过；没有防范措施不放过的"三不放过"办法。责任方要做到不借故拖延，不强调客观，不推卸责任，积极理赔。

1. 保持现场，做好记录

当事单位在发生事故后，要尽可能保持现场，会同有关方面进行实地了解。查清原因后，才能解除现场。在保持现场的同时，还要十分注意及时挽回和减少事故损失，不能因为强调保持现场而使货物的损失任意扩大。特别是发生运输事故后，为了正确及时地处理事故，判明事故真相，分析事故造成的原因及划清责任，还必须按照交通运输部门"货规"的规定，编制各种事故记录。货物在运输过程中，凡涉及交通运输部门与发、收货人间，或交通运输部门内部各单位间发生物质责任时，应在发现事故的当日编制记录，作为分析责任的基本材料和提出赔偿的依据。

目前，根据发生事故的情况和实际需要，记载运输事故的记录分两种：

(1) 货运记录。货运记录是索赔的依据。在货物运输过程中，包括承运前保管期间内，应在发现当日（18 点以后为发现的次日）按批（每张托运单）编制货运记录。例如在水路运输作业中，收货人船边现提货物，发现货差，如在当天不能理清货差具体品名时，可以在交付货物后的 3 天内核实品名补编货运记录，逾期不再补编。

通常货运记录在出现下列情况时编制：

① 货物的实际品名、件数、重量与货物运单记载不符时。

② 货物发生火灾、被盗、丢失或损坏时。

③ 有货物无运输票据或有运输票据无货物时。

④ 发现无法交付货物时。

⑤ 因承运人责任，将货物误运到站或误交付时。

⑥ 货物超过规定的运到期限 15 天；或鲜活货物超过运到期限仍不能在到站交付时。

⑦ 发现其他的货损、货差情况时。

货运记录应按每份运单编制一份。每份一式三联，一联送责任单位调查；一联交给收货人或发货人；一联留在编制站（港）存查。

填制货运记录时应注意的事项：

① 在货运记录内必须记明该批货物原有及现有货物的件数、重量、包装种类，以及货物损坏程度和发现事故的详细情况。

② 对事故的发生原因和责任不得使用揣测和笼统的词句，如“货物毁损，包装不良”“货物损坏，装载不当”“该事故由发货人或承运方负责”等。

③ 对各栏的填记要复写清楚，字体不潦草，不得污损或任意涂抹。如有改正事项须由记录编制人在改正处盖章。

④ 如编制关于货物被盗、件数不足或有票无货、丢失或损坏的货运记录时，除了整车运输需对施封的货车两侧铅封附于货运记录外，都还应根据实际需要附上有关单证和技术鉴定等资料。

（2）普通记录。普通记录是作为分析收、发货单位间运输事故责任的一般文件，不作为向交通运输部门索赔的依据。

通常在出现下列情况时，由经办的交通运输部门在发现事故的当天填写：

① 托运人自理装车、装船（包括铁路专用线和水路专用码头）并按施封、舱封或装载现状与交通运输部门进行交接，以及非交通运输部门责任所发生的短少、灭失、损坏、变质、污染等，或申明需会同收货人到场监卸，但收货人接到交通运输部门通知 1 小时后，尚未到场，由交通运输部门代卸时。

② 在中途站（港）办理交换时、或对施封的车、船到达后发现车体、船舱施封有异状，或以平车装运的集装箱在车站交接发现箱门开启时。

③ 凡因不符合要求需进行换装时。

④ 在承运前即发现有灭失情况时。

⑤ 托运人随附在货物运单上的单证丢失。

⑥ 货物包装经过加固整理。

⑦ 收货人要求证明与货物数量、质量无关，而承运人又能证明的情况。

⑧ 根据其他有关规定，以及认为有必要时。

普通记录编制的份数根据需要确定。编制普通记录时，除应按照规定各栏逐一填记清楚以外，特别要注意详细地记载发生问题的时间、地点和情况。

2. 填表备案，逐级上报

仓储事故发生后，当事单位责任人，必须如实填写“仓储事故报告表”，及时上报。重大事故还必须填写“重大事故速报表”。待事故调查处理后，由各级主管审定和签注意见后存档备案。

3. 调研查询，落实责任

由于仓储业务环节较多，事故发生的具体情况又往往错综复杂，所以在事故调查过程中，一定要搞清情况，认真分析，在找到可靠依据之后，才能确定事故性质，落实事故责任人。

事故发生在本市的，要立即组织力量，向有关方面查询核实。涉及外地的，发现地在对方的，当事单位应积极受理函件查询，如实提供情况并从速给予答复；发现地在本市的，向外地查询时，应填写“差错查询单”，并附有关记录证明、货物标签及箱单等资料，提供对方作为分析处理的依据。

对一些重大、复杂的问题，一时查不清的，不能单纯依靠查询及公文往返，为了争取时间，使事故损失尽可能压缩到最低限度，必要时应即派专人外出调查，及时妥善处理。

4. 实事求是，主动赔偿

对于储运事故所造成的经济损失，要切实承担责任和负责赔偿，做到该负责的不推诿，该赔偿的不纠缠拖延。

赔偿要分别情况实事求是作妥善处理。属货物互串，要尽可能赔偿差价部分。属货物溢缺，多余部分要如数上报统一处理，不得擅自私分或作内部销售；短缺部分查无着落，应及时理赔。属货物受损，能加工复原的，赔偿加工费；不能复原作削价处理的，则赔偿差额。

5. 掌握资料，及时索赔

对涉及收、发货方或交通运输部门责任的储运事故所造成的经济损失，要充分掌握现场资料和有关记录文件及时索赔。属交通运输部门责任，一般是向到站（港）索赔。申请索赔时，应按交通运输部门的规定，先填写“索赔要求书”，连同货物运单、货运记录、货物损失清单、价格证明、现场照片等有关证件，在规定期限（自货运记录签发日起180天）内，一并送交到站（港）的货运管理部门，同时取回索赔要求书收据，等待赔偿处理通知单。

二、仓储事故处理的依据

1. 向铁路运输部门提出赔偿要求的有关规定

托运人或收货人向铁路运输部（承运人）提出赔偿要求，一般有两种情况：一种是货物发送前发生的事故，向发站提出；另一种是货物发送后的事故，则向到站提出。赔偿要求人如因货物运单或记录遗失时，机关、企业、团体应提出本单位的证明文件，方可提出赔偿要求。要求铁路赔偿或退补费用的有效期为180天，支付违约金的有效期为60天。

支付违约金的有效期由下列日期起算：

（1）货物灭失、损坏或铁路运输设备损坏，为承运人交给货运记录的次日货物全部灭失，未编有货运记录，为运到期限满期的第31天。

（2）多收或少收运输费用，为核收该项费用的次日。

(3) 要求支付违约金，为交付货物的次日。

(4) 其他赔偿及退补多收或少收费用，为发生事故或核收该项费用的次日。

铁路在接到托运人、收货人的赔偿要求后，正常情况下应自受理该项要求的次日起，30 天内（涉及两个铁路局以上的赔偿要求为 60 天）进行处理，答复要求人。要求人自收到答复的次日起 60 天内未提出异议，即为结案。

2. 向水路运输部门提出赔偿要求的有关规定

托运人或收货人向水路运输部门（承运人）要求货运事故赔偿时，应在收到货运记录的次日起，180 天内提出货运事故索赔书。属于投保货物运输险的货物，按《水路货物运输实行保险与负责运输相结合的补偿制度的规定》办理。货物发送前发生的货运事故，应向起运地的承运人提出；交付时发生的，应向到达地的承运人提出；承运人在起运地或到达地未设业务机构，也无业务代理人的，直接向船舶所属单位提出。承运人收到货运事故索赔书后，应在收到的次日起算，在 60 天内将处理意见通知托运人或收货人；托运人或收货人收到承运人处理意见通知次日起 10 天内没有提出异议的，承运人即赔付结案。但货物被盗，并已向公安部门报告立案的赔偿期限，可以顺延半年。

三、仓储货物保险

仓储货物保险主要有以下几种险种。

1. 仓储险

仓储险可通过两种方法向保险公司投保：

(1) 由仓储货物所有权单位按储存货物金额向保险公司投保。

(2) 由仓储部门以“替他人保管”名义，按仓储货物金额向保险公司投保。

2. 国内货物运输险

国内货物运输险通常是由托运人或委托代办托运单位，按运输货物的金额向保险公司投保。根据有关规定，对成件货物价值在 700 元以上，或散装货物实重吨价值在 500 元以上的运输货物，必须投保国内货物运输险。限额以下的运输货物是否投保，则可由供需双方协商确定。

四、仓储货物保险的责任和范围

1. 仓储基本险责任及范围

对因火灾、爆炸、洪水、暴风、暴雨、雷电、地震、地陷、崖崩所造成的损失，以及用于防止上述各项灾害蔓延的费用（包括施救费用）负赔偿责任。

凡是被保险人（即投保单位）所有，或替他人保管，或与他人所共有而由被保险人负责的财产，均可投保仓储基本险。

土地、矿藏、森林、水产资源和货币、票证、有价证券、技术资料等无法鉴定价值的财产以及违章建筑，在运输过程中的货物等不可投保仓储基本险。

2. 国内货物运输基本险责任及范围

由于保险标的处在运输过程之中，呈流动状态。因此，保险公司对货物运输过程中因下列原因造成的损失负赔偿责任。

保险公司对货物运输过程中因下列原因造成的损失负赔偿责任的范围：

（1）因火灾、爆炸、雷电、冰雹、暴风、暴雨、洪水、海啸、地震、地陷、崖崩所造成的损失。

（2）因运输工具发生火灾、爆炸、碰撞所造成的损失，以及因运输工具在危难中发生卸载所造成的损失或支付的合理费用。

（3）在装货、卸货或转载时因遭到不属于明显包装质量或违反操作规程所造成保险货物的损失。

（4）利用船舶运输时因船舶搁浅、触礁、倾覆、沉没或遭到码头坍塌所造成的损失，以及依照国家法令或一般惯例应分摊的共同海损费用和救助费用。

（5）利用火车、汽车、大车、板车运输时，因车辆倾覆、出轨、隧道坍塌或人力、畜力的失足所造成的损失。

（6）利用飞机运输时，因飞机倾覆、坠落、失踪以及遭遇恶劣气候或其他危难事故发生抛弃行为所造成的损失。

（7）在发生上述灾害或事故时，遭受盗窃或在纷乱中造成的散失。

此外在发生保险责任范围内的灾害或事故时，因施救或保护保险货物支出的合理费用，保险公司也负赔偿责任。但在运输过程中因战争或军事行动；直接由于货物的自然损耗、被保险人的故意行为或过失、以及其他不属于保险责任范围内的损失，保险公司不负赔偿责任。

3. 综合险责任及范围

储运货物在投保基本险的同时，为使基本险范围以外可能发生的某些危险得到保障，另可采取投保综合险。

除包括基本险责任外，保险人还负责赔偿以下各项损失：

（1）因受震动、碰撞、挤压而造成破碎、弯曲、凹瘪、折断、开裂或包装破裂致使货物散失的损失。

（2）液体货物因受震动、碰撞或挤压，致使所用容器（包括封口）损坏而渗漏的损失。或用液体保藏的货物因液体渗漏而造成保藏货物腐烂变质的损失。

（3）遭受盗窃或整件提货不着的损失。

（4）符合安全运输规定而遭受雨淋所致的损失。

4. 附加险责任及范围

附加险即除基本险、综合险责任外，还可加保战争险、油污险、第三者责任险或特别约定的办法来补偿特殊危险的损失等。

五、仓储货物保险等级

1. 仓储险货物等级

仓储险货物等级按保险货物所在的建筑物的占用性质的危险性分为五级：一般物资；危险品；特别危险品；金属钢铁机械器材专储、粮食专储；石油专储。

2. 国内货物运输险货物等级

国内货物运输险货物等级，基本险按本省和外省两种；综合险按不同货物分一、二、三、四、五等级。

六、仓储货物保险投保程序

1. 填写投保单

投保单也称“保险申请书”或“要保书”。指投保人要求参加保险所填写的，保险公司据以签发保险单的凭证。投保单的主要内容有：被保险人名称、保险标的名称、投保险别、保险金额和保险责任起讫日期等。

2. 保险单签发

保险单是指载明保险公司与被保险人所约定的权利和义务的书面凭证。单上主要载有保险公司和被保险人的名称、保险标的、保险金额、保险期限、保险费、赔偿或给付的责任范围以及其他约定事项。保险单根据投保人的申请，由保险公司单方签署，交被保险人收执。

保险单是保险公司接受保险的正式凭证，也是保险公司和投保人之间订立合同的证明。在保险标的因遭受承保范围内的危险而发生灭失或损害时，保险单是投保人索赔的依据。

保险单一式三联：一正二副。正本交被保险人收执，作为索赔依据；副本作为被保险人报销凭证和保险公司存执。有代理保险单位的增加副本一联，由保险代理处存执。

3. 变动批改

变动批改也称批单，是变更保险合同的一种补充文件。如投保储运货物，在投保期内情况发生变化，要改变货物数量和保险金额等，应由投保人填写变动批改申请书，交保险公司或代办单位审核后签发批准。

七、仓储货物保险的索赔和赔偿

索赔是被保险人对保险范围内的损失向保险公司提出赔偿的要求。保险赔偿是在财产保险中，保险公司对被保险人因保险事故造成的损失所给予补偿。保险财产遭受保险责任范围内的灾害或事故时，无论哪一方都应尽力救护，以防止损失加重。

1. 保险索赔

保险索赔的基本程序：

（1）被保险人在得知保险储运货物发生保险责任范围内的灾害事故时，应立即通知当地或就近的保险公司或其他代理单位，填写“出险通知书”。

（2）被保险人在向保险公司申请赔款时，应提供确定发生损失原因的证件：保险单、提货单或其他储运单证和救护保险储运货物所支出合理费用的单据。

2. 保险赔偿

保险公司接到被保险人的“出险通知书”和有关单证即根据保险责任范围，迅速核定应否赔款。有关赔款金经与被保险人达成协议后立即赔付。

如果被保险人从获悉保险储运货物遭受损失的当天经过一年不向保险公司申请赔偿，不提出必要的单据、证或不领取应得的赔偿，即作为自行放弃权益。

典型案例

矿石类商品仓储风险

矿石类商品的风险不在于货物本身，而在于货物的存放方式以及货物的存放地。

1. 存放方式

矿石类货物一般存放方式多以露天存放，多以帆布覆盖作为防风防雨措施。

2. 存放地点

有工厂自建仓库，码头仓库、堆场。

从存放方式上看，货物对于暴雨、暴风等恶劣气候的防范能力还是比较弱的，所以风险还是比较高的一类商品。

从存放地点上看，如果是存放于港口仓库，那么在夏季由于台风，涨潮引起的巨型风险还是非常高的，尤其是在海港露天堆场，一旦遇到台风，那只能听天由命了。

所以保险公司在承保此类货物，尤其是在港口存放的情况下，非常谨慎。希望大家在以后的承保中留意。另外，作为仓储保险综合险是不包含露天存放货物的风险，对于此类货物必须扩展承保。

实　训

仓储物的保险赔偿金及保险代位求偿权案例分析

实训目的

通过案例分析，熟悉仓储保险的程序。

实训内容

案由

原告大众保险分公司诉称：2006 年 1 月 1 日，中基公司与被告关港仓库（被告纺织运输公司的分支机构）签订仓储保管合同一份，约定：货物在储存期间，由于保管不善发生灭失、短少、变质、污染、损坏的，由被告关港仓库负责赔偿损失；储存期间货物保管要求为防火、防潮、防缺损。

4 月 6 日，中基公司将保存于被告的仓储物（棉花）以 2 000 万元的保险金额向原告投保财产综合险。4 月 21 日，该仓库发生火灾，烧损中基公司所有的 2－31、2－41 两垛共计 1 034 件棉花，以及因施救造成 2－32、2－42 两垛共计 1 056 件棉花湿损。同日，原告委托某保险公估公司进行勘验、理算。

事故发生后，中基公司向被告纺织公司、被告关港仓库提出索赔，遭到拒绝，故中基公司要求原告在保险责任范围内先行赔偿。经浙江省宁波市江东区人民法院判决，原告向中基公司支付保险赔偿金 1 071 752. 8 元。为此，原告依法取得代位求偿权，请求判令两被告支付原告保险赔偿金 1 071 752. 8 元、公估费 5 万元及利息损失。

实训课时

4 课时

实训要求

讨论：当火灾发生后，保险合同的有效成立是否以支付保险费为必要条件呢?

检查标准

根据案例进行分析。

自·测·练·习

一、单项选择题

1. 铁路在接到托运人、收货人的赔偿要求后，本局内正常情况下应自受理该项要求的次日起，________天内进行处理。

A. 30　　B. 40　　C. 50　　D. 60

2. 托运人或收货人向水路运输部门（承运人）要求货运事故赔偿时，应在收到货运记录的次日起，________天内提出货运事故索赔书。

A. 150　　B. 180　　C. 200　　D. 300

3. 凡是被保险人（即投保单位）所有，或替他人保管，或与他人所共有而由被保险人负责的财产，均可投保仓储________。

A. 战争险　　B. 综合险　　C. 基本险　　D. 水渍险

4. 如果被保险人从获悉保险储运货物遭受损失的当天经过一年不向保险公司申请赔偿，不提出必要的单据、证或不领取应得的赔偿，即作为________放弃权益。

A. 主动　　B. 被动　　C. 自行　　D. 必须

5. 土地、矿藏、森林、水产资源和货币、票证、有价证券、技术资料等无法鉴定价值的财产以及违章建筑，在运输过程中的货物等不可投保仓储________。

A. 综合险　　B. 战争险　　C. 水渍险　　D. 基本险

二、多项选择题

1. 由于收货方造成货物短缺的原因有________。

A. 到达后卸车时丢失　　B. 从月台搬进仓库时丢失

C. 中转环节上转错　　D. 收货人在货物进库时搞错件数

E. 货物包装不良

2. 国内货物运输险货物等级，综合险按不同货物分为________等级。

A. 一　　B. 二　　C. 三　　D. 四　　E. 五

3. 投保单的主要内容有________。

A. 被保险人名称　B. 保险标的名称　C. 投保险别

D. 保险金额　　E. 保险责任起讫日期

4. 造成仓储事故的原因主要有________。

A. 进仓错收　　B. 出仓错发　　C. 保管溢短　　D. 货物变质

E. 货物受损

5. 仓储事故按事故经济损失分类，可分为________。

A. 重大事故　　B. 大事故　　C. 一般事故

D. 货差事故　　E. 货损事故

三、是非题（正确的打“√”，错误的打“×”）

1. 赔偿要分别情况实事求是作妥善处理。（　）

2. 附加险即除基本险、综合险责任外，还可加保战争险、油污险、第三者责任险或特别约定的办法来补偿特殊危险的损失等。（　）

3. 对仓储事故进行分类的目的是为了便于对事故进行分析、统计和处理。（　）

4. 分析造成仓储事故原因的目的，主要是能从中吸取教训，提高仓储的储存量。（　）

5. 货运记录是索赔的依据。（　）

四、思考题

1. 仓储事故的种类有哪些？

2. 仓储事故处理的原则有哪些？

3. 造成仓储事故的原因有哪些？

4. 仓储货物保险的险种有哪些？

5. 仓储货物保险投保程序是怎样的？

第十三章

仓储信息管理

学习目标

◎知识目标

了解信息、仓储信息、仓储信息系统的概念与组成。

◎能力目标

熟悉和掌握仓储信息系统的功能；熟悉和掌握仓储信息技术的应用。

第一节 仓储信息管理

一、信息和信息系统的概念

一般而言，信息是“反映仓储各种活动内容的知识、资料、图像、数据、文件等的总称”。在现代经营管理活动中，仓储信息与商品交易信息、市场信息相互交叉、融合。

从狭义上来看，仓储信息是指与仓储活动有关的信息。在仓储活动中，如运输工具的选择，运输路线的确定，每次运送批量的确定，在途货物的跟踪，库容的有效利用，最佳库存数量的确定，订单管理，如何提高顾客服务水平等，都需要详细和准确的仓储信息。

从广义上来看，仓储信息不仅指与仓储活动有关的信息，而且包括与其他流通活动有关的信息，如商品交易信息和市场信息等。广义上的仓储信息不仅能起到连接整合生产厂家、经过批发商和零售商最后到消费者的整个供应链作用，而且在应用现代信息技术的基础上能实现整个供应链活动的效率化，具体说就是利用仓储信息对供应链各个企业的计划、协调、顾客服务和控制活动进行有效管理。

仓储信息系统是指为实现仓储活动的经营目标，对与其仓储服务相关信息的收集、加工、处理、储存和传递来达到对仓储、资金流等的有效控制和管理，并为企业提供信息分析和决策支持的人机系统。这个人机系统是以人为主体的系统，它对企业的各种数据和信息进行收集、传递、加工、保存，将有用的信息传递给使用者以辅助仓储企业的全面管理。

随着社会经济的发展，科技的进步，信息系统要具有实时化、网络化、系统化、规模化、专业化、集成化、智能化等特点。

二、信息的分类与特点

1. 信息的分类

信息有不同的分类方法，按信息载体通常分为单据（凭证）、台账、报表、计划、文件等；按信息来源可分为供货人信息、顾客信息、订货合同信息、交通运输信息、市场信息、政策信息等外部信息，消费者收入动向和市场动态、生产经营指标完成情况等内部信息；按管理层次可分为战略管理信息、战术管理信息、知识管理信息和操作管理信息。

按管理层次分类的信息，其具体内容为：

（1）战略管理信息。是企业高层决策者制定企业年经营目标、企业战略决策所需要的信息。通常包括综合报表管理、供应链管理、企业战略管理、市场动态、国家有关政策法规等。这类信息一部分来自企业内部，多为报表类型，另一部分来自企业外部，且数据量较少，不确定性程度高、内容较抽象。

（2）战术管理信息。是部门负责人作关系局部和中期决策所涉及的信息。一般包括合同管理、客户关系管理、质量管理、计划管理、市场商情管理等信息。这类信息一般来自于本单位所属各部门。

（3）知识管理信息。是知识管理部门相关人员对企业自己的知识进行搜集、分类、存储和查询，并进行知识分析得到的信息。如专家决策知识、企业相关业务、工人的技术和经验形成的知识信息等。这类信息一般隐藏在企业内部，需要挖掘和提炼。知识管理信息贯穿企业的各个部门、各个层次。

（4）操作管理信息。产生于仓储作业层，反映和控制企业的日常生产和经营工作。它是管理信息中的最底层，是信息源，来自于企业的基层。如订货处理、计划管理、运输管理、库存管理、设备管理等信息。这类信息通常具有量大、发生频率高等待点。

2. 仓储信息的特点

与其他信息相比，仓储信息的特点表现在以下几个方面：

（1）信息量大、分布广。多品种、小批量、多批次和个性化服务等仓储活动，使库存、运输、分拣、包装、加工、仓储等环节产生大量的仓储信息，且分布在生产厂、仓库、仓储作业环节、运输路线、商店、中间商、用户等处，为此，必须对大量的仓储信息进行有效管理。

（2）动态性强、实时性高、时效性强。由于各种仓储作业活动频繁发生，市场状况及用户需求的变化多端，仓储信息会在瞬间发生变化，因而信息的价值衰减速度很快。为能适应仓储企业高效运行的及时要求，这就要求仓储中心信息系统对信息的及时性管理有较高的处理能力。

（3）信息种类多、来源多样化。仓储信息不仅包括企业内部的各种管理和作业信息，而且还包括企业间的仓储信息和与仓储活动有关的现代仓储技术基础设施、法律、规定、条例等多方面的信息。这就使仓储信息的分类、研究及筛选等工作的难度增加。

（4）信息标准化程度高。仓储企业与其他企业和部门间需进行大量的信息交流，为了实现不同系统间信息的高效交换与共享，必须采纳国际或国家对信息的标准化要求以及统一的物品编码。

三、仓储信息系统的作用

仓库管理信息系统是指对物品入出库、保管、货品集中、流通加工配送等进行全面管理的仓库管理系统（WMS）。

仓储信息管理是完成仓库的功能及作业为目的，是实现仓储配送的基础工作。同时，仓储信息管理受仓库的功能及作业的制约。

仓库除配送、流通加工、储存保管等功能作用外，还能为仓库提供各种信息，为仓库经营管理政策的制定、物品线路的开发、物品销售促销的制定提供参考。系统可提供下列三种信息：绩效管理、经营规划和资源规划。

1. 绩效管理

绩效管理的评估包括：作业处理绩效管理、仓库保管绩效管理、设备使用绩效管理等。

2. 经营规划

由各种实体活动及作业所产生的各项信息足以为经营规划人员提供参考，其内容包括组织结构、作业内容、机器设备使用率、使用的成本效益、人力资源计划、各项费用及可用车数等。统计分析结果可作为运费、仓库保管费、支出预算等成本控制的依据。

3. 资源规划

包括多库仓库的产品线规划分析、多库调货计划及执行、人力资源的规划配置、机具设备的需求分析、实际配送的运作规划等。

四、仓储信息系统业务管理

仓库的建设是一项规模大、投资额高、涉及面广的系统工程。要建设一个高效率、高服务水平的现代化仓库，仓库信息系统的建设及管理是关键。

仓储信息系统所体现出来的作用及结构管理应以销售出库及采购入库管理为系统管理重点。另外由于仓库注重服务质量与配送时效，对配送时间安排、派车计划及路线选择均较为重视，并且这种仓库还需要针对个别店铺做单位拣货、分类包装、重新包装、组合包装及粘贴标签等流通加工作业，因此集货、理货、拣货系统仍作为重点。

仓储信息系统业务管理主要涉及入库管理业务、出库管理业务、数据管理业务和系统管理业务等。

第二节　仓库管理系统的组成

仓库管理系统的结构可分为出库管理系统、入库管理系统、财务会计管理系统、经营绩效管理系统、数据管理系统。仓库信息系统体系结构，各系统间的关联关系如图 13－1 所示。

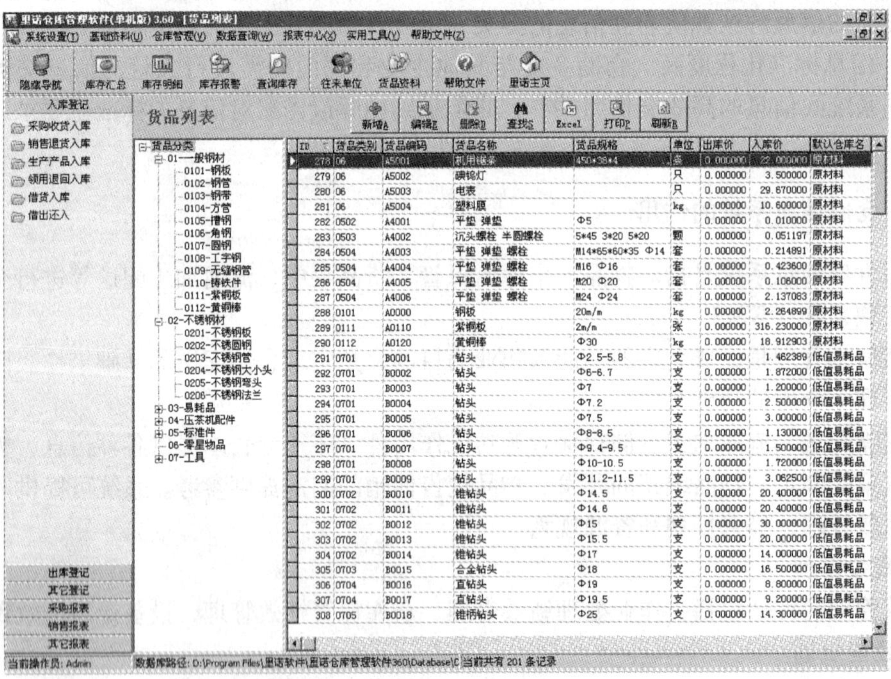

图 13－1　仓库管理系统界面

一、出库管理系统

出库管理系统所涉及的作业主要包括自客户处取得订单、进行订单处理、仓库管理、出货准备到实际将物品运送至客户手中为止，均以对客户服务为主。对内的作业内容则是进行订单需求统计，传送到采购入库管理系统作为库存管理的参考，并从采购入库管理系统处取得入库数据；在物品发货后将应收账款账单送至财务会计系统进行转账；最后将各项内部数据提供给经营绩效管理系统作为考核参考，并由经营绩效管理系统处取得各项经营指示。

出库管理系统包括：订单处理系统、销售分析与销售预测、拣货规定系统、包装流通加工规划系统、派车计划、仓库管理系统、出货配送系统、应收账款系统等。

1. 订单处理系统

订单处理系统主要包括两种作业：即客户询价、报价与订单接收确认输入。

客户可以利用电话、传真和计算机系统联网等方式进行订货，当接到订单后陪送中心就开始了接受订货的工作。一天中可以多次接收订单，在确定的时刻截止后进行订单的相应处理并指示出库。少批量多频率的订货使处理数据的件数，出库的件数及配送件数增加了许多，为此仓库的作业强度和仓储成本会随之增加。采用计算机系统联网的方式接受订货，客户的订单信息可以自动的转入到仓库的管理信息系统，减少了订单输入的工作量并防止了错误的发生。

订货确认是指进行订货物品的核实，确认物品出库的可能性，做好出库的准备。订货出库的可能性包括在库物品的核实，在途物品和已订货物品等。要考虑特急的订货重要客户订货的优先顺序。

2. 销售分析与销售预测系统

销售分析与销售预测系统的作业包括销售分析、销售预测、物品管理三个子系统。

3. 拣货规划系统与包装流通加工规划系统

拣货规划系统与包装流通加工规划系统都是根据客户订购内容作出货前的准备工作，通常由仓库管理员或生产工作规划人员来使用。管理人员在一定时间调用此系统，输入配送日期或包装、流通加工日期后由计算机自动检索订单数据库、库存控制数据库、设备调用数据库、工具调用数据库、人力资源调用数据库、自动拣货机数据控制对照数据库、拣货产能调用数据库、自动包装机数据控制对照数据库、包装材料数据库、包装标准数据库、流通加工标准数据库、包装产能调用数据库等，来计算工作需求、人力需求和库存量需求等，以便制作拣货规划报表、包装流通加工规划报表、批次拣货调度报表、批次拣货单、订单式拣货单、客户地址标签、包装流通加工批次规划报告、包装流通加工批次调度报表、批次包装流通加工单、订单式包装流通加工单、机器设备调度报表、人力规划调度报表、补货调度规划报表、补货批次调度报表、库存取用统计表、自动拣取设备拣货报表。拣货差异分析、自动包装设备包装流通加工报表、包装流通加工差异分析报表等，作为分派工作根据及工程进度的管理与控制。拣货人员或包装流通加工人员领取分派工作单或拣货单时，即根据分派工作单或拣取单进行作业，完毕后将实际作业进度及其他修正数据输入备用数据库，作为拣货流通加工数据库、包装流通加工数据库及订单数据库中拣货、包装流通加工需求、库存量的减项，并打印各类实际工作报表。

4. 派车及出货配送系统

物品经拣取、包装流通加工后即可集中在出货区内准备装车配送。此作业阶段包括物品集中、分类、指定运送车辆及实际装车、配送及配送途中的跟踪管理等作业。出货配送管理部门执行派车计划系统，即由管理人员调用订单数据库，将当日预定出货订单汇总，查询车辆数据库、车辆调用数据库、客户数据库、地图数据库等，先将客户按其配送地址划分区域，然后统计该区出货物品的体积与质量，以体积最大者或质量最重者为条件来分配配送车辆的种类及派车数量。然后访问外车调用数据库、公司自有车调用数据库、设备调用数据库、工具调用数据库、人力资源调用数据库来制定出车批次、装车及配送调度，并打印配送批次规划报告、批次配送调度报表等。此批次调度报表包括月台、机具设备、车辆、装车搬运人力、配送司机及随车人员的分配报表。自动规划的派车计划可人工修改，修改后的数据即转入出货配送数据库并作为车辆、月台、机具设备、人力调派等分派工作单打印的基础数据，以及设备调用数据库、工具调用数据库、人力资源调用数据库、车辆调用数据库的加项。

确定配送装车批次后由出货配送系统按客户打印出货单，集货人员持出货单及批次调度报表将物品由拣取区取出并核定物品内容，然后分类集中于出货月台前准备装车。此时出货配送系统可提供装车计划或配送路线选择系统来决定每辆车程序。

配送路线选择系统可访问出货配送数据库，设定各种参数后来求得最短配送路径、最短配送时间、或最低配送成本等最佳解，以决定配送顺序。

出库管理系统的作业流程如下：

(1) 出库单数据处理。是指制作出库单的操作。每份出库单可包括多种、多数量货物，出库单分为出库单和出库分单，均由手工输入生成。

(2) 出库品项内容生成及出库指令发出。系统可根据出库内容以一定规律（如先入先出、就近等），具体到托盘及货位，生成出库内容，并发出出库指令。

(3) 错误货物或倒空的货物重新分配。当操作者通过取货位置扫描图确认货物时，如果发现货物错误或实际上无货、只要将信息反馈给系统，系统就会自动生成下一个取货位置，指挥完成操作。

(4) 出库成功确认。手持终端确认货物无误后，发出确认信息，该托盘货物即进入出库运行中的状态。

在出库区现场终端确认出库成功完成后，即可取数据库中的托盘条码，并修改相应数据库的记录。

(5) 出库单据打印。是指打印与托盘相对应的出库单据。

二、入库管理系统

采购入库管理系统处理厂商相关作业，包括物品实际入库、根据入库物品内容做库存管理、根据需求物品向供货厂商下订单。入库管理系统流程如图 13 - 2 所示。

入库管理系统的工作内容包括：入库作业处理系统、库存控制系统、采购管理系统、应付账款系统等。

1. 入库作业处理系统

入库作业处理系统包括预定入库数据处理和实际入库作业两个子系统。

预定入库数据处理可打印定期入库数据报表，为入库月台调度、入库人力资源及机具设备等资源分配提供参考。其数据来自：采购单上的预定入库日期、入库物品、入库数量等，供应商预先通告的进货日期、物品及入库数量。

实际入库作业发生在厂商交货之时，输入数据包括采购单号、厂商名称、物品名称、物品数量等，可输入采购单号来查询物品名称、内容及数量是否符合采购内容，并用以确定入库月台，然后由仓管人员指定卸货地点及摆放方式，并将物品叠于托盘上。仓管人员检验后将修正入库数据输入，包括修正采购单并转入库存入库数据库，同时调整库存数据库。退货入库的物品也需检验，这种入库数据既是订单数据库、出货配送数据库、应收账款数据库的减项，还是入库数据库及库存数据库的加项。

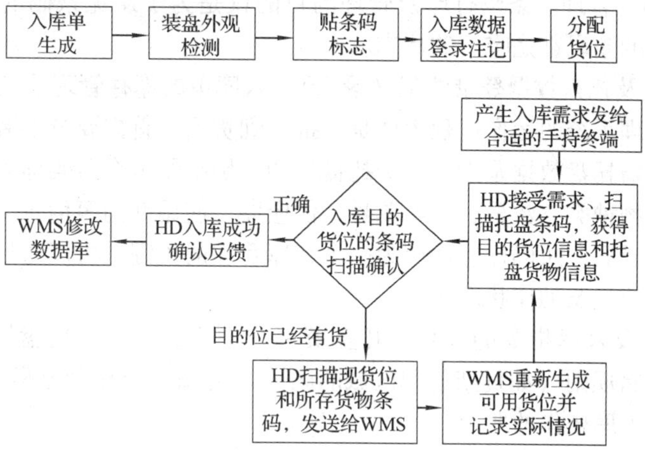

图 13－2 仓库管理系统

2. 库存控制系统

库存控制系统主要完成库存数量控制和库存量规划。以减少因库存积压过多造成的利润损失。它包括物品分类分级，订购批量及订购时点确定，，库存跟踪管理和库存盘点作业。前三者只需读取现有的数据文件，如库存数据库货位数据库、厂商报价数据库、采用批量计算公式数据库等，来做内部运算。分类分级就是按物品类别统计其库存量并按库存量排序和分类，作为仓库区域规划布置、物品采购、人力资源及工具设备选用的参考。物品分类分级还可按物品单价或实际库存金额进行排序。此系统主要以物品为主体生成各种排序报表。

由于采购时间和采购数量会影响资金的调度及库存成本，因此采购前就需要制定物品经济采购批量及采购时间。这就需要系统访问产品数据库、厂商报价数据库、库存数据库、采购数据库等来获得物品名称、物品单价、物品现有库存量、采购提前期及运送成本等数据来计算经济订购批量及定购时点，也可通过诸如安全库存量、经济采购量等其他方法来完成。系统要输入的数据为物品名称，并需要其他文件，如厂商报价数据库、库存数据库、采购数据库和运送成本数据库等；主要输出报表包括物品安全库存报表、物品经济批量报表、定期采购点查核报表、定期库存量统计报表等；还需建立采购量及采购时间数据库。

库存跟踪管理系统主要是延续入库作业处理中货位的管理，此系统不需输入太多的数据，主要是从现有的数据库中调用现有库存的储存位置、储存区域及分布状况，或由库存数据库中调用现有库存数据查核库存量等。

3. 采购管理系统

采购管理系统包括采购预警系统、供应厂商管理系统、采购单据打印系统和采购跟催系统。当库存控制系统建立采购文件后，仓管人员即可随时调用采购时间数据库来核对需要采购的物品。

入库管理系统作业流程如下：

（1）入库单数据处理（录入）。入库单可包含多份入库分单，每份入库分单可包含多份托盘数据。入库单的基本结构是每个托盘上放一种货物，因为这样会使仓储的效率更高、流程更清晰。

（2）条码打印及管理。条码打印及管理的目的仅是为了避免条码的重复，以使仓库内的每一个托盘货物的条码都是唯一的标志。

（3）货物装盘及托盘数据登录注记（录入）。入库单的库存管理系统可支持大批量的一次性到货。这个管理系统的运作过程大体是，批量到货后，首先要分别装盘然后进行托盘数据的登录注记。所谓托盘数据是指对每个托盘货物分别给予一个条码标志，登录注记时将每个托盘上装载的货物种类、数量、入库单号、供应商、使用部门等信息与该唯一时条码标志联系起来。注记完成后，条码标志即成为一个在库管理的关键，可以通过扫描该条码得到该盘货物的相关库存信息及动作状态信息。

（4）货位分配及入库指令的发出。托盘资料注记完成后，该托盘即进入待入库状态，系统将自动根据存储规则（如货架使用区域的区分）为每一个托盘分配一个适合的空货位，并向手持终端发出入库操作的要求。

（5）占用的货位重新分配。当所分配的货位实际已有货时，系统会指出新的可用货位。通过手持终端工作站指挥操作的完成。

（6）入库成功确认。从注记完成至手续终端返回入库成功的确认信息前，该托盘的货物始终处于入库状态。直至收到确认信息，系统才会把该盘货物态改为正常库存，并相应更改数据库的相关记录。

（7）入库单据打印。打印实际收货入库单。

三、财务会计管理系统

财务会计部门主要以采购部门传来的物品入库数据核查供货厂商送来的催款数据，并据此向厂商付款；或由销售部门取得出货单来制作应收账款催款单并收取账款。会计系统还制作各种财务报表提供给经营绩效管理系统参考。财务会计系统与其他系统的关联如图 13－3 所示。财务会计系统主要包括账务系统与人事工资管理系统。

1. 账务系统

账务系统可将销售管理系统、采购入库管理系统的数据转入此系统，并制作成会计总账分类账、各种财务报表等。此系统尚需着重于现金管理、支票管理及与银行转账联网功能的开发。

2. 人事工资管理系统

人事工资管理系统包括人事数据的建库维护、工资统计报表打印、工资单打印及与银行计算机联网的工资数据转换。

四、经营绩效管理系统

经营绩效管理系统从各系统及流通业取得信息，制定各种经营政策，然后将政策内容及执行方针告知各个经营部门，并将仓库的数据提供给流通业。

经营绩效管理系统包括：资源计划系统、经营管理系统、绩效管理系统。

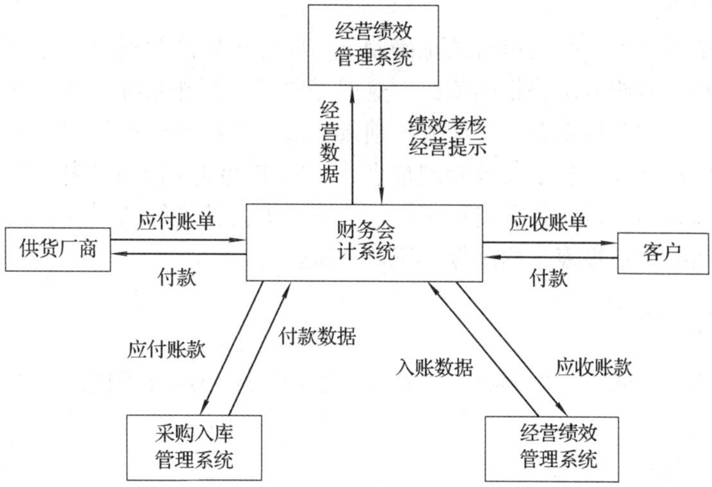

图 13-3 入库管理系统流程

1. 资源计划系统

资源计划是在仓库有多个运作单位时规划各种资源及经营方向、经营内容。仓库有多座仓库、多个储运中心或多个转运站时，应该设置多少仓储据点、仓库的位置如何选择才可满足市场开发的需求，而哪座仓库应存放哪些物品、物品存放量有多少才足以供应该区域的物品需求，所需仓库空间又需多大才足以存放该数量的物品，而适应这些配送活动，各仓储据点又需具备什么机具及人力资源，这些资源如何分配，彼此间又如何协调，这都是配送资源计划系统要解决的问题。

仓库设置地点及数量规划系统需从外界收集数据来进行规划，所收集数据包括区域顾客数、顾客分布状况、顾客特点、区域物品配送总金额等数据。根据这些数据来估计该区域的市场潜力、可配送的物品种类、销售金额与数量及设置仓库数、仓库设立的地点等。决定了设立仓库的数量及位置后，即可根据市场分析所得的数据来划分每个仓库所进销的物品种类，即多库物品线规划系统。再根据市场调查数据分析计算，则可求得各仓库所需各类物品数量，即多库物品分配计划。然后需要针对各仓库所需库存数量、机器设备、人力资源进行规划，并且协调、调派及控制，即为多库库存控制系统、多库机器设备规划控制系统、多库人力资源计划系统及多库物品配送调派计划系统。

2. 经营管理系统

经营管理系统是供仓库高层管理人员使用，用来制定各类管理政策，如车辆设备租用、采购计划、销售策略计划、配送成本分析、运费制定、外车管理系统，偏向于投资分析与预算预测。

仓库可通过自有车或雇用外车配送，外来车辆设备租用、购买计划系统是利用现有系统数据，如配送需求统计、车辆的调派现状、人力资源的利用率等作为车辆购买或雇用外车的分析基础；决定采用外车后还可进行多种外车管理方案的选用分析，如采用租车公司专车配送或雇用货运公司仅作单程单批货的配送，是否雇用个人货车、运费计算、各车行或个人之间如何协调与管理；若决定自购货车，则可用各种成本回收方法，如回收年限预估、净现值法、决策树分析法等来选择最有效益的资金投资与回收方法。

3. 绩效管理系统

仓库的赢利除需要各项经营策略的正确制定与实际计划的执行外，还需有良好的信息反馈作为政策、管理及实施方法修正的依据，这就需要绩效管理系统。绩效管理系统包括；作业人员管理系统、客户管理系统、订单处理绩效报表、库存周转率评估、缺货金额损失管理报表、拣货绩效管理报表、包装绩效管理报表、入库作业绩效管理报表、装车作业绩效管理报表、车辆使用车评估报表、月台使用率评估报表、人力使用绩效报表、机器设备使用率评估报表、仓库使用率评估报表、物品保管率评估报表等。

五、数据管理系统

数据管理系统涉及的工作主要有存库管理、数据管理和系统管理。

1. 存库管理

存库管理的作业内容包括：

（1）货位管理查询。查询货位使用情况（空、占用、故障等）。

（2）以货物编码查询库存。查询某种货物的库存情况。

（3）入库时间查询库存。查询以日为单位的在库库存。

（4）盘点作业。进入盘点状态，实现全库盘点。

2. 数据管理

数据管理的作业内容包括：

（1）货物编码管理。提供与货物编码相关信息的输入界面，包括：编码、名称、所属部门、单位等的输入。

（2）安全库存量管理。提供具体到某种货物的最大库存、最小库存参数设置，从而实现库存量的监控预警。

（3）供应商。录入供应商编号、名称、联系方法，供入库单使用。

（4）使用部门数据管理。录入使用部门、编号、名称等，供出入库单使用。

（5）未被确认操作的查询和处理。提供未被确认操作的查询和逐条核对处理功能。

（6）数据库与实际不符记录的查询和处理。逐条提供选择决定是否更改为实际记录或手工输入记录。

3. 系统管理

系统管理的作业内容包括：

（1）使用者及其权限设定。使用者名称、代码、密码、可使用程序模块的选择。

（2）数据库备份操作。提供存储过程每日定时备份数据库或日志。

（3）因系统有无线通信部分。因此提供对通信的开始和关闭操作功能。

（4）系统的登入和退出。提供系统登入和退出界面相关信息。

第三节　仓库管理系统的技术应用

仓库管理系统的支持技术由条形码技术、无线通信技术、计算机系统和其他附属设备四部件组成。

一、条形码技术

货物的条形码是建立整个供应链的最基本条件，它是实现仓储自动化的第一步，也是作为 POS（销售时点信息系统）快速准确收集销售数据的手段。

条形码技术的应用解决了数据录入和数据采集的“瓶颈”问题，为供应链管理提供了有力的技术支持。

在流通和仓储活动中，为了能迅速、准确地识别货物、自动读取有关货物的信息，条形码技术被广泛应用。条形码是用一组数字来表示货物的信息。按使用方式分为直接印刷在货物包装上的条形码和印刷在物品标签上的条形码。按使用目的分为物品条形码和仓储条形码。

1. 物品条形码

物品条形码（见图 13－4）是以直接向消费者销售的物品为对象，以单个物品为单位使用的条形码。它由 13 位数字组成，最前面的 3 个数字表示国家或地区的代码，中国的代码是 690、691、692、977、978，接着的 4 个数字表示生产厂家的代码，其后的 5 个数字表示物品品种的代码，最后的 1 个数字为检验码，用来防止机器发生误读错误。

2. 仓储条形码

仓储条形码（见图 13－5）是仓储过程中的以物品为对象以集合包装物品为单位使用的条形码。标准仓储条形码由 14 位数字组成，除了第 1 位数字之外其余 13 位数字代表的意思与物品条形码相同。仓储条形码第 1 位数字表示仓储识别代码。

条形码是有关生产厂家、批发商、零售商、运输业者等经济主体进行订货和接受订货、销售、运输、保管、出入库检验等活动的信息源。由于在活动发生时点能即时自动读取信息，因此便于及时捕捉到消费者的需要，提高物品销售效果，也有利于促进仓储系统提高效率。

图 13－4 物品条形码

图 13－5 仓储条形码

资料的自动辨识方法可采用磁卡、IC 卡、条形码等方式来达成。对现代仓储而言，由于大多数的储存货品都备有条形码，所以用条形码做自动识别与资料收集是最便宜、最方便的方式。借助物品条形码上的资料经条形码读取设备读取后，可迅速、正确、简单地将物品资料自动输入与撷取，而达到自动化登录、控制、传递、沟通的目的。

仓储作业采用条形码的优点有：

（1）登录快速、节省人力。

（2）提高仓储作业效率。

（3）减少管理成本。

（4）降低错误率，提高作业质量。

（5）更精确地控制储位的指派与货品的拣取。

（6）可方便有效地盘点货品，准确地掌握库存，控制存货。

（7）可做到实时数据收集，实时显示，并经计算机快速处理而达到实时分析与实时控制的目的。

二、无线通信技术

无线电通信技术的使用通过更快和更广泛的通信传输在相当大的程度上提高了仓储功能。由于仓储活动常处于运动状态或处于非常分散的状态，因此，信息和方向常常随实际活动而在时间地点上迁移。无线电频率、卫星通信和图像处理等技术的应用，已克服了这些因产品移动和仓储分散化所导致的问题。

三、计算机系统

计算机系统是指计算机网络实现存储、传递、处理信息的系统。计算机不可能集中在一个点上使用，而需要分放在仓库、码头、车站、管理部门、配送中心等多处，形成计算机网络才能将一个跨度很大的仓储系统联结起来。

无论是自动化仓库还是普通仓库都可以使用计算机进行管理。虽然不同的仓库储存的物质不同，仓库的性质不同，但就物品出入货登记、存货统计、库存资金、仓储费用的计算以及仓库信息的查询等管理项目大致是相同的。使用电子计算机进行管理，可以大大减少数据处理的层次和书面资料及文件往来，取消庞杂的账册，提高仓库管理的及时性和准确程度。

计算机系统在仓储管理中的应用主要有单项业务处理、仓库多功能综合程序的应用、仓库的自动化控制、仓库管理的计算机仿真模拟等。

1. 单项业务处理

单项业务处理的内容主要有：

（1）物资经过验收合格进入仓库或料场保管，同时按照有关凭证登记入账、记卡、建立物资保管储存文件，使用部门领料也要记账、销卡，保证账、卡、物三符合。上述业务均由计算机执行。

（2）编制汇总的物品报表。包括对各工序的领料或退料按时间要求的总数量和总金额到出清单，都可经键盘输入指令由计算机系统的打印机自动打印出仓库、财务、计划等部门需要的各种日报表、月报表、汇总表、分类表、资金储备表等。

（3）申请购货补库业务。通过材料库存的变动可以由计算机同保险储备额进行核对或与起储存限额对照，及时发出缺货或积压的信号，也可直接打印出请购通知单，使库存按照合理储备得到及时控制。

（4）查询业务。管理人员可以通过电传机随时查询仓库存货情况，包括对某一种材料或某项元器件的库存数、金额数，也可查询某一仓库及全厂材料库存总清单。

（5）过磅验收，结账开票的应用。采用计算机对它们的辅助操作，效率很高。办法是将机械秤改为电子自动秤，每批秤量数直接进入计算机，并在显示器上显示结果，然后由专用汉字票据打印机打出收料单和付款单交给送料人去财务部门领款或向运货单位结算。

2. 仓库多功能综合程序的应用

为了操作方便，功能齐全，可以将各种不同功能的程序组合起来，模块程序结构，多为仓库管理的大型程序采用。这一程序的结构一般分为：第一级是主模块，能对功能进行判断和需要把程序引入及调回相应模块中，起着指挥、控制的作用；第二级是功能模块，有记账块、查询块、核对块等；第三级是由几个次主模块引导出来的各功能模块。由于计算机配有汉字终端，操作方便直观，屏幕能直接以汉字显示。以某企业仓库管理用计算机为例，操作人员按出货库账单据的键，屏幕已显示出一张出库单的表格，有类别、编号、名称、规格、单位、单价、数量、领用单位、记账号、用途、库存地址、日期等栏目。

以上仓库管理程序，有两种不同的使用指令，一种是“一般指令”包括记账入库指令、出库指令、一收一付指令、明细账查询指令、流水账指令、核对明细指令等。另一种是“特殊指令”，当账表发现需要修改、增添、删除时的指令和允许记账、打印各类账、表的指令。

计算机系统还能进行综合分析、优化选择等特殊功能，为仓库管理及时提供库存现金、物质消耗、紧俏物料的库存定额和实际库存、进销差价比较、配料选优等信息（见图 13－6）。

图 13－6 WMS 中的储位管理

3. 仓库的自动化控制

自动化仓库包括堆垛机的自动化，码盘机与御盘机、运送机、托装机的自动化以及管理作业的自动化。计算机在这里发挥两种功能：一是控制货物搬运。把搬运货物所需的控制信息传给输送装置，并控制、监视搬运机械的运行；二是控制信息的流通。处理大量数据，完成仓库作业。自动化的过程就是把两者"联机"，信息由业务计算机直接输给控制计算机，而控制计算机的运行结果，不断地报告给业务计算机，形成计算机控制的自动化仓库系统。

4. 仓库管理的计算机仿真模拟

仓库管理的计算机仿真模拟（见图 13－7）是利用电子计算机对仓库系统的结构和行为进行动态的模仿。当输入数据改变时，可以在很短时间内得到各种不同的模拟结果，为管理人员进行科学决策，提供定量化的依据和选择。

图 13－7 仓库作业线仿真模拟

在仓库管理中，经常存在着大量的随机事件，例如，库存数量的突然增减、库内运输路线的改变、库存规划与物资储存不适应、库内运输设备的配备不均等。这些都可以通过计算机模拟可能发生的随机事件，衡量出不同决策方案的得失值，以便使管理人员作出较合理的决策，选择最佳的方案。

四、其他信息技术

1. 全球卫星定位系统

全球卫星定位系统（GPS）。它是利用分布在约 2 万 km 高空的多颗卫星对地面目标的状况进行精确测定以进行定位、导航的系统，它主要用于船舶和飞机导航、对地面目标的精确定时和精密定位、地面及空中交通管制、空间与地面灾害监测等。20 世纪 90 年代以来，全球卫星定位系统在仓储领域得到越来越广泛的应用。

GPS 由空间部分和地面部分组成。空间部分由分布在 6 个等间隔轨道上的 24 颗卫星组成，卫星距地球 2 万多 km，这种分布可以保证在任何时刻全球的任何地区，都被四颗卫星覆盖。GPS 的卫星星座可以全天候、连续地向无限多用户提供任何覆盖区域内目标的高精度的三维速度、位置和时间信息。GPS 的地面部分由 1 个主控站、5 个全球监控站和 3 个地面天线站组成。

GPS 的用户必须配备 GPS 接收机（见图 13－8）才能使用 GPS 系统。GPS 接收机的主要功能是接收卫星发射的信号，以获得必要的导航定位信息，并据此进行导航和定位。

2. 地理信息系统

对地理信息系统的认识是：

（1）地理信息系统的概念。地理信息系统（GIS）是以地理空间数据库为基础，在计算机软硬件的支持下，对空间相关数据进行采集、管理、操作、分析、模拟和显示，并采用地理模型分析方法，适时提供多种空间和动态的地理信息，为研究和决策服务而建立起来的计算机技术系统。

从应用的角度，GIS 由硬件、软件、数据、方法和人员 5 个部分组成。硬件和软件为 GIS 建设提供环境；数据是 GIS 的重要内容；方法为 GIS 建设提供解决方案；人员是系统建设中的关键和能动性因素，直接影响和协调其他几个组成部分。

（2）GIS 的特点。GIS 具有以下的特点：

① 具有采集、管理、分析和输出多种地理空间信息的能力。

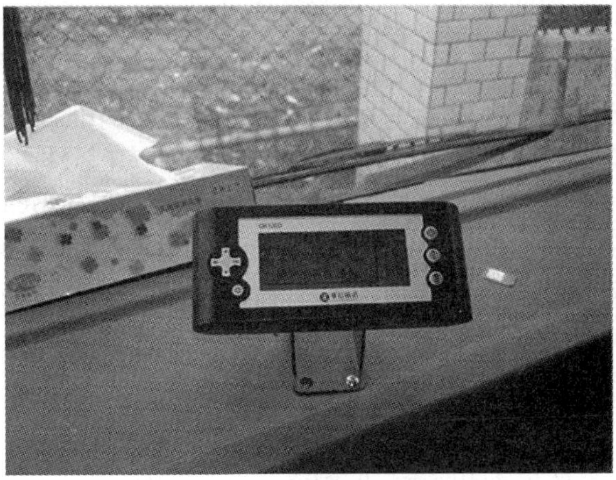

图 13－8 车载 GPS 接收机

② 以地理研究和地理决策为目的，以地理模型方法为手段，具有空间分析、多要素综合分析和动态预测的能力，并能产生高层次的地理信息。

③ 由计算机系统支持进行空间地理数据管理，并由计算机程序模拟常规的或专门的地理分析方法，作用于空间数据，产生有用信息，完成人类难以完成的任务。

④ GIS 从外部来看，它表现为计算机软硬件系统；而其内涵确是由计算机程序和地理数据组织成的地理空间信息模型，是一个逻辑缩小的、高度信息化的地理系统。信息的流动及信息流动的结果，完全由计算机程序的运行和数据的交换来仿真。

（3）GIS 的类型。对 GIS 系统进行分类，在很大程度上是由用户不同的应用目标或任务要求决定的。各种系统的应用均反映了人类对现实世界利用改造的能动作用。

GIS 按其内容可以分为 3 类：

① 专题信息系统。该系统是具有有限目标和专业特点的 GIS，为特定的专门目的服务，如森林动态监测信息系统、水资源管理信息系统、矿产资源信息系统、农作物估产信息系统、草场资源管理信息系统、水土流失信息系统等。

② 区域地理信息系统。该系统主要以区域综合研究和全面信息服务为目标，可以有不同规模，如国家级的、地区或省级的、市级或县级等为各不同级别行政区服务的区域信息系统，也可以按自然分区或流域为单位的区域信息系统。区域信息系统如加拿大国家信息系统、美国橡树岭（OakRidge）地区信息系统、圣地亚哥县信息系统，以及我国的黄河流域信息系统等。

③ 地理信息系统工具。地理信息系统工具是一组具有图形图像数字化、存储管理、查询检索、分析运算和多种输出等 GIS 基本功能的软件包。GIS 可以是专门设计研制的，也可以是从实用 GIS 中抽取具体区域或专题的地理空间数据后得到的。它具有对计算机硬件适应性强、数据管理和操作效率高、功能强，并具有易于扩展、操作简便、容易掌握等特点。

（4）GIS 的应用。从仓储管理角度来讲，基于 GIS 的仓储分析软件系统不仅具有对空间和属性数据采集、输入、编辑、存储、管理、空间分析、查询、输出和显示功能，而且可为系统用户进行预测、监测、规划管理和决策提供科学依据。因此，GIS 可以应用于仓储管理过程的实际流程，具体包括订单管理、运输、仓储、装卸、送递、报关、退货处理、信息服务及增值业务等。显然，仓储管理过程中货物运输路径的选择、仓库地址的选择等，都涉及如何处理大量的空间数据与属性数据而缩短仓储时间，降低成本的问题。而GIS应用于仓储分析，主要是指利用GIS强大的地理数据功能来完善仓储分析技术。

目前已有利用GIS为仓储分析提供专门分析的工具软件。完整的GIS仓储分析软件集成了车辆路线模型、最短路径模型、网络仓储模型、分配集合模型和设施定位模型等。

通过GIS，可以及时跟踪货物的运输过程，了解各仓库的准确信息，合理调配和使用车辆、搬运工具、库房和人员等各种资源，为客户提供优良的客户服务；提供实时的信息查询和物品承运的各种指标数据，为客户提供简单的流通加工业务，提供配送业务，进行运输和仓储整合等。

基于GIS的仓储分析软件系统在仓储管理中主要可以实现以下目标：

① 快速响应客户的需求。

② 缩短满足请求的时间。

③ 提高满足请求的质量。

④ 动态安排和优化运送作业。

⑤ 及时反馈配送的状态，完成应急处理。

⑥ 保证客户的到货时间，提高客户满意度。

⑦ 充分利用运力资源，控制减少成本。

⑧ 分析老客户的消费行为和模式，准确预测和把握客户的需求。

3. 无线电数据采集技术

无线电数据采集技术（RFID）也称射频技术（见图13－9），它的优点是：不局限于视线，识别距离比光学系统远；射频识别卡可具有读写能力，可携带大量数据，难以伪造和有智能等。射频识别系统的传送距离由许多因素决定，如传送频率、天线设计等。对于应用射频识别的特定情况应考虑传送距离、工作频率、标签的数据容量、尺寸、质量、定位、响应速度及选择能力等。射频适用的领域为物料跟踪、运载工具和货架识别等要求非接触数据采集和交换的场合。由于射频标签具有可读写能力，对于需要频繁改变数据内容的场合尤为适用。

图13－9 RFID

在仓储作业中，为了把资料收集器所取得的信息实时地传送到处理中心，再经处理中心处理后下达响应信息，如此信息一来一往就必须以无线电技术来克服时间问题。

一般在仓库的各作业站或各搬运设备上所附带的资料收集及指示设备，以无线电采集数据比较方便，例如进货入库、补货与调仓、拣货出货、盘点等作业均可采用无线电数据采集技术。

4. 便携式数据终端

近年来，便提式数据终端（PDT）的应用多了起来，PDT可把那些采集到的有用数据存储起来或传送至一个管理信息系统。把它与适当的扫描器相连，可有效地用于许多自动识别应用中。PDT（见图13-10）一般包括一个扫描器、一个体积小但功能很强并带有储存器的计算机、一个显示器和供人工输入的键盘。在只读储存器中装有常驻内存的操作系统，用于控制数据的采集和传送。

图13-10　PDT

PDT一般都是可编程的，允许编入一些应用软件。PDT储存器中的数据可随时通过无线电数据采集技术传送到主计算机。操作时先扫描位置标签，货架号码、产品数量就都输入到PDT，再通过无线电数据采集技术把这些数据传送到计算机管理系统，可以得到客户产品清单、发票、发运标签、该地所存产品代码和数量等。

5. 电子数据交换

对电子数据交换的认识是：

（1）电子数据交换的概念。电子数据交换（EDI）是指通过电子方式，采用标准化的格式，利用计算机网络进行结构数据的传输和交换。通常，EDI也被用来指电子数据贸易或无纸贸易。

EDI将贸易、生产、运输、保险、金融、海关等行业的商务文件，按照国际统一的语法规则进行处理，使其符合国际标准格式。它利用通信网络来进行数据交换，是一种利用计算机进行商务处理的新业务。它利用存储转发方式将贸易过程中的订货单、发票、提货单、海关申报单、进出口许可证、货运单等数据以标准化格式，通过计算机和通信网络进行传递、交换、处理，代替了贸易、运输、保险、银行、海关、商检等行业间人工处理信息、邮递互换单证的方式，使交易行为更加快速，安全和高效。EDI所传输的数据是交易双方互相传递的具备法律效力的文件资料。

EDI的基本框架由格式化的数据与报文标准、通信网络和计算机系统三部分构成。经过20多年的发展与完善，EDI作为一种全球性的具有巨大商业价值的电子化贸易手段及工具。

（2）EDI的特点。EDI具有几个显著的特点：

① 单证格式化。EDI传输的是企业间格式化的数据，如订购单、报价单、发票、货运单、装箱单，报关单等。这些信息都具有固定的格式与行业通用性，而信件、公函等非格式化的文件不属于EDI处理的范畴。

② 报文标准化。标准化的工作是实现EDI互通和互连的前提和基础。EDI的标准包括EDI网络通信标准、EDI处理标准、EDI联系标准和EDI语义语法标准等。

EDI传输的报文符合国际标准或行业标准，这是计算机能自动处理的前提条件。目前最为广泛使用的EDI标准是：适用于行政管理、商贸、交通运输的联合国标准EDI规则和由美国国家标准局特命标准化委员会第十二工作组制定的ANSIX.12。

③ 处理自动化。EDI信息传递的路径是计算机到数据通信网络，再到商业伙伴的计算机，信息的最终用户是计算机应用系统，它自动处理传递来的信息，不需人工干预。

④ 软件结构化。EDI功能软件由5个模块组成：用户界面模块、内部EDP接口模块、报文生成与处理模块、标准报文格式转换模块、通信模块。这5个模块功能分明，结构清

晰，形成了 EDI 较为成熟的商业化软件。

⑤ 运作规范化。EDI 以报文的方式交换信息有其深刻的商贸背景，EDI 报文是目前商业化应用中最成熟、最有效、最规范的电子凭证之一，EDI 单证报文具有法律效力已被普遍接受。任何一个成熟、成功的 EDI 系统，均有相应的规范化环境作基础，如 EDI 存证系统，商贸伙伴的协议，管理法规与相应的配套措施，例如，联合国贸法会制定了《电子贸易示范法草案》，国际海事委员会制定了《电子提单规则》，上海市制定了《上海市国际经贸电子数据交换管理规定》等。

⑥ EDI 的应用。EDI 最初由美国企业应用在企业间的订货业务活动中，其后 EDI 的应用范围从订货业务向其他的业务扩展，如 POS 销售信息传送业务、库存管理业务、发货送货信息和支付信息的传送业务等。

典型案例

仓储管理信息系统功能模块

1. 物品跟踪

用终端扫描器扫描物品条形码，并在物品包装时，打印并粘贴物品的客户信息条码实现物品跟踪。

2. 标签管理

将物品标签打印并粘贴在物品包装的明显位置，成为跟踪产品流转的重要标志。若物品制造商未提供条形码标签或标签损坏，可利用系统提供的物品标签管理模块，重新生成所需的标签。

3. 入库管理

入库时识读物品上的条形码标签，同时录入物品的存放信息，将物品的特性信息以及存放信息一同存入数据库，存储时进行检查，看是否是重复录入，实现数据的无损传递和快速录入。

4. 出库管理

根据物流中心产生的提货单或物流单，选择相应的物品出库。为出库备货方便，可根据物品的特征进行组合查询，可打印查询结果或生成可用于移动终端的数据文件。产品出库时，要扫描物品上的二维条码，对出库商品的信息进行确认，同时更改其库存状态。

5. 盘点管理

在库存管理中，通过手持无线终端，收集盘点物品信息，然后将收集到的信息由计算机进行集中处理，从而形成盘点报告。

6. 物流管理

进行物流前将物流物品资料和客户订单资料下载到移动终端中，到达物流客户后，打开移动终端，调出客户相应的订单，然后根据订单情况挑选货物并验证其条形码标签，确认物流完一个客户的物品后，移动终端会自动校验物流情况，并做出相应的提示。

实 训

通过仓储信息系统建立客户档案

实训目的

将客户的详细信息进行登入，建立主档，以便对客户进行管理。

实训内容

登入客户主档的信息包括订单处理时需要的信息以及物流中心进行相关仓储作业时需要的信息。

实训课时

4 课时

实训要求

登入以下内容：客户个人信息、客户信用度、客户销售付款及折扣率的条件、物品信息、储存区域、搬运路线、运输车辆、作业要求、过期订单处理指示、客户联系人等。

检查标准

（1）检查登入的信息是否准确；

（2）打印客户资料。

自·测·练·习

一、单项选择题

1. 信息系统是通过收集、加工、处理、储存和传递信息，对物流、资金流等进行有效控制和管理，并为企业提供信息分析和决策支持的________。

A. 管理系统　B. 人机系统　C. 操作系统　D. 运输系统

2. 二维条码具有很强的________。

A. 管理能力　B. 决策能力　C. 分配能力　D. 自动纠错能力

3. GIS 在仓储管理中的主要功能是________。

A. 仓库定位　B. 仓库规划　C. 仓库选址　D. 仓库建设

4. 信息管理系统中，总存在着对信息进行收集、传输、存储、处理、显示和分析的物流信息功能________。

A. 模块　B. 结构　C. 层次　D. 系统

5. 物品条形码由________位数字组成。

A. 10　B. 11　C. 12　D. 13

二、多项选择题

1. 仓储信息系统要具有________、集成化、智能化等特点。

A. 实时化　B. 网络化　C. 系统化　D. 规模化　E. 专业化

2. 仓储信息系统的层次可分为________。

A. 战略管理信息　B. 战术管理信息　C. 知识管理信息
D. 操作管理信息　E. 网络管理信息

3. 构建仓储信息系统的原则是________。

A. 信息可得性　B. 信息准确性　C. 信息及时性
D. 具有较强的存取能力　E. 易操作性

4. 采购管理系统的组成是：________。

A. 采购预警系统　B. 供应厂商管理系统　C. 采购单据打印系统
D. 采购跟催系统　E. 采购订单系统

5. 仓储信息系统的操作层次结构包括________。

A. 仓储管理系统　B. 物流管理系统　C. 运输管理系统
D. 车辆调度系统　E. 货物跟踪系统

三、是非题（正确的打"√"，错误的打"×"）

1. 一个完善的信息系统，主要有四个层次：操作管理层（或称作业层）、知识管理层、战术管理层（或称管理层）和战略管理层（或称决策层）。（　）

2. 信息技术主要包括条码技术、无线射频技术、计算机网络技术、多媒体技术、地理信息技术（GIS）、全球卫星定位技术（GPS）、电子数据交换技术（EDI）等。（　）

3. 采用条形码技术可以很方便地将物品的信息输入信息管理系统。（　）

4. 二维条码信息容量大，可以储存包裹、货物的详细信息，并且它容易打印，可以采用原来的标签打印机打印，同时可以根据需要进行加密，防止数据的非法篡改。（　）

5. 信息管理系统在正常情况下能够达到系统设计的预期精度要求，不管输入的数据如何复杂地变化，只要在系统设计的范围内，都能输出满意的结果。（　）

四、思考题

1. 仓储信息管理系统由几部分组成？
2. 仓储出入库管理系统的作业流程是怎样的？
3. 条形码有几种？其功能各是什么？
4. 什么叫 RFID？
5. EDI 的用途是什么？

第十四章

仓库规划与设计

学习目标

◎知识目标

了解和熟悉仓库规划、设计原则、选址、功能规划、设施装备规划、内部布局等内容。

◎能力目标

熟悉和掌握仓储规划与设计原则、选址、功能规划、设施装备规划、内部布局等的基本方法。

第一节 仓库规划与设计原则

一、仓库规划与设计原则

仓库的建设是一项规模大、投资额高、涉及面广的系统工程。仓库一旦建成就很难再改变，因此，必须在规划和建设的过程中，切实遵循规划原则。

1. 系统工作原则

仓库的工作包括验货、搬运、储存、装卸、分拣、配货、送货、信息处理以及与供应商、连锁商场的连接。如何使它们之间均衡、协调地运转，是极为重要的，其关键是做好物流量的分析和预测，把握住物流的最合理流程。由于运输的路线和物流据点交织成网络，仓库的选址也非常重要。

2. 价值工程原则

在激烈的市场竞争中，对仓储的及时准确和缺货率低等方面的要求越来越高，而在保证高质量服务的同时，又必须考虑物流成本。特别是建造仓库耗资巨大，必须对建设项目进行可行性研究，并做多方案的技术、经济比较，以求得最大的企业效益和社会效益。

3. 尽量实现工艺、设备、管理科学化的原则

近年来，仓库均广泛采用计算机进行物流管理和信息管理，大大加速了物品的流转，提高了经济效益和现代化管理水平。同时，要合理地选择、组织、使用各种先进物流机械化、自动化设备，以充分发挥仓库多功能、高效益的特点。

4. 发展的原则

规划仓库时，无论是建筑物、信息处理系统的设计，还是机械设备的选择，都要考虑到有较强的应变能力，以适应物流量的扩大和经营范围的拓展。在规划设计第一期工程时，应将第二期工程纳入总体规划，并充分考虑到扩建时业务工作的需要。

二、仓库建设的项目立项

要做出建设一个仓库的决策，项目的立项工作尤为重要。

1. 明确目标

新建一个仓库，必然有其动因。一般主要有：

（1）容量不足。企业经营规模不断拓展，经营的物品量、品种数量增加，现有人员、设备及设施能力不足，造成处理能力差，无法迅速、及时地完成每天作业，需经常加班加点；或因土地、建筑物面积不足，导致仓库没有发展余地。

（2）据点分散。需要集中分散的物流设施以提高作业效率，或建立区域性的仓库。

（3）设备陈旧。建筑物陈旧，维护费用贵，或物流系统陈旧落后，无法适应流通活动的发展和变化。

（4）环境变化。如交通量增大，运输效率不高；又如城市规划改变，原仓库地点需要迁移；再如，出货单元由整托盘向整箱，以及由整箱向零散的盒变化，小批量、拆零的倾向日趋强烈，迫切要求物流设施得到改善。

如果动机不清楚、目标不明确，即使做了一个理论上极佳的仓库方案，大多在筹措或实施的途中便会夭折。

2. 决定系统范围

仓库是一个多功能、集约化的物流据点，系统复杂，各子系统间的协调尤为重要。所以，单凭一个人进行规划是非常困难的，必须把物流、信息、建筑设计及其他各方面的专家汇聚起来，形成一个开发班子，研究大量的实质性问题，为企业领导的决策提供依据。需要研究的问题有：如何根据企业经营规模发展的近期、中期规划，建立企业的物流系统和网络体系；确定建造具备哪些功能的仓库；选址在何处，其优点和不足之处如何；如何改善作业环境、减轻装卸作业劳动强度，实现机械化；如何实现100%的质量保证；如何实现误仓储达到零；如何减少单据，实现无纸化；如何提高结算能力；如何使仓库的物流流程更合理、更科学；如何降低物流成本；如何增强仓库的适应能力和应变能力；如何满足仓库规模进一步拓展的需要。

根据现有仓库存在的问题，结合现代仓库应具备的理想模式，参观和考察一些比较成功的仓库，使建设目标更加明晰。

3. 研究经济与技术可行性

应该指出，规划工作的定量化是保证上述要求、目标实现的关键。同时，对各项目标都应按照"务必达到""最好能达到"等不同的需求程度排列起来。对那些可能是相互矛盾的目标，不可能100%全部满足，因而存在着一个目标优化、选定最佳方案的问题。

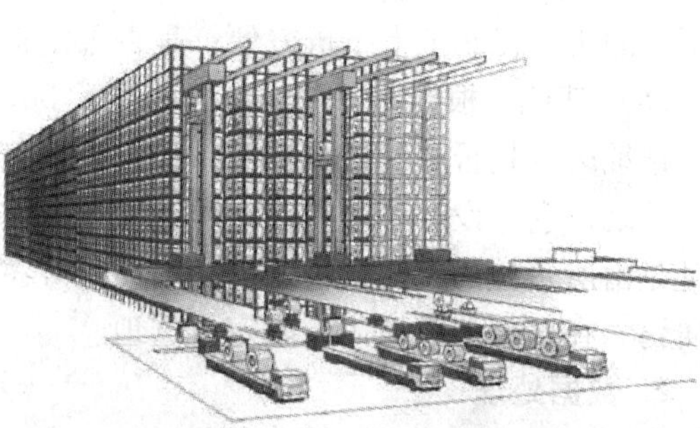

图 14－1　卷钢立体仓库示意图

要切实研究新建仓库在整个物流系统中所处的位置，对实现各项功能所采取的手段和措施进行比较、选择。

4. 编制实施计划

应从物流成本的角度来确定仓库的投资规模是否合理。例如，要根据企业经营的销售额发展指标，研究与之相适应的建设投资规模。同时，还要测算仓库启动后的维持费究竟需要多少，这个费用占整个物流成本的百分比多大，对企业经营和效益带来的影响如何，企业是否能够长期承受等。

此外，还要研究整个物流系统。总之，仓库建设项目的立项，是企业、特别是连锁商业企业的经营战略决策的重要组成部分。图 14－1 为卷钢立体仓库示意图。

第二节　仓库的选址

一、仓库选址

1. 仓库选址的基本条件

仓库选址时，必须根据已确认的目的、方针，明确以下条件，逐步筛选仓库的备选地。

仓库选址的基本条件是：

(1) 必要条件。顾客分布现状及预测，业务量增长率、辐射范围等。

(2) 运输条件。要靠近铁路货运站、港口码头、机场、汽车货运站等运输据点，另外必须能够很方便地利用运输公司。

(3) 仓储服务条件。能够及时通知客户货物到达时间、仓储率、订发货周期，仓储距离及范围等。

(4) 用地条件。仓库是利用现有的设施和土地、还是新征土地；新建仓库必须征地时，地价及地价许可范围内用地分布状况。

(5) 法规。在指定的用地区域内是否有不准建仓库、不准建仓库设施等的土地规定。

(6) 管理与信息条件。是否要求仓库靠近总部及营业、管理、计算机等部门。

(7) 流通功能。商流、物流功能是否分离，在仓库内是否有流通加工功能；在这种情况下，能否确保职工上下班方便；是否限定选址范围。

(8) 其他。根据业务种类是否需要冷冻、保温设施，防止公害设施或危险品处理设施等。选址区内是否限制这些特殊条件，是否符合这些条件。

总之，仓库设计者必须仔细考虑上述条件，根据这些条件来决定设施规模和选址。最佳选址是由所希望的条件来决定的，因此最好将所希望的条件按优先顺序，标记在地图上，反复研讨，在理想的区域内，限定候选地。

2. 数据处理

仓库建在什么地方，选用哪些设备，成本如何，一般通过大量的数据分析后确定。下面两个的数据是必需的：

(1) 作业量。仓库作业量主要有：工厂到仓库的运输量；仓储给顾客的货物数量；仓库的库存量；不同仓储路线的作业量。

作业量的数据在不同季节、月份等有各种各样的波动，必须研讨选址时采用什么样的水平数量。值得注意的是，除现有数据外，还必须设定设施运营后的预测值。

(2) 费用数据。同仓库选址相关的费用有以下几项：工厂到仓库的运费；将货物仓储给顾客的仓储费；设施、用地及相关的人工费、业务费等。

二、仓库选址的方法

通过采用多个选址方案，然后对方案进行全部费用比较，最后选取最优方案。

1. 单一选址方法

单一仓库选址方法使用的假设条件是：具有一定的需求量、忽略了不同地点选址可能产生的成本差异、运输费率为线性假设、直线运输假设、往往不考虑未来的收益与成本变化。

单一仓库选址方法多采用重心法。

重心法是一种静态的选址模型，它将运输成本作为唯一的选址决策因素，因而这种方法对于用地的现实性和候选位置点均缺乏全面考虑。

2. 多选址的方法

多选址比单一选址更具现实意义，也更为复杂。其需要解决的问题是需要设置多少个仓库、每个仓库的容量大小、仓库的位置、每个仓库的服务对象、每个仓库的产品供给源、每种产品的库存配置以及运输等。

多选址方法很多，通过对选址的各种可能的选择进行考察以及各种方案的比选，最终选出其中成本最小的方案。

根据仓库选址方法，在所取定的选址点进行建设时，必须研究并判断选址的障碍条件，特别是与地理、地形、地基、环境、交通、劳动等有关的条件，分析该址是否适合仓库的作业要求，并调查预测将来业务量增大后能否满足扩建的需要，该选址是否适用并做好解决障碍条件的准备工作，然后根据仓库选址程序（见图 14－2）进行选址作业。

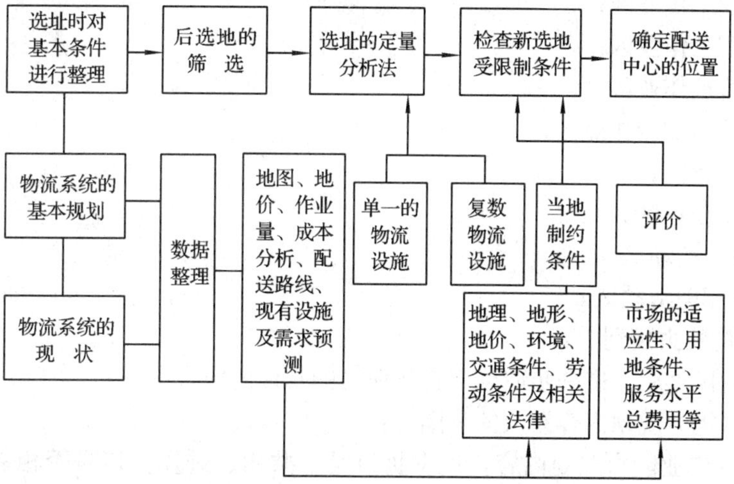

图 14－2　仓库选址程序

第三节　仓库布局

一、仓库功能规划

1. 仓库作业流程的规划

仓库的主要活动是订货、进货、发货、仓储、订单拣货和仓储作业。首先确定仓库主要活动及其程序之后，才能规划设计。有的仓库还要进行流通加工、贴标和包装等作业。当有退货作业时，还要进行退货品的分类、保管和退回等作业。

在经过基本资料分析和基本条件设定之后，便可针对仓库特性进一步分析，并制定合理的作业程序，以便选用设备和规划设计空间。通过对各项作业流程的基本分析，便可进行作业流程合理化分析，从而找出作业中不合理和不必要的作业，力求简化仓库里可能出现的不必要的计算和处理单位。这样规划出的仓库减少重复堆放的搬运、翻堆和暂存等工作，提高了整个仓库的效率。如果储运单位过多时，可将各作业单位予以分类合并，避免内部作业过程中储运单位过多的转换。尽量简化储运单位，以托盘或储运箱为容器。把体积、外形差别大的物品归类成相同标准的储运单位。这样，可以简化仓库的储运单位。

2. 作业区的功能规划

在作业流程规划后，可根据仓库运营特性进行作业区包括物流作业区及周边辅助活动区和物流作业区（如装卸货、入库、订单拣取、出库、发货等作业区）的规划。此外，周边辅助活动区如办公室、计算机室和维修间等也要进行规划。

通过归类整理，可把仓库作业区分类如下：

(1) 一般性物流作业区；

(2) 退货物流作业区；

(3) 换货补货作业区；

(4) 流通加工作业区；

(5) 物流配合作业区；

(6) 仓储管理作业区；

(7) 厂房使用配合作业区；

(8) 办公事务区；

(9) 计算机作业区；

(10) 劳务性活动区；

(11) 厂区相关活动区。

3. 作业区的能力规划

在确定作业区之后，进一步应确定各作业区的具体内容。

仓库作业区能力规划内容涉及的范围有：

(1) 装卸区作业能力规划内容。进发货口是否共用、进发货口是否相邻、装卸货车辆进出频率、装卸货车辆形式、有无装卸货物配合设施口物品装载特性、装卸货车辆回车空间、每车装卸货所需时间、供货厂商数量、仓储客户数量、进货时段、仓储时段等。

(2) 进货区作业能力规划内容。每日进货数量、托盘使用规格、容器流通程度、进货点收作业内容、进货等待入库时间等。

(3) 理货区作业能力规划内容。理货作业时间、进货品检作业内容、进货品检作业时间、容器流通程度、有无叠卸托盘配合设施等。

(4) 库存区作业能力规划内容。最大库存量需求、物品特性基本资料、产品项目、储区划分原则、储位指派原则、存货管制方法、自动化程度需求、产品使用期限、储存环境需求、盘点作业方式、物品周转效率、未来需求变动趋势等。

(5) 拣货区作业能力规划内容。物品特性基本资料、每日拣出量、订单分割条件、客户订单数量资料、仓储品项、订单处理原则、订单汇总条件、订单拣取方式、有无流通加工作业需求等。

(6) 补货区作业能力规划内容。拣货区容量、补货作业方式、每日拣货量、盘点作业方式、拣取补充基准、拣取补充基本量等。

二、仓库设施装备规划

一个完整的仓库包含的设施相当广泛，但基本上应包括物流作业区域设施、辅助作业区域设施以及厂房建筑周边设施。

1. 物流作业区域设施

仓库内的主要作业活动，基本上均与仓库、搬运和拣取等作业有关。为此，规划的重点是对物流设备的规划设计和选用。不同功能的物流设备要求与之相适应的厂房布置与面积。

在系统规划阶段，由于厂房布置尚未定形，物流设备规划主要以要求的功能、数量和选用型号等内容为主。在详细规划设计阶段，必须进行设备的详细规格、设施配置等内容的设计。在自动化物流系统中主要系统设备包括自动仓库设备、钢架结构分析、物流管理系统、推卸托盘设备、监控设备、控制系统、通信网络系统、识别系统、无人搬运车设备、堆垛设备、输送设备和分级分类设备。

现在就物流作业区的主要物流设备说明如下：

（1）容器设施。容器设施包括搬运、储存、拣取和仓储用的容器。如纸箱、托盘、铁箱、塑料箱等。在各项作业流程及储运单位规划结束后，则可进行容器的规划。部分以单品发货为主的发货类型，如品种多，体积、长度和外形等差异较大的货物，可利用储运箱等容器把储运单位统一化，达到单元负载的原则，从而简化储运作业。

（2）储存设备。储存设备包括自动仓储设备（如单元负载式、水平旋转式、垂直旋转式、轻负载式等自动仓库），重型货架（如普通重型货架、直入式钢架、重型流动棚架等）和多品种少量储存设备（如轻型货架、轻型流动货架和移动式储柜等）。

（3）订单拣取设备。订单拣取设备包括一般型订单拣取设备（如计算机辅助拣货台车）和自动化订单拣取设备等。一般说来，拣货区和库存区分区存放，再由库存区补货到拣货区，也有把拣货区和库存区规划在同一个区，但以分层方式处理。此时，在不同的拣货要求条件下，所需要的拣货区保管设备和拣货台车等搬运设备，因按各订单拣取和批量拣取有差异，为此应加以分析后确定。

当拣货区和仓储区分区规划时，作业方式为由仓储区补货到拣货区，拣货量为中等水平，发货频率较高。这种情况适用于零散发货和拆箱拣货。

当拣货区和仓储区在同一区而分层规划时，作业方式为由上层仓储区补货到下层拣货区，拣货量大，发货频率为中等。这种情况适用于整箱发货。

当拣货区和仓储区在同一区时，没有另设仓储区，直接在储位上拣货，拣货量较小，发货频率较低。这种情况适用于少量的零星发货。

（4）物料搬运设备。包括自动化的搬运设备（如无人搬运车，驱动式搬运台车）、机械化搬运设备（如堆垛机、液压拖板车）、输送带设备、分类输送设备、堆卸托盘设备和垂直搬运设备等。规划时配合仓储和拣取设备。估计每天进发货的搬运、拣货和补货次数，从而选择适用的搬运设备。

（5）流通加工设备。流通加工设备包括裹包集包设备，外包装配合设备，印贴条码标签设备、拆箱设备和称重设备等。随着物流中心服务项目的多元化的开展和用户要求越严，物流中心进行二次包装，裹包和贴标签等加工作业也日益增加。随着国际物流的发展，由国际物流转运后再分装和简易加工的业务越来越多，从而使物流作业的附加值大为增加。

（6）物流周边配合设备。这包括楼层流通设备，装卸货平台，装卸载设施，容器暂存设施和废料处理设施等。根据仓库实际需要来选定。

有关物流作业区域的功能和需求规划之后，可以根据各区域特性，规划设计所需设备型号、功能和数量。

2. 辅助作业区域设施以及厂房建筑周边设施

在仓库的运营过程中，除了主要的物流设备之外，还需要辅助作业区域的配合。

仓库内主要的周边设施如下：

（1）办公设备如办公桌椅、文件保管设备、休闲娱乐设施等。

（2）计算机及其周边设施如信息系统设施，主计算机，网络设施及其相关周边设施等。

（3）劳务设施如洗手间、娱乐室、休息室、餐厅、司机休息室、医务室等。

（4）厂房建筑周边设施。在规划物流仓库时，必须考虑到交通、水电、动力、土建、空调、安全和消防等与厂房建筑相关的周边设施条件。

三、仓库的内部布局

仓库内部布局时，涉及的因素很多。在分析这些因素时，首先要求具有与装卸、搬运、保管等与产品活动完全适应的作业性质和功能，还必须满足管理，提高经济效益，对作业量的变化和物品形状变化能灵活适应等要求。

1. 物品数量分析

首先要对不同品种物品数量进行分析。制定仓库设计规划时，“以何种产品，多大的作业量为对象”是确定实施计划的前提条件。

物品数量分析的内容有：

（1）对物品的类别，按照物品出、入库的顺序进行整理，同时还按照类似的货物流加以分组；

（2）确定不同种类物品的作业量；

（3）以作业量的大小划顺序制作坐标图，图中横轴为种类，纵轴为数量。根据曲线图分析：曲线斜度大的区间物品品种少，数量大，是流通快的物品群；曲线倾斜缓慢的区间为物品品种多，数量少，是流通慢的物品群。

2. 物流分析

按照全面分析的作业量和出、入库次数等资料分析，编制产品流程的基本计划（产品在仓库内部的流程在其他的章节中有详细介绍）。这里按照作业设施的不同，表示流程路线图，同时计算货物数量比率。

3. 设施的关联性分析

在制订设计计划时，把作为设计对象的设施及评价项目总称为业务活动。所以，业务活动除了建筑物内的收货场所、保管场所、流通加工场所及仓储场所等设施外，还包括事务所、土地利用情况及道路等。这些设施中，关联密切的设施应相互靠近进行配置。

关于上述业务活动分析的顺序如下：

（1）列举必要的设施。除了正门、事务所、绿化地、杂品仓库、退货处理场所、福利保健场所等外，还有仓库的建筑物及其具体的各项内部设施，都要列举出来。

（2）业务活动相互关系表。对上述各项业务活动，应作靠近性分析。所谓靠近性分析是指不仅要研究产品的流程，还要研究产品的流程、作业人员的管理范围，以及卡车的出入和货物装卸系统等，从不同角度进行合理性的判断。

（3）业务活动线路图。关于各个业务活动相互位置的关系，根据前项评价的结果进行一般的设计。

4. 设施面积的确定

按照上述方法确定出设施关联方案后，再计算这些设施需要的面积。

例如，每日处理货物50 t的小规模仓库，其面积及作业量的计算如表14-1所示。

表14-1 小规模仓库面积确定表

编号	设施名称	每日作业量（t）	单位面积作业量（t/m^2）	设施面积（m^2）
1	收货场所	25	0.2	125
2	验收场所	（25）	收货兼验收	
3	分类场所	15	0.2	75
4	保管场所	35	1.0	35
5	流通加工场所	2.5	0.2	12.5
6	特殊物品存放场所	2.5	0.2	12.5
7	仓储场所	25	0.2	125
8	办公场所			30
合计				415

注：本表所列日处理货物量定义为入库量为25吨，出库量为25吨，仓库经常储备定义为7天的需要量（5吨/日）。

在设计计算设施面积时，还应考虑作业面积之间相互位置的组合，以及与装卸路线、保管场所等的相互关系。

另外，仓库的作业，不可能像在工厂的作业过程那样划分，往往一些设施是兼用的，只用理论方法无法解决所有问题。所以，在采用科学方法确定设计方案的同时，还要听取现场工作人员的意见，根据实际情况研究、修正后，才能确定出最优的设计方案。

四、仓库内车流的布置

仓库的车流量很大。一个日处理量达10万箱物品的仓库，每天的车流量达250辆次；而实际上送货、发货的车辆，大多集中在几个时间带（即高峰时间）。因此，道路、停车场地及车辆运行线路的设计显得尤为重要。可以说，仓库总体设计的成败，很大程度上决定于车流规划的合理与否。直线式和锯齿式仓库装货码头车流示意图（见图14-3）。

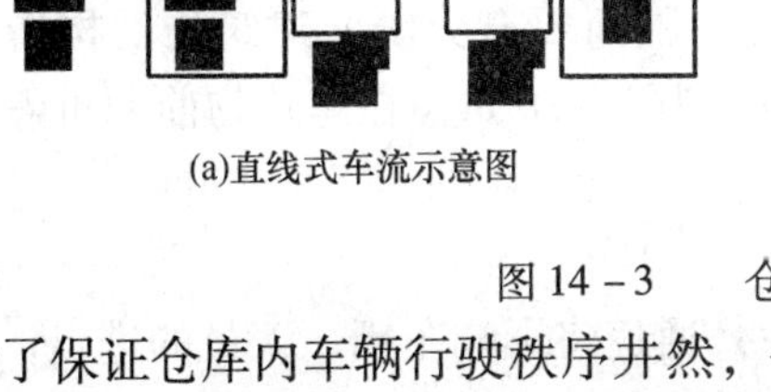

(a)直线式车流示意图

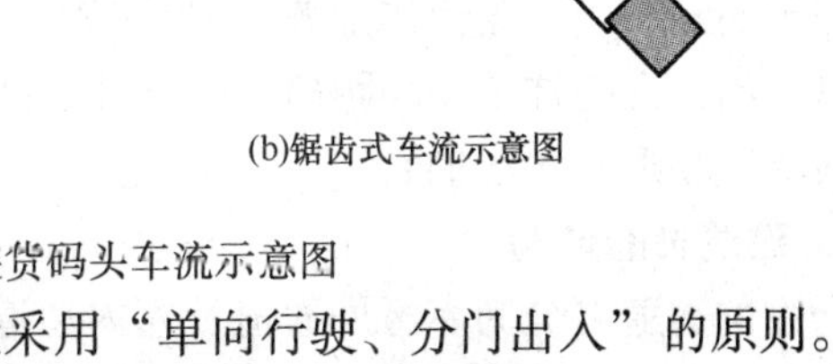

(b)锯齿式车流示意图

图14-3 仓库装货码头车流示意图

为了保证仓库内车辆行驶秩序井然，一般采用“单向行驶、分门出入”的原则。不少仓库还规定了大型卡车、中型卡车、乘用小车的出入口以及车辆行使线路。

仓库的主要道路宽度较大，通常为4车道，甚至6车道；考虑到大型卡车、集装箱车进出，最小转弯半径不小于15 m；车道均为高级沥青路面，并标有白色界线、方向、速度等标记。

五、仓库内部的设施构造

1. 建筑物

从装卸货物的效率看，建筑物最好是平房建筑。而在城市，由于土地紧张和受地价的限制，采用多层建筑的情况较多。

2. 地面负荷强度

地面负荷强度是由保管货物的种类、比重、货物码垛高度和使用的装卸机械等决定的。一般地面负荷强度规定如下：

（1）平房建筑物。平均每平方米负荷 2.5 ~3.0 t。

（2）多层建筑物。一层，平均每平方米负荷 2.5 ~3.0 t；二层，平均每平方米负荷 2.0 ~2.5 t；三层以上，平均每平方米负荷 1.5 ~2.0 t。

多层建筑物，二层以上的地面负荷是指通过建筑物墙体而由地面支撑的负载。因而，随着建筑物层次的增多，各层地面所承载的能力是逐渐减小的。当然，在确定地面承受能力时，不仅要考虑地面上货物的质量，还要考虑所用机器工具的质量。例如，用叉车装卸作业时，也必须考虑叉车的质量。这时，在钢筋混凝土地面作业时，地面上平均每平方米的承载能力，应增加按下式计算的车轮荷重：

$$叉车的最大车轮荷重 =（叉车自重 + 装载货物重量）\times A \times B$$

式中：A 指装载货物时，平衡重型或伸长型叉车前面两个轮子所承受货物质量的比例，其差别不大，以货叉自重加载货物质量的 0.85 ~0.88 为宜；B 指另外加上 1.3 ~1.5 倍的货物短时间冲击力。

3. 天花板高度

天花板高度指在全部装满货物时，货物的计划堆放高度，或者说，是在考虑最下层货所能承受的压力时，堆放货物的高度加上剩余空间的总高度。在有托盘作业时，还要考虑叉车的扬程高度及装卸货物的剩余高度。一般情况下，托盘货物的高度为 1 200 ~1 700 mm，其中 1 300 ~1 400 mm 的高度最多。总之，天花板高度不能一概而论。通常平房建筑的天花板高度为 5.5 ~7 m；多层建筑物的天花板高度多数情况是：一层 5.5 ~6.5 m，二层 5 ~6 m，三层 5 ~5.5 m。

天花板高度对于建筑费用的影响很大。因此，事先要充分研究作业的种类和内容，确定好合理的天花板高度。

4. 立柱间隔距离

柱子间隔不当，会使作业效率和保管能力下降。因而要充分研究建筑物的构造及经济性，以求出适宜的柱子间隔距离。一般柱子间隔距离为 7 ~10 m（在建筑物前面可停放大型卡车两辆、小型卡车三辆）。

5. 建筑物的通道

仓库的通道可分为库区外通道及库内通道。库外通道将影响车辆、人员的进出，车辆的回转，装卸货物等动线；库内通道主要影响仓库的作业能力和效率。

通道是根据搬运方法、车辆出入频度和作业路线等确定的。建筑物内部通道的设置与内部设施的功能、效率、空间使用费等因素有关，所以，应根据货物的品种和批量的大小，以及所选定机器的出入频度和时间间隔等因素，来决定通道的宽度和条数（有单向通道和往返通道两种）。通道配置的方案应在充分比较研究的基础上确定。

另外，日常装卸货物时，所占用的停车空间与上述车辆处于静止状态时不同。为了确保卡车装卸作业，应留有必要的侧面通道，或者在卡车前方留有一定宽度的通道，使卡车作业时可以前进和后退。图 14 -4 为仓库通道布置示意图。

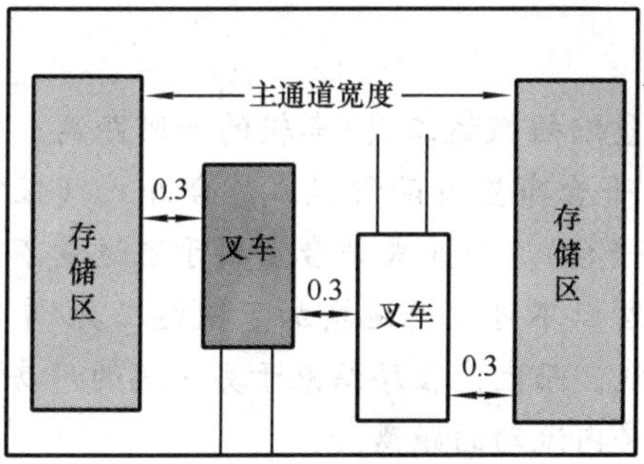

(a)主通道示意图

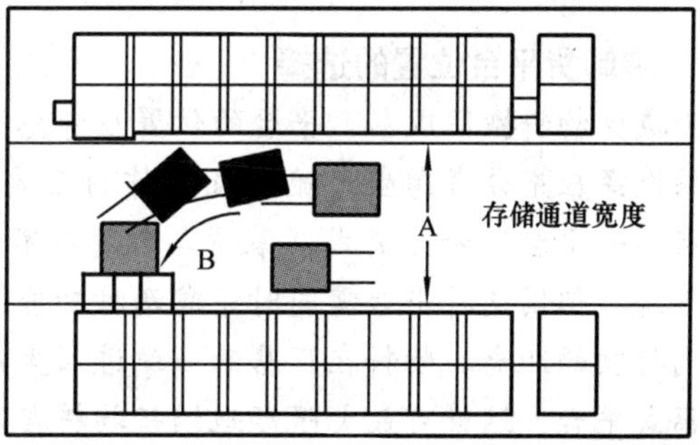

(b)存储通道示意图

图 14 -4 仓库通道布置示意图

6. 卡车停车场

通常，各种车辆都必须有停车场。车辆停止时占用的面积如表 14 -2 所示。

表 14 -2 车辆停止时占用的面积

车　辆	面积（m^2）	车　辆	面积（m^2）
15 t 重拖挂车	60	6 ~ 8 t 卡车	35
10 ~ 11. 5 t 卡车	45	3 ~ 4 t 卡车	25

图 14 -5 为 90°停车场布置图。

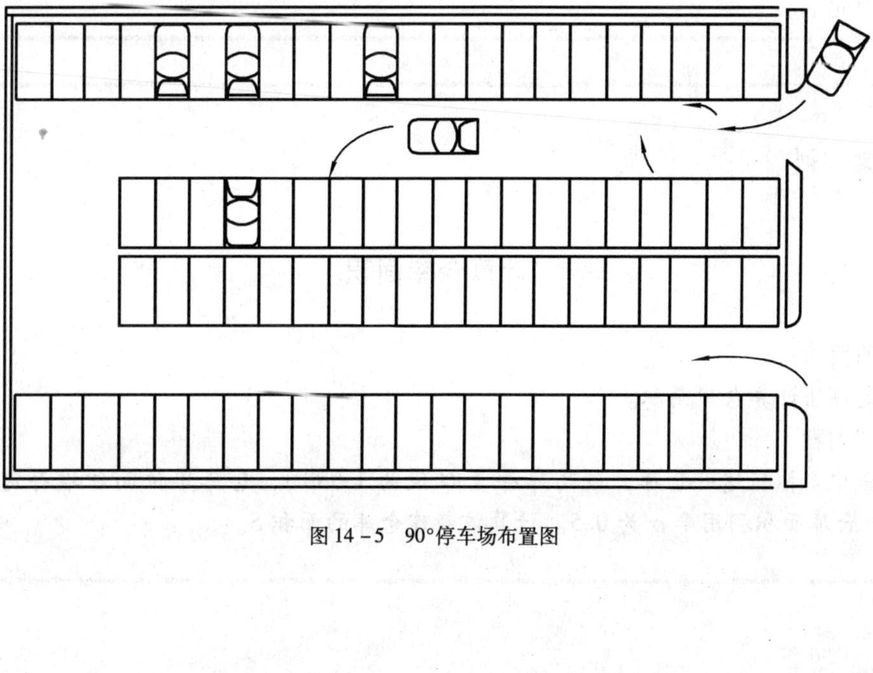

图 14 -5 90°停车场布置图

典型案例

装卸货平台设计

1. 装卸货平台位置的选择

为减少物料搬运成本，平台的位置应考虑尽量缩短搬运工具/车辆的行驶距离。平台位置的选择应充分考虑生产流程及操作的需要。平台布置有两种模式，合并式（装货与卸货在同一平台）和分离式（装货与卸货在不同平台）。合并式平台常用于配送量不大的小型库房，但因这种平台需同时完成两种功能，所以不可避免地增加了搬运工具/车辆在厂房内行驶的距离。物料在厂房的一端进入生产线，而生产程序结束于另一端的厂房多设置分离式平台，这样可最大限度地缩短物料在厂房内流动的距离。

2. 平台外围区域的设计

平台外围区域指的是装卸平台至围栏区（或障碍物区）之间可供货车使用的区域。它应包括装卸货时用于泊车的装卸区及调动货车进出装卸区所必须经过的调动区。泊车位之间中心线距离建议应至少为3.5 m，如考虑同时开启车门，泊车位之间中心线距离可为4 m。平台外围区域的大小取决于泊车位中心线距离、货车长度及货车的转弯角度。

3. 装卸货平台高度的确定

平台的高度是平台设计中的最重要的要素，必须与使用平台的货车匹配。确定这一高度时，应尽量使平台与货车车厢底板之间高度差缩至最小。使用平台高度调节板虽可解决高度差问题，但勿使形成的坡度过大，以免调节板擦碰到叉车底盘。同时，如坡度增大，影响装卸货效率，对调节板和叉车的结构和保养要求也相应会增高，更容易造成意外危险。确定平台高度首先应确定使用该平台的货车底板高度的范围，通常货车所需平台高度在120～140 cm。

实 训

计算仓库面积

实训目的

用定额法计算仓库面积。

实训内容

配送中心拟新建一仓库，最高库存量 Q 设为1 550 t，仓库单位面积堆存定额 N 为3 t/m^2，仓库面积利用率 σ 为0.5。计算该新建仓库的面积 S。

实训课时

2 课时

实训要求

用定额法 $S=Q/(N\times\sigma)$ 计算仓库面积。

检查标准

$S=1\ 000\ m^2$。

自·测·练·习

一、单项选择题

1. 通常，15 吨重拖挂车的停车场车辆占用面积是________。

   A. 45 m^2　B. 60 m^2　C. 35 m^2　D. 25 m^2

2. 一般情况下，通常货车所需平台高度在________。

   A. 120 ~ 140 cm　B. 200 ~ 220 cm
   C. 1 200 ~ 1 700 cm　D. 1 200 ~ 1 500 cm

3. 下列设备中不属于仓库周边配合设备的是________。

   A. 装卸货平台　B. 装卸载设施
   C. 立体仓库　D. 废料处理设施

4. 仓库选址应根据________的方案选取。

   A. 运量最小　B. 运量最大　C. 成本最小　D. 成本最大

5. 在考虑停放大型卡车两辆、小型卡车三辆的情况下，一般建筑物（仓库）柱子的间隔距离为________。

   A. 5 ~ 7 m　B. 7 ~ 10 m　C. 11 ~ 14 m　D. 15 ~ 18 m

二、多项选择题

1. 货场装卸区作业能力规划内容主要考虑________。

   A. 装卸货车辆进出频率　B. 装卸货车辆回车空间　C. 配送时段
   D. 进货时段　E. 配送客户数量

2. 货场库存区作业能力规划内容主要有________。

   A. 最大库存量需求　B. 物品搬运的路线　C. 物品运进运出的作业区的布置
   D. 储区划分原则　E. 存货管制方法

3. 仓库作业能力规划内容主要有________。

   A. 每日拣出量　B. 订单汇总条件　C. 客户订单数量资料
   D. 订单分拣方式　E. 有无流通加工作业需求

4. 规划仓库给水设施，应对________等进行综合评价。

   A. 给水水源的位置　B. 水量　C. 水质
   D. 水工程设施建设的技术经济条件　E. 工程管线辐射范围

5. 仓库燃气系统主要由________组成。

A. 燃气供应源　　B. 燃气输配设施　　C. 用户使用设施

D. 规划设施　　E. 排泄设施

三、是非题（正确的打“√”，错误的打“×”）

1. 仓库各项工作之间均衡、协调地运转，是极为重要的，因此对仓库的规划应规划的要素进行深入的分析。（　）

2. 仓库堆放高度的确定，要经过对物品种类和作业内容充分研究后才可确定。（　）

3. 在对货场规划时，货场的宽度不宜小于30 m，当长度超过200 m时，中间应布置横向主干道。（　）

4. 在规划仓库时，平台的高度是仓库装货平台设计中的最重要的要素，必须与使用平台的货车匹配。（　）

5. 为保证货场内车辆行驶秩序井然，货场内的车流设计一般采用“单向行驶、分门出入”的原则。（　）

四、思考题

1. 仓库规划与设计应掌握哪些原则？

2. 仓库选址应考虑哪些基本条件？

3. 仓库选址过程中涉及哪些费用？

4. 仓库功能规划应考虑哪些内容？

5. 仓库内部布局应对哪些因素进行分析？

参考答案

第一章

一、单项选择题

1. C　2. C　3. C　4. B　5. A

二、多项选择题

1. DE　2. ABCD　3. BC　4. ABCD　5. ACD

三、是非题

1. √　2. √　3. ×　4. √　5. √

第二章

一、单项选择题

1. B　2. A　3. D　4. C　5. B

二、多项选择题

1. BCE　2. AE　3. ABCDE　4. ABCDE　5. ABCDE

三、是非题

1. √　2. ×　3. ×　4. ×　5. √

第三章

一、单项选择题

1. A　2. B　3. C　4. B　5. D

二、多项选择题

1. DE　2. BCD　3. ABCDE　4. BCD　5. ABCDE

三、是非题

1. ×　2. √　3. ×　4. √　5. √

第四章

一、单项选择题

1. A　2. B　3. D　4. D　5. C

二、多项选择题

1. ABD　2. ABCDE　3. AB　4. ABCDE　5. AE

三、是非题

1. √　2. ×　3. ×　4. ×　5. √

第五章

一、单项选择题

1. A　2. B　3. C　4. C　5. A

二、多项选择题

1. ABDE　2. ABCDE　3. ABCD　4. ABCDE　5. ABCDE

三、是非题

1. ×　2. ×　3. √　4. √　5. √

第六章

一、单项选择题

1. A　2. B　3. A　4. A　5. B

二、多项选择题

1. ABC　2. ABC　3. ABCDE　4. ABCDE　5. ABCDE

三、是非题

1. √　2. √　3. √　4. √　5. √

第七章

一、单项选择题

1. A　2. A　3. B　4. B　5. B

二、多项选择题

1. ABCDE　2. ABC　3. ABCDE　4. ABCDE　5. ABCD

三、是非题

1. √　2. ×　3. √　4. √　5. ×

第八章

一、单项选择题

1. C　2. B　3. D　4. D　5. A

二、多项选择题

1. ABCDE　2. ABCDE　3. ABCDE　4. ABCDE　5. ABCD

三、是非题

1. √　2. √　3. ×　4. ×　5. ×

第九章

一、单项选择题

1. A　2. D　3. B　4. C　5. D

二、多项选择题

1. ABC　2. ABCDE　3. BE　4. ABCDE　5. ABCDE

三、是非题

1. √　2. √　3. √　4. √　5. ×

第十章

一、单项选择题

1. A　2. A　3. B　4. A　5. B

二、多项选择题

1. ABCDE　2. ABCDE　3. ABC　4. ABCD　5. ACE

三、是非题

1. √　2. √　3. √　4. √　5. √

第十一章

一、单项选择题

1. A　2. B　3. C　4. C　5. D

二、多项选择题

1. ABCD　2. ABCD　3. ABCD　4. ABCD　5. ABCD

三、是非题

1. ×　2. √　3. ×　4. √　5. √

第十二章

一、单项选择题

1. A　2. B　3. C　4. C　5. D

二、多项选择题

1. ABCD　2. ABCDE　3. ABCDE　4. ABCDE　5. ABC

三、是非题

1. √　2. √　3. √　4. ×　5. √

第十三章

一、单项选择题

1. B　2. D　3. C　4. A　5. D

二、多项选择题

1. ABCDE　2. ABCD　3. ABC　4. ABCDE　5. ABCDE

三、是非题

1. √　2. √　3. √　4. √　5. √

第十四章

一、单项选择题

1. B　2. A　3. C　4. C　5. B

二、多项选择题

1. ABCDE　2. ACE　3. ABCDE　4. ABCD　5. ABC

三、是非题

1. √　2. √　3. √　4. √　5. √

参 考 文 献

［1］江少文．现代物流［M］．广州：立信会计出版社，2006.

［2］江少文．运输实务［M］．北京：中国时代经济出版社，2006.

［3］江少文．现代仓储实务［M］．北京：中国铁道出版社，2006.

［4］江少文．配送中心运营管理［M］．2 版．北京：高等教育出版社，2011.

［5］江少文．集装箱运输管理与实务［M］．北京：中国铁道出版社，2007.

［6］江少文．第三方物流［M］．上海：华东师范大学出版社，2008.

［7］黄世玲．交通运输学［M］．北京：人民交通出版社，1988.

［8］沈志云．交通运输工程学［M］．北京：人民交通出版社，2003.

［9］李治平．货运技术［M］．广州：新世纪出版社，1992.

［10］常克信，等．货物学［M］．上海：上海海运学院，1988.

［11］林祖乙．国际集装箱运输［M］．北京：人民交通出版社，1993.

［12］张炳达，江少文．国际货运代理实务［M］．广州：立信会计出版社，2006.

［13］王义源．远洋运输业务［M］．北京：人民交通出版社，2005.

［14］沈玉茹．船舶货运［M］．大连：大连海事出版社，1998.

［15］刘敏文，等．危险货物运输管理教程［M］．北京：人民交通出版社，2002.

［16］王转，等．物流学［M］．北京：中国物资出版社，2006.

［17］蒋正雄，刘鼎铭．集装箱运输学［M］．北京：人民交通出版社，2002.

［18］宋德弛，等．港口装卸工艺［M］．北京：人民交通出版社，1987.

［19］顾其行．国际航空运输管理［M］．北京：知识出版社，1987.

［20］中国民用航空总局适航局．中国民用航空器适航管理［M］．北京：中国民航出版社，1998.

［21］杨志刚．国际货运物流实务、法规与案例［M］．上海：上海海事大学，2004.

［22］杨志刚．国际集装箱多式联运实务、法规与案例［M］．上海：上海海事大学，2004.

［23］严启明，等．国际货物运输［M］．北京：对外经济出版社，1996.

参考文献

[1] 汪少文. 幽默指南[M]. 广州: [illegible]出版社, 2006.
[2] 汪少文. 营销实务[M]. 北京: 中国时代经济出版社, 2006.
[3] 汪少文. [illegible][M]. 北京: 中国铁道出版社, 2005.
[4] 汪少文. 配送中心运营管理[M]. 2版. 北京: 高等教育出版社, 2011.
[5] 汪少文. 集装箱运输管理与实务[M]. 北京: 中国铁道出版社, 2008.
[6] 汪少文. 第三方物流[M]. 上海: [illegible]大学出版社, 2008.
[7] [illegible]. 交通运输学[M]. 北京: 人民交通出版社, 1988.
[8] 沈志云, [illegible]. 交通运输工程学[M]. 北京: 人民交通出版社, 2003.
[9] [illegible]. [illegible][M]. 广州: [illegible]出版社, 1992.
[10] [illegible][M]. 上海: [illegible], 1998.
[11] [illegible]. 国际集装箱运输[M]. 北京: 人民交通出版社, 1993.
[12] [illegible], 汪少文. [illegible][M]. 广州: [illegible], 2006.
[13] [illegible]. [illegible][M]. 北京: 人民交通出版社, 2005.
[14] [illegible][M]. 大连: 大连海事大学出版社, 1998.
[15] [illegible], 等. [illegible][M]. 北京: 人民交通出版社, 2002.
[16] [illegible][M]. 北京: [illegible]出版社, 2006.
[17] [illegible][M]. 北京: 人民交通出版社, 2002.
[18] [illegible][M]. 北京: 人民交通出版社, [illegible].
[19] [illegible]. 国际货运代理实务[M]. 北京: [illegible]出版社, 1998.
[20] [illegible][M]. 北京: 中国物资出版社, 1998.
[21] [illegible]. 国际货运[illegible][M]. [illegible], 2004.
[22] [illegible], 2001.
[23] [illegible], 等. 国际货物运输[M]. 北京: [illegible]出版社, 1998.